JN450012

국제무역과 대금결제

김선옥

International Trade and Payments

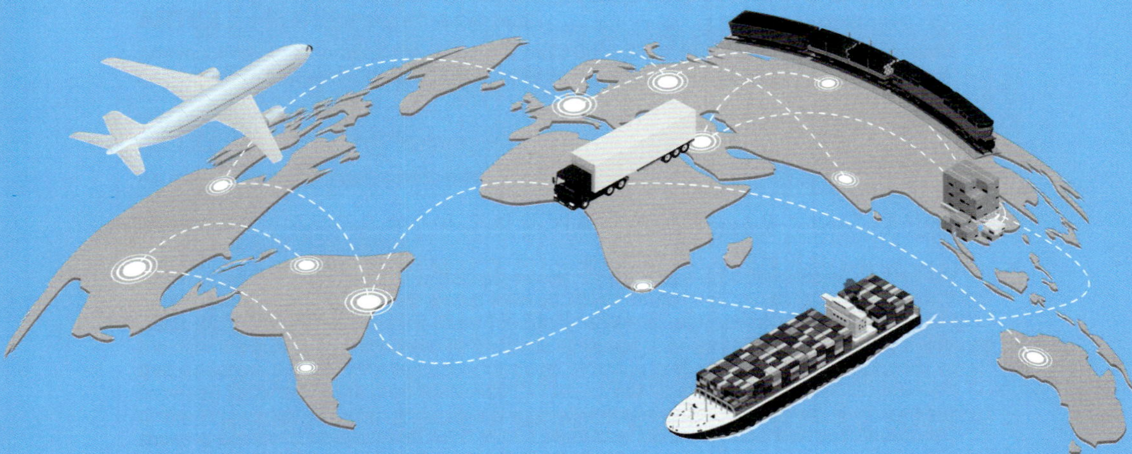

三 英 社

머리말

「국제무역과 대금결제」는 국제간의 물품거래에서 이용되고 있는 대금결제에 대해 설명하고 있는 무역대금결제의 실무에 관한 전문서이다. 정보통신기술의 발전을 비롯해 국제무역을 둘러싼 환경은 시시각각 변해 왔다. 국제간의 경제활동의 확장과 더불어 이러한 환경변화는 국제무역의 형태나 결제방법에도 상당한 영향을 끼쳐 다양한 결제방법(예, T/T, 전자결제 등)을 개발해 이용해 왔으나 그 중에서도 신용장에 의한 결제시스템은 원거리에 있는 무역당사자들의 신용위험을 감소시켜 주는 효과를 창출함으로써 100년 이상 여전히 애용되어 오고 있다.

신용장(letter of credit)이란 용어는 라틴어인 accreditivus(trust)에서 유래되었으며, 신용장결제시스템은 은행의 신용을 매개로하여 수출자에게는 대금회수 불능의 위험을 제거해 수출대금을 수령하게 될 것이라는 안전을 확보하게 해주고, 수입자에게는 대금을 지급하였으나 계약물품의 수령이 가능하지 않을 수도 있다는 우려사항을 해소해주는 지급구조로 구성되어 있어 안전한 결제방법으로 인식되어 왔다.

국제무역은 개인 간의 거래이지만 한편으로는 국가 간의 거래이기도 하다. 국가의 무역정책 및 경제정책 등의 변화는 개인 간의 무역에도 영향을 미칠 수 있어 무역업자는 거래상대방의 신용뿐만이 아니라 상대국가의 정치적, 경제적 위험 등도 고려하여 대금결제방법을 결정해야 할 것이다. 이러한 위험들이 존재하는 환경에서 신용장은 안전한 대금결제방법으로서의 역할을 확대하여 왔다.

그러나 최근 거래당사자들의 신용위험감소, 근거리국가 간의 거래증가, 신용장대금구조의 복잡성 등 다양한 원인으로 인해 신용장을 이용한 대금결제는 다른 결제방법에 비해 그 사용 비중이 감소하는 경향을 보이고 있다. 그렇지만 국제간의 거래에서는 여전히 신용위험이 존재하고 있고 국제관계의 불확실성도 잠재되어 있어 신용장은 안전한 결제방법으로서의 위치를 견고히 유지함으로써 국제무역을 원활하게 해 주는 역할을 하고 있다.

「국제무역과 대금결제」는 국제무역의 다양한 대금결제에 대해 설명하고 있으나 이 중에서도 대금결제구조가 가장 복잡하고 조건부지급구조로 구성되어 있는 신용장 대금결제에 대해 상세히 설명하고 있다. 신용장거래에는 국제상업회의소(International Chamber of Commerce: ICC)에서 작성한 신용장통일규칙(Uniform Customs and Practice for Documentary Credit: UCP)이 적용된다. UCP는 그 적용에 있어서는 강제적인 성격이 없고 ICC의 권고에 의해서 신용장거래에 적용되어 왔음에도 불구하고, 세계 각국에서 발행되는 대부분의 신용장은 UCP에 준거하고 있어 대금결제에 관계되는 은행을 비롯한 무역관계자는 UCP와 UCP를 보완하는 ISBP의 내용을 숙지하는 것이 무엇보다 중요하고 필요하다.

UCP는 1933년에 만들어진 이후 그동안 여러 번에 걸쳐서 개정이 이루어져 왔으며 마지막 개정된 것이 2007년에 시행되는 UCP600이고, 이것을 보완하기 위한 목적으로 만들어진 것이 ISBP681이다.

본서는 신용장 이외의 대금결제와 신용장에 의한 대금결제로 구분하여 설명하고 있고, 신용장 대금결제는 우선 신용장의 기본적인 대금결제구조를 설명하고, 후반부에 UCP600과 ISBP681을 중심으로 이들 규칙을 실무적으로 적용하는데 이해하기 쉽도록 각 조항의 의미를 실무적인 관점에서 상세하게 설명해 놓았다.

대금지급을 받기 위해 제시된 서류를 심사해보면 실제적으로 신용장조건 불일치(discrepancy)로 판단되는 경우가 더 많았다는 조사결과를 보여주고 있는 연구도 있고, ICC에서도 이러한 사실을 인식하고 자체적으로 이를 방지하기 위한 교육도 실시하고 있어서 특별히 UCP 각 규정의 실무적인 적용에 중점을 두고 내용을 구성하였다. 그리고 본서에서 제시하고 있는 신용장관련 서식에 관한 샘플은 각 은행에서 사용하는 샘플을 검토하여 공통적인 부분을 취합하여 만든 것이어서 출처를 별도로 표시하지 않았다. 신용장에는 UCP를 적용하므로 그 내용은 거의 대부분 동일하여 이미 일반화되어 있어 출처를 표기할 의미는 없다고 생각한 것이다.

국제무역을 공부하는 학생과 현장에서 국제무역 업무를 수행하는 무역관계자에게 도움이 되기를 바라는 심정으로 실무적인 관점에서 각 대금결제방법에 대해 설명하고 내용을 구성하였다.

마지막으로 본서 발행의 기회를 주신 삼영사 사장님과 편집에 많은 수고를 해주신 임진숙님에게도 감사의 마음을 전합니다.

2022년 1월

저자 씀

차 례

CHAPTER

1

국제무역과 무역금융

“

국제무역을 수행하기 위한 물품매매계약은 수출자와 수입자 간에 여러 번의 교섭을 통하여 매매거래조건에 대해 최종적인 합의에 도달하였을 때 성립한다. 거래수량, 제품품질, 제품가격, 대금지급조건, 보험, 선적시기, 포장 등의 거래조건에 대해서 합의하고, 합의한 계약을 이행하지 않은 경우 발생할 수 있는 손해에 대비하기 위해 무역외 거래에서는 은행의 보증장 또는 Standby 신용장을 활용하기도 한다.

”

1 국제무역과 무역금융

1 국제무역 및 무역 외 거래와 무역금융

1) 거래당사자 간의 매매계약조건 교섭

국제무역은 언어, 문화, 상관습 및 법제도가 다른 외국인과의 거래이기 때문에 이러한 차이를 조정하고 합치시켜 나가기 위한 과정이 필요하다. 국제무역은 거래조건에 대한 교섭과정을 거쳐 국제무역을 성립시키는 경우가 일반적이다. 무역을 위한 거래교섭은 각각 다른 입장에 있는 당사자들이 자기 또는 자기가 속한 회사의 이익을 위해 상대방과 거래조건을 결정하기 위해 진행하는 것이며, 또한 최종합의를 지향하여 상대방과의 사이에 존재하는 불일치 사항을 일치시켜가는 일련의 활동이다.

따라서 교섭을 진행하는데 있어 교섭당사자는 자기 또는 자기회사의 사정(형편)이나 이익을 위해서만 교섭을 진행하는 경우 합의를 이끌어내기는 어려울 것이므로, 양 당사자의 이익을 지향하는 관점에서 교섭을 진행하여야 할 것이다. 거래당사자 간의 계약교섭은 장기간에 걸쳐 이루어지는 경우도 있고, 단기간에 끝나는 경우도 있으나 국제무역에서의 교섭대상은 주로 거래내용(Contents of Transaction) 및 거래조건(Terms of Transaction)을 중심으로 이루어지고 있다.

보통 국제간의 거래교섭은 교섭을 원활하게 진행하기 위해 견적서(Estimate Letter), 계약초안(Contract Draft), 상호합의서(Reciprocal Agreement), 견적송장(Proforma Invoice) 및 양해각서(Memorandum of Understanding: MOU) 등을 작성하여 교섭을 진행한다.

2) 매매계약체결 및 대금지급방법 결정

국제간의 무역은 거래조건, 예를 들어, 제품품질, 거래수량, 제품가격, 선적시기, 대금결제방법 등에 관한 합의를 기반으로 하여 이루어지며, 이들 거래조건 중에서 특히 대금결제에 관한 조건은 거래물품의 종류, 거래당사국간의 지리적 거리, 거래금액의 크기 등을 고려하여 결정되며, 대금결제조건을 교섭할 때에는 대금결제방법, 결제통화 및 결제시기에 관해 명확하게 합의해야 한다.

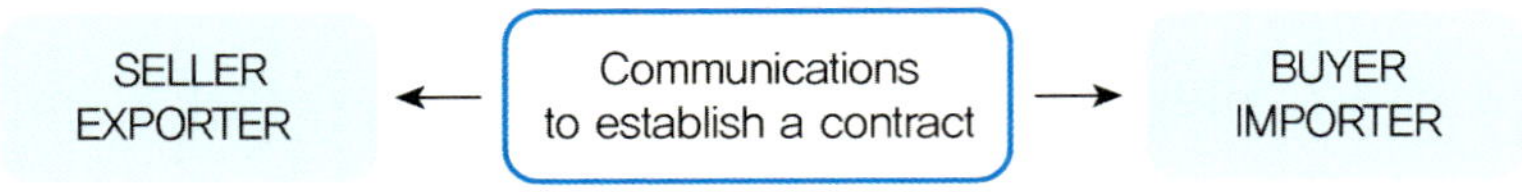

거래교섭과정을 거쳐 매매계약이 체결되면 다음과 같은 거래(계약)조건이 결정된다.

① 거래물품의 품질, 등급, 모양 등 물품에 관한 명세

② 거래수량

③ 거래가격 및 단가

④ 거래조건(가격조건): FOB, CFR, CIF 등
무역조건(Trade Terms)은 가격조건을 표시할 때 사용되지만 단순히 가격조건만이 아니라 수출자와 수입자 간의 책임분담, 비용분담을 정할 때에도 사용하는 거래조건이다.

⑤ 대금지급방법, 예를 들면 송금, 추심, 신용장, 선불, 후불 등으로 표시되는 대금지급조건

⑥ 선적시기, 보험조건, 요구서류(Required Documents by Seller or Buyer) 등에 관한 사항

당사자 간에 거래조건에 대한 합의가 이루어져 물품매매계약이 체결되어도 수입자의 입장에서는 수출자가 계약조건을 준수하여 계약을 이행할 것인가 하는 위험에 노출되어 있고, 수출자의 입장에서도 계약에서 약정한대로 수입자로부터 수출대금을 수령할 수 있을 것인가 하는 위험에 노출되어 있다. 이러한 위험으로 인해 발생할 수 있는 손실에 대비하여 수입자는 수출자의 계약불이행으로 인해 입을 수 있는 손해를 담보하기 위해 계약을 체결하기 전에 수출자에게 계약이행보증(Performance Bond)을 요구하는 경우도 있다.

이러한 보증은 수출자의 거래은행에 의한 보증장 또는 Standby 신용장의 제공에 의해서 이루어진다. 이때 보증장 또는 Standby 신용장의 수익자는 수입자이다. 반면 수출대금수령에 있어 불안한 수출업자는 선불을 요구하거나 신용장에 의한 대금지급방법을 선호할 것이다. 위의 ⑤의 무역대금지급조건에서의 신용장의 수익자는 무역대금을 수취할 입장에 있는 수출자이다.

3) 국제무역 및 무역외거래에서의 금융수단

(1) 은행의 보증

수출자와 수입자는 매매계약교섭을 통하여 무역거래조건을 결정해도 각 당사자의 입장에서는 계약이행에 수반되는 많은 위험이 존재하기 때문에 실무적으로는 이러한 위험에 대비할 수 있는 금융수단을 이용하거나 안전한 대금결제방법의 선택을 통하여 각종 위험에 대비하여 왔다.

예컨대, 수출자의 입장에서는 수입자에 의한 대금지급에 관한 불안요소가 있고, 수입자의 입장에서는 매매계약이 체결되어도 과연 수출자가 매매계약조건을 준수하여 물품이나 서비스를 약정된 시기에 제공하여 줄 것인가 하는 우려를 가질 수 있다.

수입자는 수출자의 계약불이행으로 인하여 발생할 수 있는 손해를 담보하기 위해 계약체결에 앞서 수출자에게 은행의 보증(계약이행보증, Performance Bond)을 요구하는 경우도 있다. 이러한 보증은 은행보증장(Guarantee by Bank)을 활용하여 이루어지며, 이들 금융수단에 있어서의 수익자는 수입자이다.

플랜트, 건설과 같은 국제거래 대상물의 가치가 거액인 경우의 금융 및 결제방법으로서 은행의 보증장과 보증신용장(Standby Credit)이 유용하게 이용되고 있다. 예를 들어, 생산설비, 선박, 차량 등의 물품을 거래하는 경우에 발주자(수입자)는 입찰에 의해서 거래의 상대방(수출자)을 선택하는 경우가 있다. 이 경우에 발주자는 입찰자가 낙찰 받았음에도 불구하고 계약체결을 거부한 경우에 발생할 수 있는 손해를 담보하기 위해 입찰에 앞서서 각 입찰자에게 보증금의 제공을 요구하는 경우가 일반적이다. 그러나 보증금으로서 지급되는 수단은 현금으로 제공되는 경우도 있으나 현금으로 지급할 수 없는 경우에는 은행의 보증장[입찰보증(Bid Bond)] 또는 보증신용장을 제공하는 것이 일반적이다.

(2) 보증신용장 - 보증용도로 Standby Credit 사용

① 입찰보증(Bid Bond) 용도로 사용하기 위한 Standby Credit

국제입찰(예, 플랜트수출계약)에서 입찰개최자가 참가자에게 입찰보증금을 요구하는 경우에 Standby Credit을 입찰보증금으로 활용할 수 있다. 입찰보증금은 낙찰자가 낙찰을 받았음에도 불구하고 계약체결을 거부하는 경우 그로 인해 입찰개최자에게 발생한 손해를 회수하기 위한 용도로 사용되며, 입찰참가자는 입찰 전에 납입해야 한다. 보통 입찰보증금은 현금으로 지불되지만 입찰보증금이 고액인 경우 현금 대신에 Standby Credit을 제공할 수 있다. 입찰보증을 위한 Standby Credit는 입찰개최자를 수익자로 하여 아래와 같은 내용으로 기재되어 발행된다.

"… available by beneficiary's draft at sight for full statement value accompanied by: Beneficiary's signed statement of non-compliance with the terms of offer of bidder(accountee) under Public Tender No.

… except due to force majeure and/or other circumstances beyond bidder's control and/or responsibility, and certifying that the amount drawn does not exceed 1% of tender amount.

This credit shall be cancelled with the consent of beneficiary, and automatically released when the tender is not successful."

> 입찰보증금은 Standby Credit 이외에 현금, 보증장(Letter of Guarantee : L/G)등을 활용하기도 한다.

② 계약이행보증(Performance Bond) 용도로 사용하기 위한 Standby Credit

계약 상대방이 수출자 또는 국제입찰의 낙찰자에게 확실한 계약이행을 보증받기 위해 보증금을 요구하는 경우, 그 보증금으로서 Standby Credit를 활용할 수 있다. 예컨대, 건설공사계약에서 계약이행을 위한 보증을 요구받은 경우 보증금 대신에 Standby Credit을 제공할 수 있다. 수출계약의 이행보증을 위한 용도로 Standby Credit를 사용하는 경우에 Standby Credit의 수익자는 수입자이며 아래와 같은 내용으로 기재되어 발행된다.

… available by beneficiary's sight draft for full statement value accompanied by: Beneficiary's statement that(Applicant's name) failed or defaulted to perform all or any of terms and conditions of the contract No. covering shipment of …

③ 선수금반환보증(Refundment Bond) 용도로 사용하기 위한 Standby Credit

선박, 차량, 플랜트 등의 연지급 수출의 경우에는 수출물품대금의 일부 또는 전부가 선수금으로 선적 전에 수출자에게 송금되는 경우가 있다. 수입자는 선수금을 수령한 수출자에게 수출계약의 일부 또는 전부가 불이행으로 되는 경우에 선수금 반환을 확실히 하기 위한 목적으로 수출자에게 Standby Credit을 요구할 수 있다.

선수금반환보증을 위한 용도로 사용되는 Standby Credit는 수입자를 수익자로 하여 아래와 같은 내용으로 기재되어 발행된다.

… amount___being refundment bond for the advanced money under Contract No.___.

available by beneficiary's draft at sight for full statement value accompanied by: Beneficiary's statement certifying that applicant has failed to comply with contract terms.

This credit shall be cancelled with consent of beneficiary and automatically released when any such failure is caused by force majeure.

④ 해외자회사에 의한 현지차입의 보증 용도로 사용하기 위한 Standby Credit

해외지점이나 현지법인이 현지은행으로부터 금전을 차입하는 경우에 현지은행에 대해서 모회사가 차입금의 변제를 보증하기 위한 목적으로 Standby Credit를 발행하는 경우가 있다. 차입금이 변제되지 않는 경우에 수익자(채권자)가 신용장에 정해진 대로 채무불이행을 선언하는 서류를 제시하면 Standby Credit 발행은행은 보증한 금액을 지급해야 한다. 차입금이 예정대로 변제되면 Standby Credit는 사용되지 않은 채로 남는다.

… available by beneficiary's sight draft on us for full statement value accompanied by: Beneficiary's statement certifying that the amount drawn under this credit represents the unpaid balance of their Loan to ……

This credit expires on … in …

Notice must be given to us at least two weeks before the draft are drawn and negotiated under this credit.

The beneficiary is also requested to forward monthly reports on advances or accommodations to us by airmail.

【Standby Credit Flow】

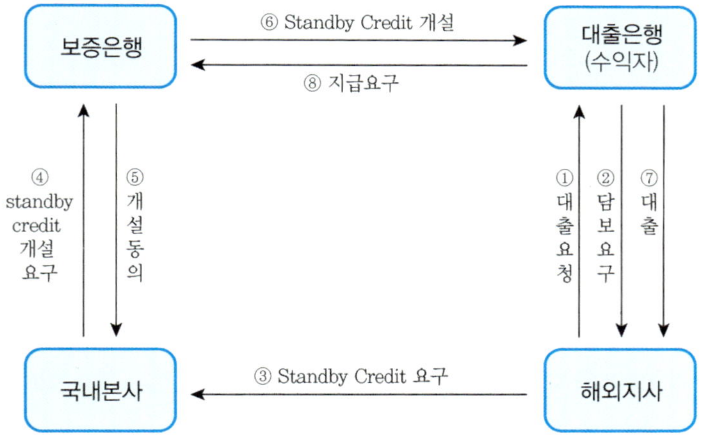

2 국제무역대금 지급시기 및 수출금융

국제무역에 있어서 대금지급방법은 지급시기와 지급수단 등에 의해서 여러 가지로 분류할 수 있다. 대금지급 시기는 선적시점을 기준으로 하여 선불, 후불, 동시지급으로 구분한다.

<table>
<tr><th>대금지급시기</th><th>대금지급방법</th><th>대금지급수단</th></tr>
<tr><td>선(불)지급</td><td>(사전)송금방식
선대신용장(Red Clause Credit)</td><td rowspan="3">현금
송금수표
환어음
약속어음</td></tr>
<tr><td>후(불)지급</td><td>송금방식(D/D, M/T, T/T)
추심방식(D/P, D/A)
신용장(Usance, At sight) 상호계산(O/A)</td></tr>
<tr><td>혼합지급</td><td>일부선지급
분할지급</td></tr>
</table>

국제무역에 있어서 대금지급수단은 환어음(Bill of Exchange / Draft)을 이용하는 경우가 대부분이며, 국내거래에서 본・지사 간의 거래와 같이 신뢰관계가 두터운 당사자 간의 거래에서는 약속어음(Promissory Note)을 이용하는 경우도 있다. 해외현지기업이 증가함에 따라 간편한 대금결제방법을 선호하는 비중이 증가하고 있다.

수출자・수입자의 입장에서는 대금지급시기와 지급수단에 따라 경제적 및 대금지급절차적인 측면에서 이익(장점) 또는 불이익(단점)이 발생할 수 있으므로, 거래당사자는 대금지급방법의 특징과 대금을 지급받기 위해 이행하여야 하는 조건(예, 제출서류) 등에 대해 숙지해 둘 필요가 있다.

1) 선불에 의한 대금지급(Advance Payment)

[대금지급시기 및 방법]

거래물품의 선적이전에 대금지급이 이루어지는 대금결제방법을 선(불)지급이라고 하며, 통상의 경우 수입자가 은행을 통하여 송금하는 형식으로 대금지급이 이루어지는 경우도 있으나, 신용장거래에 있어서 신용장대금의 일부를 선불로 지급할 것을 허용하는 신용장(Red clause credit / packing credit / advanced payment credit : 선대 또는 전대 신용장)이 발행된 경우에도 일부 대금이 선불로 지급된다.

[선불지급방식의 특징 및 장·단점]

선불지급방식은 수출자에게 있어 가장 안전한 대금수령방법이다. 그렇지만 국제거래에서는 거래대금 전액이 선불로 지급되는 경우는 거의 없으며, 거래대금의 일부를 선불로 지급하는 경우가 대부분이다. 보통 거래금액의 일부를 선불로 지급하는 경우는 수출자로 하여금 수출물품의 생산, 가공 및 집하 등에 필요한 조달을 원활하게 할 수 있도록 하기 위한 것으로서, 수출자에 대한 수입자의 신용이 있는 경우에 발생한다.

수입자의 입장에서는 선불로 대금을 지급한 경우에 수출자가 계약조건을 준수하여 선적이 이루어질 지에 대한 염려가 존재한다. 이러한 위험에 대비하기 위해 수입자는 수출자의 거래은행이 발행한 선불금 반환보증(Refundment Bond)을 요구하는 경우도 있다. 은행은 수출자가 선불로 받은 금액의 반환을 보증하는 약속을 한 경우에 수입자에게 보증장(Guarantee by Bank) 또는 보증신용장(Standby Credit)을 발행하여 준다.

2) 후불에 의한 대금지급(Deferred Payment)

계약물품의 선적이후에 대금지급이 이루어지는 경우를 후(불)지급방식이라고 하며, 국제거래에서 이용되는 대부분의 대금결제는 후불방식으로 이루어진다.

(1) 송금방식(Remittance)에 의한 대금결제

송금방식에 의한 대금결제는 매매계약에서 약정한 시기에 수입자가 수출자 앞으로 송금하는 방법에 의해서 대금을 지급하는 방법이다. 대금지급시기에 따라 선불송금, 후불송금 및 분할송금(예, 1개월, 6개월 등 몇 회로 나누어 분할지급)으로 구분한다.

[특징 및 장·단점]

- 송금방식을 이용한 후불지급은 수입자에게 있어서는 대금지급시기가 늦어져 유리할 수 있으며, 또한 물품 검수 후에 대금을 지급하면 물품을 확인한 후에 대급지급이 이루어지므로 거래의 안전성을 확보할 수 있는 유리함이 있다.
- 수출자의 입장에서는 대금지급시기가 늦어지면 그 만큼 불리할 수 있고, 대금을 확실히 회수할 수 있을지에 대한 불안도 존재한다. 그리고 수출물품의 생산, 가공 및 집하에 필요한 자금을 대금 수령 시까지 부담하므로 그 기간 동안의 금융 비용부담으로 인해 수익이 감소되게 된다.

【후불송금방식에 의한 대금지급절차】

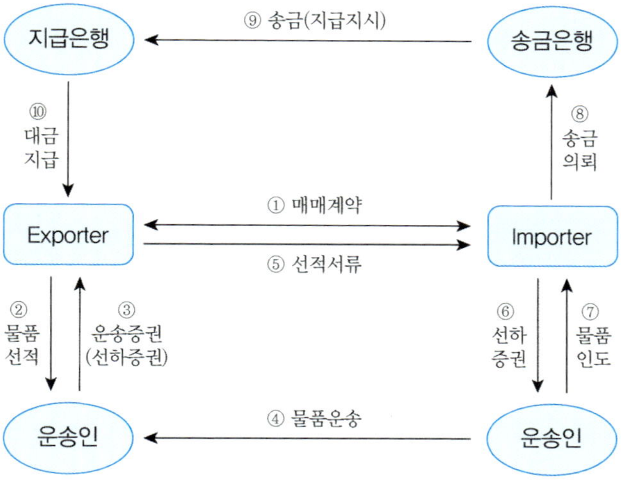

① D/D(Demand Draft: 송금수표)

송금인(수입자)으로부터 송금 의뢰를 받은 은행(송금은행)이 수표를 발행하여 지급은행에게 지급지시를 하는 결제방법이다. 송금수표는 송금인이 수취인에게 직접 보내고 수취인(수출자)은 수표를 거래은행에 제시를 통하여 대금을 수취한다.

[송금수표에 의한 결제가 적합한 거래형태]

무역거래금액이 소액인 경우 또는 샘플대금을 지급하는 경우에 적합한 대금지급방법이다.

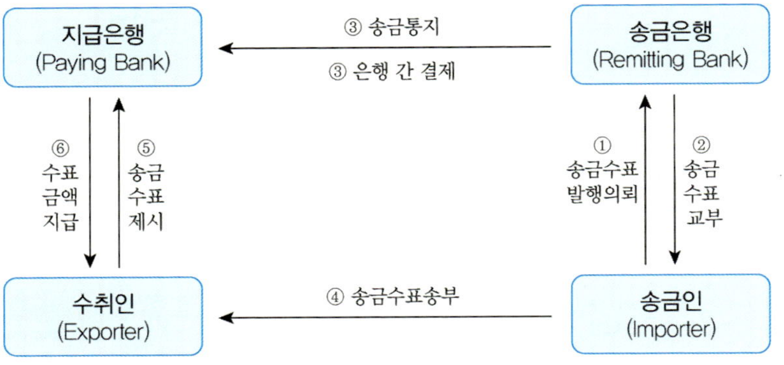

② M/T(Mail Transfer: 우편송금환)

고객으로부터 송금 의뢰를 받은 송금은행(Remitting Bank)이 지급은행에게 우편방식을 통해 지급지시(Payment Order)를 통지하는 송금방식이기 때문에 수취인에게 도달할 때까지 며칠의 기간이 소요된다. 이 방식에 의한 대금지급은 지급시기가 늦어지므로 통신수단이 발달한 요즈음에는 거의 사용하지 않는다. 우편당국이 송금하는 것(Postal Money Order)은 아니다.

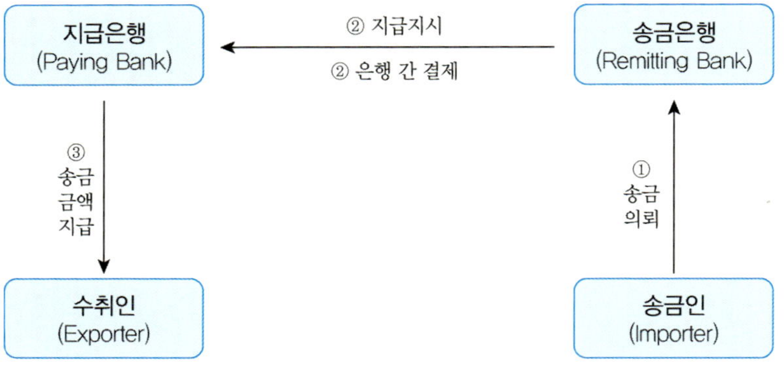

③ T/T(Telegraphic Transfer: 전신송금환)

우편송금환과 비슷하나 송금은행이 지급지시를 우편으로 하지 않고 전신으로 하는 방식이다. 우편송금에 비하여 대금지급이 빠르게 이루어지고 지시도중에 분실우려가 없어 안전한 방법이다. 보통 지급지시를 한 후 2일 이내에 대금지급이 가능하며, 지급방식에는 청구지급과 통지지급[1]이 있다.

[전신송금환방식이 적합한 거래형태]

소액거래 또는 근거리국가 간의 거래에 사용하는 비중이 높다. 신용장에 의한 대금지급은 서류를 심사하는데 일정한 기간이 소요되어 대금지급시기가 늦어질 수 있어 근거리국가 간의 거래에서는 신용장방식보다는 T/T방식이 선호되고 있다. 우리나라의 중소기업과 중국 간의 거래에서 T/T 대금결제방식의 비중이 가장 높다.

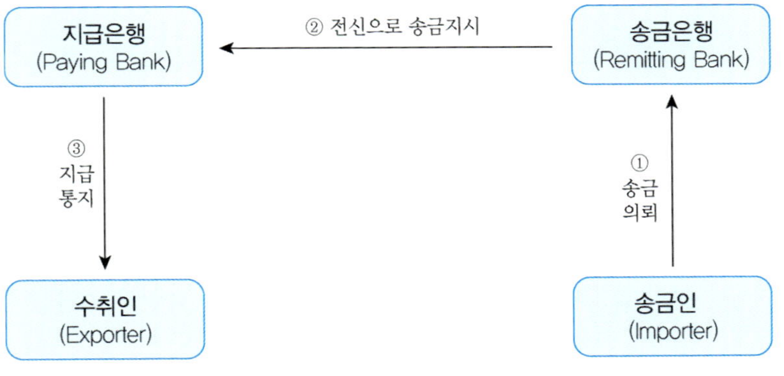

1) 지급은행이 수취인에게 송금 온 것을 통지한 후 지급하는 방법, 수취인으로부터 청구가 없어도 지급은행이 수취인에게 통지한 후 지급한다.

(2) 추심[2)](Collection)방식에 의한 대금결제

추심에 의한 대금결제방법은 수출자(채권자, Exporter, Seller)가 수입자를 어음지급인으로 하는 환어음을 발행하고, 환어음에 선적서류를 첨부하여 은행에 제시하여 지급을 의뢰하고, 의뢰를 받은 은행이 환어음과 서류를 수입자의 거래은행에 보내 지급인(채무자, Importer, Buyer)에게 제시하여 수출금액을 추심할 것을 은행에 위탁하는 거래방식이다. 추심방식으로 대금지급이 이루어지는 경우에는 ICC에서 만든 "추심통일규칙"을 준수하여 대금지급이 이루어진다. 추심은행에 의한 서류의 인도조건은 D/P 조건과 D/A 조건으로 구분된다.

상업서류 중에는 물품에 대한 권리를 나타내는 선하증권이나 보험서류와 같은 중요한 서류도 포함되어 있기 때문에 상업서류를 어느 시점에 지급인에게 인도할지에 대한 서류인도를 위한 조건은 매우 중요하다. 서류인도를 위한 조건은 기본적으로 다음과 같은 두 가지, 즉 D/P 및 D/A 방식이 있다.

> Clean Collection(무화환추심): 대금지급을 청구하는데 있어서 상업서류를 첨부하지 않고 금융서류만을 이용하여 추심이 이루어지는 경우의 추심방식
> Documentary Collection(화환추심): 추심을 요청하는데 있어 "상업서류를 첨부하여 금융서류의 추심"을 하는 대금결제방법
> 금융서류: 환어음, 약속어음, 수표 또는 기타 금전의 지급을 취득하기 위하여 사용되는 이와 유사한 증서를 의미한다.
> 상업서류: 송장, 운송서류, 권리증권 또는 이와 유사한 서류 또는 그 밖에 금융서류가 아닌 모든 서류를 의미한다.

2) 어음이나 수표소지인이 거래은행에 어음과 수표의 대금회수를 위임하고, 위임 받은 거래은행은 어음과 수표의 발행은행 앞으로 대금지급을 요청하는 일련의 절차를 통하여 대금지급이 이루어진다.

① D/P(Documents against Payment) 조건에 의한 대금결제

• 의 의

D/P 조건은 추심은행이 수입자(지급인)에게 (환)어음을 제시하고 어음금액이 결제될(된) 것을 확인하여 선적서류를 수입자에게 인도하는 조건이다. 이 조건은 수입자를 지급인으로 하는 일람불(at sight)어음 형태로 발행되는 것이 원칙이지만 때로는 기한부(usance) 어음을 이용하는 경우도 있다.

D/P 조건은 대금지급과 서류인도가 동시에 이루어지는 조건으로서 수출자와 수입자의 일반적인 의사에도 합치하므로 추심에 관한 통일 규칙에서는 D/P 조건인지 D/A 조건인지 명확하지 않은 경우에는 D/P 조건으로 취급된다는 취지를 규정하고 있다(동 규칙 제7조 b항).

• 기한부어음 D/P 조건의 실무적인 활용성

기한부어음 D/P 조건은 항해일수가 장기간 소요될 때 Usance 기한을 항해일수에 맞추어 물품도착시기와 지급시기를 일치시키고자 하는 경우에 활용되고 있다. 일람불 D/P 조건의 경우는 항해일수가 장기인 경우에 수입자의 입장에서는 대금지급 후 물품이 도착하는 기간 동안 장기간 자금부담이 발생하고, 기한부 D/A 조건의 경우는 대금지급을 받을 때까지 장기간 대금회수 위험이 수출자에게 발생한다.

이렇게 기한부 D/P 조건은 항해일수가 장기간인 경우에 수입자에 의한 대금지급과 선적서류의 인도행위가 동시에 이루어지는 관계에 있어 수출자와 수입자의 이해관계를 조정하기 위해 이용되고 있다. 기한부 D/P 조건의 경우, 수입자는 어음의 인수에 의해서는 선적서류를 수령할 수 없고, 어음만기일에 대금지급에 의해서 선적서류를 수령할 수 있다.

A 국에서 B 국까지의 표준적인 항해일수: 40일 소요
서류인도조건: D/P 조건
지급기일(어음만기일): D/P at 40days after B/L date

• D/P 방식의 실무적 위험성

D/P 방식은 대금지급과 선적서류의 인도가 동시에 행해지는 대금지급방법이다. 따라서 안전한 지급방법이라고 생각하기 쉬우나 수입자가 대금을 지급하지 않은 상황에서 물품은 이미 선적되어 운송중인 경우는 수출자로서는 불리한 입장에 있을 수 있다.

【기한부 D/P 조건에 의한 대금결제】

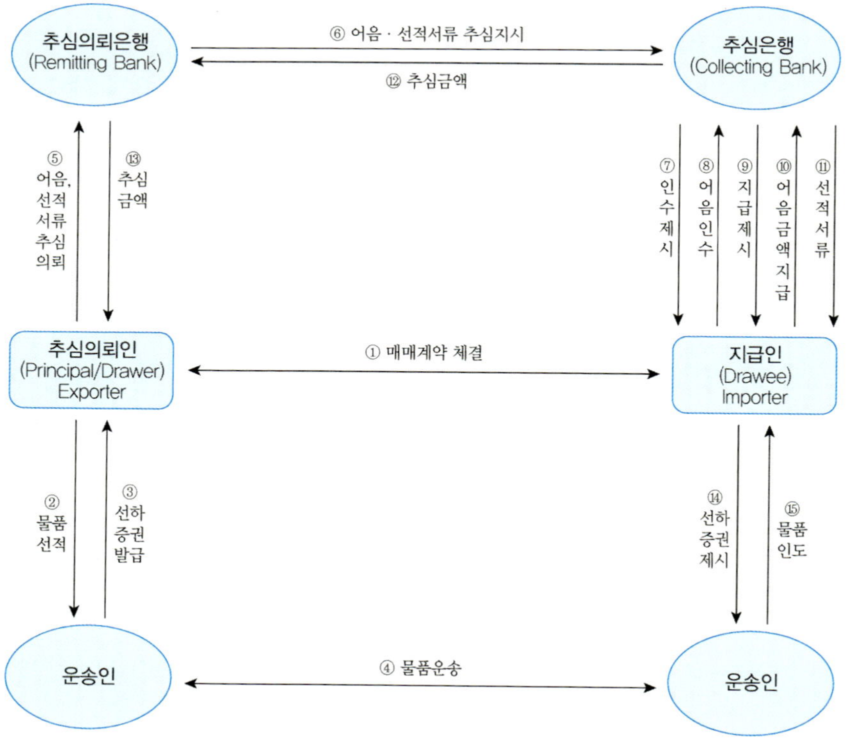

예를 들어, 항공우편으로 보낸 선적서류가 현지에 도착해도 수입자가 선박으로 보낸 물품이 도착할 때까지 서류를 보지 않거나 또는 대금을 지급하고 싶은 생각이 없으면 결과적으로는 D/A의 조건과 동일한 결과를 초래하게 될 수도 있다. D/P 방식은 선적서류 및 어음제시 시에 반드시 대금을 지급해야 하는 조건은 아니므로 어음을 제시해도 바로 대금을 지급하지 않고 지연하여 대금을 지급할 수도 있다.

② D/A(Documents against Acceptance) 조건에 의한 대금결제

- 의 의

D/A 조건은 수출자가 수입자를 지급인으로 하는 기한부어음을 발행하고 상업서류를 첨부하여 은행에 추심을 의뢰하는 방식이다. 수출자는 제시된 어음이 인수될 것을 확약받고 선적서류를 수입자에게 인도하는 조건이다. 즉, 수입자는 어음의 만기일에 대금지급을 약속함과 동시에 선적서류를 인도받고, 어음만기일에 대금을 지급하겠다는 약속에 대한 증거로서 환어음에 서명을 한다.

어음이 첨부되지 않는 경우는 수입자가 발행한 지급확약서와 상환하여 상업서류를 수입자에게 인도한다. 수출자는 D/A 조건에 의해서 대금지급을 만기일까지 유예하는 결과가 되고, 수입자에 대해서는 금융을 제공하는 것이 된다.

- 수입자에게 유리한 대금결제

수입자의 입장에서는 어음을 인수하는 것만으로 선적서류를 수령하고 물품을 운송인으로부터 인수받는 것이 가능하므로 물품을 매각한 후 대금지급을 할 수 있어 유리한 조건이다. 수입자는 물품수령여부에 관한 위험을 회피할 수 있고, 어음만기일까지 자금부담을 회피

할 수 있기 때문에 주로 신용장을 발행할 자금력이 없는 경우에는 D/A 조건이 수입자에게 유리할 수 있다.

D/P 조건 또는 D/A 조건에 의한 결제방법은 이 두 조건 모두 수입자의 지급능력에 대한 신용위험을 부담하고 있으므로 수출어음보험을 체결하여 가능한 한 위험부담을 적게 하는 것이 안전하다. 우리나라는 한국무역보험공사(www.ksure.or.kr)에서 수출어음보험을 취급하고 있다.

> 추심에 관한 통일규칙(Uniform Rules for Collections: URC522)의 규정
>
> 신용장통일규칙(UCP)과 같이 D/P, D/A 거래에 있어서 환어음이나 서류의 추심에 관련된 업무를 통일화시킴으로써 무역대금결제를 원활히 하고자 국제상업회의소(ICC)에서 만든 국제규칙이다.
>
> 은행에 위탁[3)]된 서류는 "금융서류"(Financial Documents)와 "상업서류"(Commercial Documents)로 구분하고 있다(URC522 제2조).

(3) 상호계산(Open Account)방식에 의한 대금결제

상호계산에 의한 대금결제는 매매당사자 쌍방이 상대방의 계좌를 보유하고 거래할 때마다 대금결제하지 않고, 일정기간(1개월 또는 3개월 등)에 걸쳐 이행한 거래에서 발생하는 채권, 채무를 상계하고 그 차액만을 정산하는 방식에 의해 대금결제가 이루어진다. 이 경우 개개의 매매거래에 의한 채권채무는 유효하게 상계될 때까지 법적으로 존속한다.

송금 또는 추심에 소요되는 노력이나 비용을 절감할 수 있고, 거래당사자 간의 서로의 신뢰관계가 높은 경우에 사용할 수 있는 결제방법이기 때문에 주로 신뢰할 수 있는 거래관계에 있는 수출자와 수입자간의 거래,

3) 법률행위나 사실행위의 수행을 다른 사람에게 의뢰하는 행위.

모회사・자회사 간의 거래 또는 신용상의 문제가 없는 친밀한 회사 간의 대금결제에 이용할 수 있다. 또한 Open Account에 의한 대금결제는 거래당사국의 정치적 환경이나 수입규제에 관한 환경이 안정적인 경우, 제품의 가격변동이 비교적 안정적인 경우에 유용하지만 가격변동이 심한 시장에서는 적합하지 않다. 그렇지만 상호계산방식은 관련국가의 외환관리법상에 규제가 있는 경우에는 어느 정도 제한을 받을 수 있다.

- Bilateral Netting: 두 당사자 간의 채권 · 채무관계를 상계하는 방식
- Multilateral Netting: 다수의 관계자간에 상계하는 방식

국제간의 거래에서 상호계산에 의한 대금결재방식의 사용은 증가하는 경향이 나타나고 있다. 그것은 기술 또는 상거래신용의 증가로 인하여 Open Account 방식에 관한 우려사항이 감소하고 있기 때문이다.

(4) 신용장에 의한 대금결제

[신용장 대금지급의 개념 및 대금지급조건]

화환신용장이란 신용장을 발행하는 은행(발행은행)이 신용장의 수익자(보통, 수출자)에게 신용장의 조건을 충족할 것을 조건으로 하여 신용장상 금액의 지급을 약속하는 내용이 기술되어 있는 증권(document)이다. 신용장에 의한 대금지급조건은 신용장에 기술되어 있으며, 수익자는 신용장에서 요구하는 조건을 충족한 경우에 한해서 발행은행에 대금지급을 청구할 수 있다.

보통 대금을 청구하기 위해 수익자에 의해 준수되어야 하는 신용장조건은 대금지급조건이다. 신용장에 기재되어 있는 대금지급조건은 일반적으로 두 가지 내용으로 구성되어 있다. 그것은 은행에 제출되어야 하는 서류의 종류(예, 상업송장, B/L, 보험증권 등)와 그 서류에 기재되어야 할 내용(data)이다.

[화환신용장의 무역실무상 유용성]

화환신용장에 의한 결제구조는 신용장을 발행한 은행이 대금지급을 확약하고 있으므로, 수출자의 입장에서는 신용장조건을 충족한 경우 대금지급을 수령하지 못할 이유가 없어 안심하고 물품을 인도할 수 있으며, 선적을 완료한 후에 수출대금의 전액에서 할인이자와 은행수수료를 제외한 수출대금을 수취할 수 있어 대금회수가 신속하게 이루어진다. 수입자의 입장에서는 물품 선적이 이루어지고, 신용장에서 요구하는 서류의 제시가 이루어졌을 때 대금을 지급하는 구조로 되어 있어 제시된 서류를 통하여 수출자의 계약이행여부를 확인할 수 있게 된다.

[화환신용장의 금융상의 유용성]

화환신용장은 수출자에게 금융상의 우대조치를 부여하고 있을 뿐만 아니라 수입자도 선불할 필요가 없으므로 매우 경제적이고 편리한 지급방법이다. 이런 이유로 국제무역에서 표준결제방법으로서 수출입거래에서 가장 안전하고 신뢰할 수 있는 대금지급방법으로 인식되어 왔다.

[신용장에 의한 대금결제의 장단점]

신용장대금결제는 국제거래에서 안전한 결제방법으로 인지되어 오랫동안 사용되어 왔으나, 발행의뢰인(수입자) 및 수익자(수출자)는 다음과 같은 장단점이 있다.

① 수익자(수출자)에게 있어서의 장단점

수익자인 수출자는 신용장에서 요구하는 조건을 준수하여 서류를 제출하면 은행으로부터 대금을 지급받을 수 있으므로 선적 후 신속하게 수출대금을 수령할 수 있다. 그렇지만 제시된 서류에 신용장조건 서류불일치(discrepancy) 사항이 있으면 대금지급이 늦어질 수도 있다. 신용장거래는 서류거래원칙이기 때문에 실제의 계약이행여부와 관계없이 신용장조건의 준수여부에 따라 대금지급여부가 결정된다. 그래서 신용장조건을 조건부대금지급조건이라고도 한다.

② 발행의뢰인(수입자)에게 있어서 장단점

발행의뢰인인 수입자는 은행의 신용을 빌려 수출자에게 대금지급에 대한 안심을 제공함으로써 매매계약을 유리하게 체결할 수도 있고, 서류도착 후에 대금을 지급하게 됨으로써 수출자의 계약이행여부를 확인하고 대금지급을 하게 된다.[4)]

3) 선적과 동시에 대금을 지급하는 방법(Cash on Shipment)

국제무역에서 동시 대금지급방식은 선적 후 선적을 증명하는 서류를 은행에 제시하면 그 서류와 교환하여 미리 수입자가 송금하여 놓은 대금을 수령하는 방법이다. 이 방법을 이용한 대금지급은 국제무역에서는 거의 사용하지 않는다.

4) 분할지급(Progressive Payment, Installment Payment)

거래대금을 몇 회로 나누어서 지급하는 방법이다. 보통 계약을 체결할 때에 1/3, 물품을 선적한 후에 1/3, 그리고 물품을 수령했을 때에 1/3과 같이 거래금액이 큰 플랜트수출, 선박, 철도차량 등을 수입하는 경우에 이용하는 대금지급방법이다.

4) 신용장대금결제의 장・단점은 제3장 참조.

5) International Factoring

(1) 팩토링의 의의

팩토링(factoring)이란, 판매자(client)가 구매자(customer)에게 물품이나 서비스를 외상으로 제공함에 따라 발생하는 외상매출채권(account receivable)에 대해 팩토링회사(factor)가 지급 보증하는 금융서비스이다.

팩토링회사는 이러한 금융서비스 이외에 판매자를 대신하여 구매자에 관한 신용조사 및 신용위험인수, 매출채권 관리 및 대금회수, 금융제공 및 기타 회계처리 등의 업무를 대행하는 종합적인 금융서비스를 제공한다. 즉, 팩토링이란 기업의 외상매출채권을 매매대상으로 하는 업무를 지칭하며, 국제금융거래의 채권양도의 형태이다.

팩토링금융은 기업들이 상거래 대가로 현금 대신 받은 매출채권을 신속히 현금화하여 기업의 자금을 원활히 하자는 취지로 1920년대에 미국에서 처음 도입되었으며, 영국, 일본 등 선진국에서는 오래 전부터 보급되어 왔다. 신용상태가 좋은 물품구입자(수입자)를 대신하여 물품대금을 매출자(수출자)에게 지급해주는 업무 외에도 선불지급(advance payment)을 하는 경우도 있고 수입업체의 신용조사, 보증업무를 수행하기도 한다. 대출한도는 매입채권액면의 100%까지 가능하지만 해당기업의 매출규모나 신용도에 따라 차이가 있을 수 있다.

팩토링의 거래당사자

- Factor: 팩토링 업무를 주요 업무로 하는 금융기관
- Client: factor와 팩토링 계약을 체결하는 거래처로서 이 계약에 의해 해당 상거래에서 발생한 외상매출채권을 factor에게 원칙적으로 전부 양도하여 대금을 지급받는다.
- Customer: client의 판매처로서 factor에 대해서는 제3채무자에 해당된다.

(2) 팩토링 방식의 특징

① 채무자(customer)에 대한 신용위험을 팩토링회사(factor)가 부담하는 조건으로 거래기업(client)의 매출채권을 상환청구권 없이(without recourse) 매입한다(상환청구조건으로 매입하는 경우도 있다).

수출 Factor가 외상매출채권 매입시 담보를 요구하지 않으며 수입 Factor도 수입자가 외상으로 물품을 받을 때 담보를 요구하지 않는다. 수입자가 도산하였을 때는 수입 Factor가 대신 채무를 변제하게 된다. 수출자, 수입자의 입장에서는 이러한 팩토링 거래의 특징으로 인하여 L/C거래, D/P, D/A거래보다 팩토링 거래가 유리할 수 있다.

② 팩토링의 대상인 매출채권의 매입사실을 채무자에게 통지한다.

③ 팩토링의 대상인 매출채권은 비어음형태의 외상매출채권이 일반적이다.

④ 선진국의 팩토링회사들은 채무자의 수요에 부응하여 금융제공 업무뿐만 아니라 채권추심, 회계장부 작성, 컴퓨터서비스, 경영컨설팅 등의 업무를 수행하는 경우도 있다.

⑤ 거래규모가 작은 경우에 적합하다.

Factoring 거래를 이용하는 자는 주로 중소기업으로서 Factor들이 신용만으로 금융제공을 하는 것이기 때문에 거래규모가 작은 것이 특징이다. 통계를 보면 30만 달러 이상의 거래에 팩토링을 이용하는 경우는 거의 없고, 대체로 10만 달러 미만의 거래에 활용하고 있다.

우리나라에서 행해지고 있는 팩토링은 선불지급기능(advance payment)만을 가지고 있는 상업어음할인 방식이 주를 이루고 있으며, 비어음형태의 순수한 매출채권 매입업무는 활성화되지 못하고 있는 실정이다. 어음은 취급이 용이하고 어음법상 넓게 보호를 받고 있지만, 매출채권은 민법상으로만 제한적인 보호를 받기 때문이다. 그리고 상환청구권도 일반적으로 인정되고 있다.

(3) 국제팩토링

국제팩토링(international factoring)은 팩토링이 국가 간에 이루어지는 경우로서 전 세계 팩터(팩토링 회사)의 회원망을 통하여 수입자의 신용을 바탕으로 이루어지는 무신용장방식의 신용조건부 새로운 무역거래에 따른 결제방법이다.

국제무역거래에서 신용장발행이 쉽지 않은 경우에 신용장을 개설하지 않고 팩토링금융기관의 대금지급보증을 이용하는 외상무역방식이다. 수출국의 수출팩터는 수입국의 수입팩터와 함께 수출자를 위하여 외상수출채권과 관련된 대금회수를 보장하고 대금회수업무에 따른 사무처리 등 회계업무와 선불금융에 이르기까지 여러 가지 서비스를 제공한다.

그리고 수입자(customer)에게는 수입을 위한 신용을 제공해 줌으로써 해외의 수출자(client)로부터 신용(외상)으로 상품을 수입할 수 있도록 한다. 국제팩토링은 기존의 신용장방식에 의한 거래에 비하여 매우 간편하기 때문에 이미 미국이나 유럽지역에서는 일반화되고 있으며 특히 중소규모의 무역거래에서 활발히 이루어지고 있다.

국제팩토링이 활성화되기 위해서는 각국의 팩터들이 상호간에 긴밀한 관계를 유지할 필요가 있다. 현재 세계 최대의 국제팩토링기구로서는 네덜란드에 본부를 두고 있는 국제팩토링연맹(Factors Chain International : FCI)이 있다. 우리나라는 기업은행, 신한은행 및 수출입은행이 회원으로 가입되어 있다. 그 외 국제팩토링 금융기관조직으로는 IFG(International Factors Groups)가 있다.

① 국제거래에서의 유용성: 외상수출에 적합한 결제방식이다.

수출자 수입자 간에 은행 대신 Factor가 개입하여 수출자에게는 외상거래로 발생한 외상채권을 수출 Factor가 일람불로 매입하여 수출자의 자금 부담을 완화해주고, 수입자에게는 수입 Factor가 신용을 빌려주어 외상으로 물품을 구입할 수 있도록 해준다.

세계무역환경이 매수인 중심의 "buy's market"의 상태에 있고, 소액, 소량 주문에 따른 수입자의 신용장발행 회피, 그리고 수입자들의 상거래 관행에 따른 신용거래의 요구 등에 따라 외상수출이 증가하는 경향이 있다. 그러나 외상거래 특히 D/A거래는 대금회수에 대한 확실한 보장이 없기 때문에 외화채권의 부실화가 우려되고 있고, 중소수출자의 경우에는 신용이 좋은 수입자에게 수출하면서도 은행의 여신한도에 제한을 받게 되어 자금회전에 어려움을 겪고 있는 경우가 많다.

국제팩토링은 이러한 문제를 해결할 수 있는 적절한 대안으로 평가되고 있다. 또한 신용장을 사용하지 않은 후불송금이나 D/A와 같은 무역거래에서 대금지급 위험을 수출어음보험에 의지하지 않고도 회피할 수 있다.

첫째, 수출자는 대금회수의 안전문제 때문에 신용장 거래를 원하지만 수입자는 상품의 품질보장을 이유로 신용장 거래를 기피하는 경우에 팩토링결제방식이 유용하다.

둘째, 수출자는 일람지급거래를 원하나 수입자는 외상거래를 희망할 때 양자의 요구사항을 모두 수용할 수 있도록 신용장 거래와 무신용장 거래를 혼합하여 만들어낸 새로운 무역거래방식에 적합한 대금결제방법으로서 활용되고 있다.

셋째, 신용은 있으나 담보부족으로 신용장을 개설할 수 없는 경우에도 국제팩토링 방식으로 처리할 수 있다.

- 수출팩토링의 이점: 수출대금의 안전한 회수, 수출채권의 즉시 현금화, 채권관리의 효율화, 부실채권 방지, 새로운 시장의 개척 등이 있다.
- 수입팩토링의 이점: 외상구매가 가능하고, 자금부담의 경감, 금융비용 절감, 물품의 품질 확인이 가능하다.

② 국제팩토링의 거래대상

신용조건부 외상거래[O/A(Open Account Credit Terms), D/P, D/A] 방식만 가능하고, 신용장방식이나 현금결제방식은 거래대상이 아니다.

③ 국제팩토링의 형태

첫째, 상환청구가능(with Recourse Factoring)과 상환청구불능(without Recourse Factoring): 상환청구권(Recourse Right)행사 가부(可否)에 의한 구분이다.

둘째, 만기지급 Factoring(Maturity Factoring)과 선급지급 Factoring (Advance Payment Factoring): 선급(advance payment) 유무에 의한 구분이다.

셋째, 통지 Factoring과 비통지 Factoring: 채권양도통지 유무에 의한 구분이다.

넷째, 수출 Factoring과 수입 Factoring: 수출입당사자의 입장에 의한 구분이다.

(4) 팩토링에 의한 대금결제 흐름

① 수출자와 수출펙터는 팩토링거래 약정을 한다: 수출자는 수입자가 발주 또는 주문을 한 물품에 대한 대금을 팩토링 금융기법에 의해 수령하는 경우 수출펙터와 펙토링거래에 대해 약정을 체결한다.

② 신용조사 및 신용승인의뢰: 수출자는 수출팩터를 통하여 수입자의 지급능력에 대해 신용보증의 인수를 의뢰한다.

③ 신용승인한도결정: 수출자로부터 신용조사 의뢰를 받은 수출팩터는 수입팩터에게 신용조사와 함께 신용승인을 문의하고, 수입팩터는 수입자에 대한 신용승인한도를 결정한다.

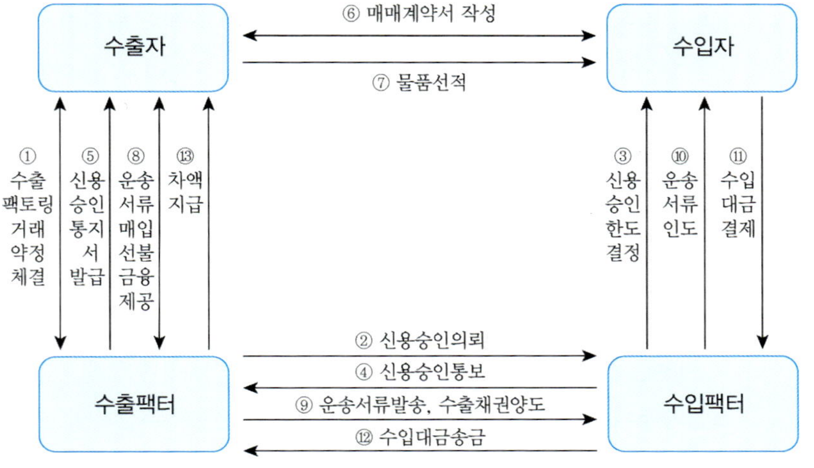

④ 신용승인통보: 수입팩터는 수입자의 신용을 조사하고, 문제가 없으면 수출팩터에게 신용승인통지를 한다.

⑤ 수출자에게 신용승인통지: 수입팩터로부터 신용승인통지를 받은 수출팩터는 수출자에게 신용승인 통지를 한다.

⑥ 수출자와 수입자 간의 매매계약체결: 수출자와 수입자는 매매계약을 체결하면서 팩토링 이용에 대한 양해를 요청하고, 팩토링을 이용한다는 사실을 통지한다.

⑦ 수출자는 계약에서 약정한 선적일자에 선적을 한다.

⑧ 선적서류 송부하고 매입의뢰: 원칙적으로 송금결제의 경우에는 수출자는 선적서류를 수입자에게 직접 송부하고, 수출팩터에게는 선적서류의 사본을 제시하지만, 매입의 경우에는 원본을 제시한다. 수출자는 수출팩터에게 선적서류를 제시하면서 환어음의 매입을 의뢰하고, 대금을 수령한다.

⑨ 선적서류발송 및 채권양도: 수출팩터는 선적서류를 수입팩터에게 송부하고, 수입팩터에게 수출채권을 양도한다.

⑩ 선적서류 인도: 수입팩터는 수입자에게 선적서류를 인도한다.

⑪ 수입팩터의 대금수령: 수입팩터는 지급기일에 수입업자로부터 대금을 수령한다.

⑫ 수출팩터에게 대금송금: 수입팩터는 수출팩터에게 대금을 송금한다.

(5) 팩토링제도의 국제무역에의 기능(활용)

무신용장방식의 외상수출입거래에서 팩토링회사는 대금지급 이외에 아래와 같은 부가적인 서비스를 제공하므로 무역거래에 유용하다.

첫째, 수입자의 신용조사 및 신용위험의 인수: 수입팩터는 수출팩터와의 약정에 따라 수입자에 대한 신용조사를 하고 수입자의 신용위험을 인수하고, 수출채권의 양수 및 수입자의 결제대금의 송금 등 대금회수를 보장한다. 수출하는 경우 외상수출로 인한 대금회수 불안 제거와 수입하는 경우 신용장 없이 팩토링회사의 지급보증으로 외상수입가능하게 된다.

둘째, 금융의 제공: 금융기관이 수출자의 수출대금 채권을 매입함으로써 조기에 수출대금을 회수할 수 있다.

셋째, 회계업무의 대행처리

넷째, 추심업무 및 채무자의 영업실적에 관한 통계자료의 수집 등의 서비스를 제공한다.

6) Forfaiting

(1) 개념

Forfaiting 거래란 주로 중장기외상채권(1년 이상 10년까지)을 대상으로 하여 수출자는 제3자(forfaiter)에게 상환청구를 요구받지 않는 조건(without recourse)으로 매각을 통하여 외상채권의 권리를 완전히 양도하게 되는 특수한 국제금융기법이다.

채권의 할인율은 수입자의 신용도, 신용장 발행은행의 신용도, 국가의 신인도 등을 고려하여 결정하게 된다. 수입자의 신용에 우려가 있을 때는 통상적으로 수입자의 거래은행 또는 제3은행의 Aval을 요구하기도 한다. 금융위기 등 수출업체들이 환어음 매입(nego)의 중단으로 자금의 어려움이 예상되는 경우에 유용하게 이용할 수 있는 금융기법이다. 우리나라에서는 플랜트, 선박, 중공업제품의 연불수출(1~5년) 및 단기수출거래(30~360일)에 이 금융기법을 활용하고 있다.

① 수출자와 수입자는 Forfaiting 거래내용에 합의하고 이를 근거로 수출입계약을 체결한다.

② 계약조건을 준수하여 계약물품을 선적한다.

③ 수입자는 수출자가 발행한 환어음 또는 수입자가 발행한 약속어음을 거래은행에 제시하여 보증하여 줄 것을 요구한다.

④ 수입자의 거래은행(지급보증은행)은 어음 뒷면에 Aval 하거나 별도의 지급보증서를 발행하여 수출자에게 송부한다.

⑤ 수출자는 Forfaiter와 Forfaiting 계약을 체결한다.

⑥ Forfaiting 계약체결 시에 수출자는 지급보증서 또는 Aval을 Forfaiter

【Forfaiting 거래 절차】

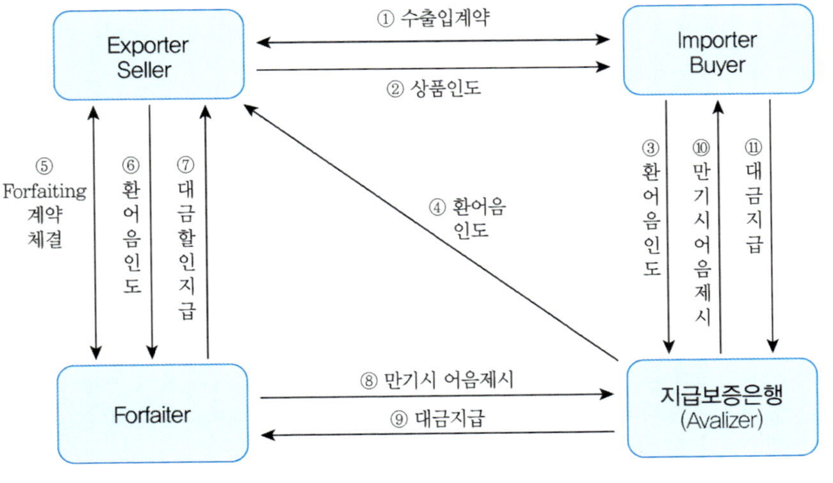

에게 넘겨준다.

⑦ Forfaiter는 환어음을 인도받은 즉시 대금을 수출자에게 지급한다.

⑧ 어음만기 시에 Forfaiter는 Aval[5] 또는 지급보증서를 보증은행에게 제시한다.

⑨ 보증은행이 어음상의 금액을 Forfaiter에게 지급하면 거래가 종료된다.

(2) 거래형태

포페이팅의 무역거래절차에는 신용장방식과 보증방식(Aval)으로 나누어진다. 신용장에 의한 거래방식은 Usance Bill이 발행되는 경우에 거래대상이 된다.

(3) Forfaiting 거래의 특징

① Forfaiter는 상환청구권을 행사하지 않음으로써 수입자 또는 L/C발행은행이 만기시에 대금지급을 하지 않아도 수출자는 대금을 상환할 필요는 없다.

② 수출자는 외환지불유예선언(Moratorium) 및 대금지불정지(default) 등의 정치적 위험(country risks)에서 벗어날 수 있다.

③ 선적 후 즉시 대급을 지급받음으로서 환율 및 이자율 변동에 따른 위험을 회피할 수 있게 된다.

④ Forfaiting 시 고정이자율을 사용함으로써 거래 margin을 확정할 수 있다. 장기(최장 10년)금리를 고정시켜 수입자, 수출자 모두에게 금융비용을 확정할 수 있다.

⑤ Forfaiting 대상금액은 수출금액의 100%까지 Forfaiting 가능하다. 수

5) Approval의 약자로서 은행이 최종지급을 보증하는 것으로서 Aval 은행이 수출자의 환어음 또는 수입자의 약속어음 전면에 지급을 보증한다는 의미로서 Aval이란 표시를 하고 서명·날인행위를 한다.

출어음보험의 경우 대체로 수출금액의 95%까지만 상환하며 제출서류 및 부보조건이 Forfaiting에 비하여 복잡하다.

⑥ Forfaiting 대상은 환어음 또는 약속어음이다. 그러나 신용장이 발행된 경우는 환어음이 없어도 (예, deferred payment L/C의 경우) 발행은행의 신용을 믿고 거래대상으로 할 수 있다.

⑦ 신용공여기간은 1~10년까지 다양하다.

(4) 수출자 입장에서 Forfaiting 거래의 장점과 단점

[장 점]

① 자금조달 다양화

Forfaiting의 무역금융은 자금조달면에서 수출자에게 신용장거래에서의 어음매입과는 별도로 자금을 조달할 수 있도록 한다.

② 리스크 헷지

수입자로부터의 대금회수 또는 수입자가 소재하는 수입국가의 정치적인 위험을 헷지할 수 있다.

③ 재무개선 효과

수출자는 매도한 어음에 대해 상환청구를 받지 않는 조건으로 수출채권을 매도하므로 대차대조표에 매출채권으로 기재할 수 있어 재무적으로 유리하다.

④ 관리 부담이 적음

수출어음보험과는 달리 100% 리스크 헷지가 가능하므로 만약 어음 부도가 발생해도 수출자에게는 대금반환의무가 발생하지 않는다.

⑤ 지연이자 회피가능

매입은행(forfaiter)은 수출자로부터 매입한 기한부환어음을 상환청구하지 않는 조건(without recourse)으로 매입하므로, 만약 환어음에 대한 결제가 지연되는 경우에도 수출자는 매입은행으로부터 지연이자(overdue interest)에 대한 청구를 받지 않게 된다.

[단 점]

① Forfaiter는 선적서류의 불일치(discrepancy)에 대한 위험을 부담하지 않는다.

② 일반적으로 어음의 할인금리는 시장금리와 은행의 수수료를 고려하여 결정된다. Forfaiter는 수출자에 대해 상환청구하지 않는 조건으로 매입하므로 이러한 위험을 고려해 매입률을 정하게 되므로 위험에 따른 비용을 부담하게 된다.

【Forfaiting 거래와 Factoring거래 비교】

항 목	Factoring	Forfaiting
• 취급금액	소액(10만불 미만)	거액(10만불 이상)
• 외상기간	단기(3개월~6개월)	장기(6개월~10년)
• 상환청구권	with recourse, without recourse	without recourse만 인정
• 지급근거	수입 Factor의 신용승인	L/C발행은행 또는 Aval 환어음
• 거래방식	송금방식이 대부분임	환어음 또는 약속어음이 매개체
• 대상채권	현재뿐만 아니라 미래의 매출채권까지 포함가능	개별적으로 확정된 매출채권에만 국한

3 국제무역과 환어음

1) 환어음에 의한 대금지급구조

국제무역에 있어서 대금결제는 대금지급과 서류의 인도를 결합한 환어음(bill of exchange)을 대금지급수단으로 이용한 지급형태가 일반적이다. 환어음 자체는 일종의 대금청구서로서 지급수단에 해당되지만 환어음 결제를 통하여 대금지급을 받기 위해서는 반드시 상업서류를 첨부해야 한다.

환어음을 이용한 대금지급은 신용장(L/C)에 의한 대금지급과 추심(D/P, D/A)에 의한 대금지급방식이 있다. 선하증권을 중심으로 구성된 상업서류와 환어음(수출자가 발행)을 수출자의 거래은행을 통하여 수입자의 거래은행에 송부하여 지급을 요구하는 형태로 이루어진다. 수출자는 선적 후 대금을 지급받기 위해서는 환어음과 상업서류를 어음지급인(drawee), 즉 신용장방식의 경우는 발행은행, D/P 또는 D/A의 경우는 수입자에게 제시해야 한다.

수입자는 환어음에 대한 결제를 통하여 대금을 지급하고, 거래대금을 지급하게 되면 물품에 대한 소유권이 수입자에게 이전되므로 선적서류를 입수하고 이 선적서류를 운송인에게 제출하여 운송인으로부터 물품을 인수하게 된다.

【환어음 양식】

BILL OF EXCHANGE

① No. 123
② For US$ 75,000 ③ place and date(March 15th, 2022)

④ At ×××××× sight of FIRST BILL OF EXCHANGE ⑤ (SECOND being unpaid) ⑥ Pay to ______ or order the sum of ⑦ U.S.Dollars Seventy Five Thousand only
Value received and charge the same to account of ⑧ ______
⑨Drawn under ______
⑩ L/C No. ______ dated ⑪ March 15th, 2022

⑫ To ______ ⑬ International Business Trade
Signed
Manager

① 환어음번호

② 환어음발행금액

③ 환어음발행지와 발행일(필수기재사항)

④ 환어음결제방법 또는 결제일(만기일)표시: 기한부어음이 발행된 경우에는 "sixty (60) days after (sight)"처럼 usance 기한을 기재한다. 그러나 "at sight" 조건인 경우에는 ××××× 상태로 둔다.

⑤ "SECOND being unpaid" 이 문언은 환어음이 2통 발행된 경우에 적용되는 문언이다. 만약 1통의 환어음 제시에 의해 대금지급이 이루어졌다면 두 번째 환어음은 무효라는 표시이다.

⑥ 수취인(필수기재사항): 수출지은행(매입은행)을 표시한다.

⑦ 환어음금액(필수기재사항): 금액은 문자로 표시한다.

⑧ L/C 발행의뢰인(수입자)(필수기재사항)

⑨ L/C 발행은행(필수기재사항)

⑩ L/C 번호(필수기재사항)

⑪ L/C 발행일(필수기재사항)

⑫ L/C 발행은행(필수기재사항)

⑬ 환어음 발행인(필수기재사항): 수출자

수출입거래의 본질은 수출자의 물품인도와 수입자의 대금지급으로 구성되며, 물품과 대금지급을 연결하고 있는 환어음을 이용한 국제간의 대금결제는 보통 아래와 같은 절차를 통해 수출금액이 지급된다.

【환어음을 이용한 대금결제과정】

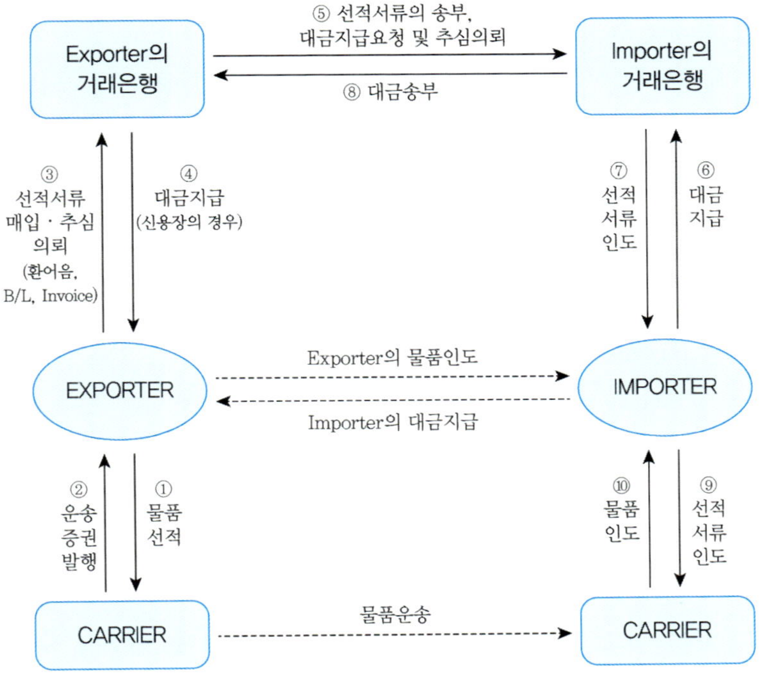

> Clean Bill of Exchange(무담보환어음)
>
> • **무담보환어음을 이용할 경우 적합한 거래형태**
>
> 국제간의 물품매매가 수반되지 않고 금전의 수수에만 사용되는 대금지급방식으로서 선적서류가 첨부되어 있지 않는다는 점에서 Clean Bill of Exchange라고 한다. 무담보환어음은 은행 간의 결제, 대리점의 수수료, 클레임에 대한 결제, 위탁판매의 대금지급 등에 사용될 수 있다. 이러한 대금지급은 수출입과는 관계가 없는 경우도 있다.
>
> • **무담보환어음을 이용하는 무역거래**
>
> 계약물품 선적 후에 선하증권을 수령하고, 계약에서 요구하는 각종 선적서류를 작성하여 수입자에게 송부하여 물품을 인수하도록 하여 놓고, 별도로 대금을 지급받기 위해서는 수입자를 지급인으로 하는 어음을 발행하여 대금지급을 받는다.

2) 환어음 지급기일(만기일, Maturity Date)

① At Sigh Draft

환어음이 어음지급인(발행은행 또는 수입자)에게 제시되었을 때 즉시 대금을 지급하는 조건을 일람불(at sight)이라고 부르고, 이러한 어음을 일람불 어음(Sight Bill; Sight draft), 요구불어음(Demand Draft)이라 한다.

[대금지급기일 표시방법]
Payment at Sight,
Draft at Sight under L/C,
Draft at Sight on D/P

② Time(Usance) Draft

어음제시일로부터 일정한 기한 후에 대금을 지급하는 어음을 기한부어음(Usance Bill; Term Bill; Time Bill)이라 한다. 이렇게 지급유예기간을 두는 경우는 수입자가 물품을 판매한 자금으로 결제하고자 하는 경우에 활용할 수 있다. 기한부대금지급조건은 수출자의 입장에서는 판매촉진을 위한 결제방법으로서 활용할 수 있다.

환어음 만기일 표시방법:

- Payable at 30 days after sight
- Payable at 60 days after B/L date
- Payable at 90 days after receipt of L/C
- 60 d/s draft; draft at 60d/s; draft at 60 days after sight
- 90 d/s draft; draft at 90d/s; draft at 90 days after sight
- 60 days after _______ date; _______ 일정일 후 60일
- Two months after _______ date; _______ 일정일 후 2개월

CHAPTER

2

신용장거래의 본질과 신용장통일규칙 적용

신용장이 발행되면 신용장발행은행이 주요한 채무자로 되고, 신용장을 기반으로 하는 신용장계약은 신용장발행의 원인으로 된 매매계약 및 신용장발행계약과는 독립되어 서류거래로서 거래가 이루어진다.

2 신용장거래의 본질과 신용장통일규칙 적용

1 신용장거래의 본질

1) 신용장거래의 「독립추상원칙」과 「서류거래원칙」

신용장은[1] 국제간의 무역거래에서 이용되는 결제수단(settlement instrument)으로서 폭넓게 이용되어 왔다. 무역업자는 신용장에 의한 대금지급방법은 신용장발행의 원인으로 된 매매계약과는 독립된 상태에서 신용장에서 요구하는 서류를 기반으로 하여 대금지급이 이루어지는 즉, 독립추상원칙에 기초하여 대금지급이 이루어지는 신용장의 본질을 이해해야 한다.

일단 신용장이 발행되면 신용장에서 요구하는 서류를 기반으로 하여 거래가 이루어진다고 하는 것이 서류거래의 원칙이며, 은행으로부터 대금지급을 받을 때에 적용되는 중요한 원칙이다. 서류를 거래한다는 것은 신용장에서 요구하는 서류를 매매의 대상으로 한다는 의미로서 서류가 신용장조건에 일치하면 대금을 지급받을 수 있다. 이에 비해 매매계약에서의 거래대상은 물품이다.

2) 신용장 발행은행의 「주 채무자」 위치

(1) 발행은행의 의무

신용장이 발행되면 발행은행이 주요한 채무자로 된다. 신용장은 수입

1) 신용장은 화환신용장을 지칭한다.

자의 의뢰에 의해 발행되지만 일단 신용장이 발행되면 발행은행은 신용장의 수익자(수출자)에게 신용장에 규정된 서류제시(신용장서류조건) 및 신용장에서 요구하는 조건(신용장비서류조건)을 충족할 것을 전제로 하여 대금을 지급(honour)한다.

(2) 「주 채무자」의 의미

신용장의 발행은행이 주요한 채무자로 된다는 의미는 발행은행이 스스로 정한 조건(신용장조건)을 수익자(수출자)가 충족하였는지 여부를 기본적으로 판단한 후에 발행은행이 지급(honour)하기로 결정한 경우에는 발행의뢰인(수입자)은 그 결정에 따라야 하며 또한 발행은행이 수익자에게 지급한 금액에 대해 발행의뢰인(수입자)에게 상환청구권을 가진다는 것을 의미한다.

(3) 신용장발행하기 전의 사전검토사항 (PRELIMINARY CONSIDERATIONS : ISBP681)

발행은행이 정한 신용장조건을 수익자가 충족하지 않을 때는 발행은행은 신용장대금을 지급하지 않기 때문에 이러한 상황이 발생하지 않도록 사전에 신용장조건에 대해서 검토를 할 필요가 있다. 신용장이 발행되기 전에 신용장발행의뢰인(수입자)과 수익자(수출자)는 긴밀히 협조하여 수익자가 충족할 수 있는 신용장조건으로 타협하는 것이 중요하다.

국제표준은행실무(ISBP681)의 Preliminary Consideration(사전검토사항)에는 이러한 타협이 중요하다는 점을 지적하고 있다.

① ISBP681 No.1 : 신용장거래의 「독립추상」의 의미에 대한 인식과 신용장발행을 위한 준비를 해야 한다

No.1: The terms of a credit are independent of the underlying transaction even if a credit expressly refers to that transaction. To avoid unnecessary costs, delays, and disputes in the examination of documents, however, the applicant and beneficiary should carefully consider which documents should be required, by whom they should be produced and the time frame for presentation.

- 신용장조건은 원인거래로부터 독립되어 있으며 예컨대, 신용장에 원인거래가 명시되어 있어도 원인거래와는 관계가 없다.
- 발행의뢰인과 수익자는 서류심사에서 불필요한 비용, 지연 및 분쟁을 방지하기 위해 i) 어떤 서류를 필요로 할 것인지, ii) 이들 서류를 누구에 의해서 작성되도록 할 것인지, iii) 서류가 제출되어야 하는 시간 등에 대해서 상호간에 주의 깊게 검토하고 고려해야 한다.

② ISBP681 No.2 : 신용장발행의뢰서, 조건변경의뢰서의 내용이 그대로 신용장의 조건으로 되는 것은 아니다.

No.2: The applicant bears the risk of any ambiguity in its instructions to issue or amend a credit. Unless expressly stated otherwise, a request to issue or amend a credit authorizes an issuing bank to supplement or develop the terms in a manner necessary or desirable to permit the use of the credit.

- 발행의뢰인은 신용장발행, 조건변경의 지시가 애매함(불명확함)에 대한 위험을 부담한다.
- 발행은행에 대한 신용장발행 또는 조건변경의 의뢰는 신용장의 사용

을 허용하는 데 필요하거나 바람직한 방식으로 조건을 보완하거나 개발할 수 있는 권한을 부여하는 것이다.

③ ISBP681 No.3 : UCP 600 제3, 14, 19, 20, 21, 23, 24, 28(i), 30 및 31의 규정을 잘 알고 있어야 한다.

No.3: The applicant should be aware that UCP 600 contains articles such as 3, 14, 19, 20, 21, 23, 24, 28(i), 30 and 31 that define terms in a manner that may produce unexpected results unless the applicant fully acquaints itself with these provisions. For example, a credit requiring presentation of a bill of lading and containing a prohibition against transhipment will, in most cases, have to exclude UCP 600 sub-article 20(c) to make the prohibition against transhipment effective.

- 발행의뢰인은 위 조항의 규정에 대해서 잘 알고 있어야 한다.
- 예를 들어, 신용장에서 선하증권의 제시를 요구하고 환적금지의 조건을 포함하고 있을 때 대부분의 경우 환적금지의 조건을 유효하게 하기 위해서는 UCP600 제20 ©조항(환적할 수 있음을 표기한 선하증권)을 적용하지 않는다는 것을 기재할 필요가 있다.

④ ISBP681 No.4: 발행의뢰인에 의해서 연대 서명되는 조건이 있는 신용장을 발행하지 않는다.

No.4: A credit should not require presentation of documents that are to be issued or countersigned by the applicant. If a credit is issued including such terms, the beneficiary must either seek amendment or comply with them and bear the risk of failure to do so.

- 신용장에는 발행의뢰인(수입자)에 의해서 발행되어야 하는 서류 또는 발행의뢰인에 의해서 countersign 되어야 한다는 서류의 제시를 요구하지 않는다.
- 위의 조건이 있는 서류를 요구하는 조항이 포함되어 있는 신용장이 발행된 경우에는 수익자는 조건변경을 요구하거나 또는 위의 조건에 일치하는 서류를 제시해야 하며 위의 조건에 일치하는 서류를 제시하지 못한 경우 그 위험을 감수해야 한다.

⑤ ISBP681 No.5 : 원인거래에서부터 신용장이 발행되기까지 각 단계에서 주의가 필요하다.

No.5: Many of the problems that arise at the examination stage could be avoided or resolved by careful attention to detail in the underlying transaction, the credit application, and issuance of the credit as discussed.

- 원인거래, 신용장발행의뢰, 신용장의 발행 각각의 단계에서 상세하고 주의 깊은 주의를 하면 서류심사의 단계에서 발생하는 많은 문제는 회피 또는 해결할 수 있을 것이다.

2 신용장통일규칙(UCP)의 적용

2007년에 개정된 신용장통일규칙의 정식명칭은 "화환신용장 통일규칙 및 관례(The Uniform Customs and Practice for Documentary Credit 2007 Revision, ICC Publication No.600)"이지만 보통 "UCP"로 칭하고 있다. 현재 발행되고 있는 신용장은 거의 대부분 국제상업회의소(International Chamber of Commerce: ICC)에서 제정한 UCP에 준거하여 이용되고 있다.

1) 신용장통일규칙 제정 필요성

UCP 규정이 적용되는 신용장은 신용장에 기재되어 있는 조건이 충족되는 것을 조건으로 하여 대금지급이 이루어진다. 대금지급을 확약하는 발행은행은 수익자에 의한 신용장조건의 충족을 전제로 하는 약속이므로, 신용장에 기재되어 있는 조건에 대해서 관계당사자의 이해 또는 해석이 일치되어야 한다.

신용장거래에는 서로 상이한 국가에 소재하고 있는 많은 당사자가 관여하고 있으므로 국제적으로 통일된 규범이 없는 한 법률, 관습, 언어의 차이로 인해 해석상의 차이가 발생할 수 있다. 이런 이유로 신용장거래에 관한 국제적인 규칙을 만들 필요성이 제기되어 국제상업회의소(International Chamber of Commerce: ICC)에서 제정한 것이 「화환신용장 통일규칙 및 관례」(Uniform Customs and Practice for Documentary Credits : UCP)이다.

제1차 세계대전 후 급속히 세계 금융의 왕좌를 영국과 싸우게 된 미국에서 특히 혼란이 심했으므로 신용장해석에 관한 통일을 만들 필요성에 대해 미국 해외무역관계자의 여론이 조성되어 1920년에 Provisions adopted by the New York Banker's Commercial Credit Conference로 결실을 맺었다. 이러한 민간단체의 국내적 통일운동은 프랑스, 독일을 비롯한 많은 유럽 국가들에게도 파급되어 통일화운동을 일으키고 법제화의 움직임도 보였다.

신용장과 같은 국제적인 거래에 대해서는 이러한 움직임이 자연스럽게 국제적 통일운동으로 진행되어 1933년 국제상업회의소의 제7회 총회에서 신용장통일규칙(UCP)이 채택되기에 이르렀다. 당초 UCP에 대해서 영국 및 영연방국가들의 은행은 거래관습의 차이를 이유로 채택하지 않았으나 그 후 1951년 제1차 개정이 행해지고 난 이후 일부 영연방국가들이 채택하기 시작하였다.

이후 제2차 개정작업에는 영국도 적극적으로 참가하였고, 그 결과 제정된 1962년 개정규칙은 영국 및 영연방국가들의 은행에 의해서도 채택되어 UCP가 처음으로 신용장에 관한 세계적인 규범으로 적용되게 되었다. 그 후 화환신용장거래에 영향을 미치는 환경의 변화, 예를 들면, 컨테이너운송의 보급에 의한 운송계약의 변화, 운송서류의 다양화, 정보처리기술의 진보 등에 대응하기 위해 1974년, 1983년, 1993년 및 2007년에 개정이 이루어져 현재는 2007년 7월 1일부터 시행되고 있는 2007년 개정규칙(2007 Revision, ICC Publication No. 600)에 준거하여 거래가 행해지고 있다.

2) 신용장통일규칙 제정자: ICC

국제상업회의소(ICC)는 제1차 세계대전 후 국제무역의 확대를 통해서 세계경제의 재건과 발전을 실현하며 또한 새로운 국제무역질서의 확립을 목적으로 1920년에 설립된 국제적인 민간경제단체이며, 공업, 상업, 보험, 운송 등을 포함한 기업 및 은행을 회원으로 두고 있다. 본부는 프랑스 파리에 있으며, 40여 개국 이상의 회원을 두고 있다. ICC의 활동범위는 광범위하게 걸쳐 있으나 대상 분야별로 전문가에 의한 위원회방식에 의해 운영되고 있다.

UCP는 ICC 내에 있는 은행기술위원회에 의해서 제정되었다. UCP가 민간단체에 의해서 제정된 것은 동 규칙의 성질을 고려하면 중요한 의미를 가진다. 동 규칙은 조약처럼 보편적인 구속력을 가지는 것이 아니라 해당 규칙에 구속되기로 관계당사자가 동의한 경우에 비로소 관계당사자를 구속하게 된다. ICC는 UCP 이외에도 은행거래 및 무역거래에 관계가 깊은 몇 개의 규칙을 제정하였다.

【ICC에서 만든 각종 국제규칙】

- ICC 화환신용장에 의한 은행 간 대금상환에 관한 통일규칙(URR 725): UCP 600에 준거한 신용장에 관계되는 은행 간 상환에 관한 규칙
- ICC 화환신용장에 의한 서류점검에 관한 국제표준은행관행(ISBP 681): 신용장통일규칙(UCP600)을 보완하는 실무해석지침
- ICC 추심통일규칙(URC 522)
- 계약보증증권통일규칙(URC 524): 주로 손해보험회사에서 발행되는 보증에 관한 통일규칙
- 국제 Standby 규칙(International Standby Practices: ISP 98): 미국 은행업계의 관행을 기초로 제정된 Standby 신용장에 관한 통일규칙
- Incoterms Rules 2020
- UNCTAD/ICC복합운송서류에 관한 규칙(Publications No.481): ICC에서 UNCTAD(UN무역개발회의)와 공동으로 제정한 복합운송서류에 관한 규칙

3) 신용장통일규칙 체계

UCP600은 총 39개의 조문으로 구성되어 있다	
a. 총칙과 용어정의(제1조~제3조) b. 신용장과 원인계약 간의 관계 (제4조~제6조) c. 관련은행의 정의와 책임 (제7조~제8조)	신용장의 기본적인 성질 및 관계당사자의 권리, 의무를 정하고 있다. 신용장이 UCP600에 준거하는 경우, 신용장의 관계당사자는 여기에 규정된 권리를 가지고 의무를 부담한다.

d. 통지 등(제9조~제13조) e. 서류심사기준 및 대금지급 거절 (제14조~제16조)	
f. 서류전반(제17조) g. 상업송장에 관한 조건(제18조) h. 운송서류에 관한 조건 (제19조~제27조) i. 보험서류에 관한 조건(제28조)	신용장에서 요구하는 서류에 관한 조항을 보충하는 성격의 조항으로 구성되어 있다. 신용장의 요구에 의해 제시되는 서류는 17조~28조까지 여러 조항 중 해당서류에 적용되는 규정을 준수해야 한다.
j. 잡칙(제29조~제33조) k. 은행의 책임배제에 관한 규정 (제34조~제37조)	신용장에 정해져 있는 사항에 대한 해석규정이고, 제17조~제28조의 규정과 함께 신용장 작성 및 서류점검에 관한 일상 업무를 수행하는데 있어 항상 주의를 기울일 필요가 있는 실무적인 규정이다.
l. 신용장의 양도조건 및 대금의 양도(제38조~제39조)에 관한 조항으로 구성되어 있다.	

4) 신용장통일규칙의 적용범위

(1) 화환신용장

화환신용장에 UCP를 적용한다는 문언이 있는 경우에는 화환신용장에 적용되는 규칙이다.

(2) Standby Credit

신용장통일규칙(UCP)은 Standby Credit에도 적용된다. Standby Credit는 채무자의 채무불이행(non-performance)에 대비하여 채권자의 채권을 담보할 목적으로 발행되는 신용장이다. 국제간의 금전대차계약, 건설계약 등에서 채무자의 의뢰에 의해 은행이 발행하는 특수한 신용장이다.

(3) 관계 당사자

신용장통일규칙(UCP)은 신용장에 의해서 명시적으로 수정되거나 제외되어 있는 경우를 제외하고 신용장의 관계 당사자에 대해서 구속력을 가진다.

5) 신용장통일규칙 적용원리

① 신용장통일규칙(UCP) 준거문언의 기재

신용장통일규칙(UCP)은 국제적으로 넓게 보급되어 있으나 국제상업회의소(ICC)의 민간단체가 만든 임의규칙이고, 인코텀즈와 마찬가지로 당사자 간의 합의를 전제로 하여 적용된다. UCP600 제1조에 "화환신용장의 본문이 이 규칙에 따르는 것을 명시하고 있는 경우에는 ..... "의 표현에 의해 UCP600을 적용하는 모든 신용장에는 준거문언을 명기할 것을 의무로 하고 있다.

② UCP의 구속력

신용장통일규칙(UCP600) 제1조에는 UCP를 준거하는 신용장은 그 신용장이 명시적으로 수정 또는 제외되고 있는 경우를 제외하고 UCP는 신용장의 모든 당사자를 구속하는 것으로 정하고 있다. 이 규정에 관해서는 "구속을 받는 관계당사자"와 "구속의 내용" 두 가지 사항을 검토할 필요가 있다.

③ 구속을 받는 관계당사자

L/C 발행은행, 통지은행, 확인은행, 수익자, 지정은행

신용장에 신용장통일규칙(UCP) 준거문언이 기재되어 있지 않은 것에 대해 이의를 제기하지 않고 신용장을 취득한 경우에는 UCP에 구속되는 것으로 간주한다.

발행의뢰인의 경우는 발행은행이 발행의뢰인의 의사에 관계없이 UCP에 준거하는 신용장을 발행한 때에 발행의뢰인이 UCP에 구속되는 것으로 해석하는 것은 문제이다. 그러나 실무적으로 발행은행은 발행의뢰인과 L/C발행을 위한 계약을 체결하고 있다. 발행은행이 UCP에 준거하는 신용장을 발행하는 방침을 취하고 있는 경우에는 신용장발행계약의 계약조항 중에 UCP에 준거하는 신용장을 발행하는 취지를 정하고 있고, 이러한 계약이 이루어지고 있는 이상 발행의뢰인도 UCP에 구속되는 것에 대해서 이의를 제기할 수는 없다.

상환은행(Reimbursing Bank)은 관계당사자에 포함되지 않는다.

UCP에 상환은행을 구속하는 규정은 없으며 또한 ICC 화환신용장에 의거한 은행 간 상환에 관한 통일규칙(URR 725) 제3조에도 "상환수권자는 그것이 관계하는 신용장과는 별개의 것이고, 예를 들어 그 신용장의 조건에 대해서 어떠한 참고사항이 상환수권자에 포함되어 있어도 상환은행은 그 신용장의 조건과는 관계가 없고 또한 그것에 의해 구속되지 않는다." 고 규정되어 있다.

④ 구속의 내용

신용장통일규칙(UCP)에서 관계당사자를 구속(bind)한다는 것의 실무적인 의미는 관계당사자는 UCP의 여러 규정에 따라서 행동해야 하고, UCP가 정하고 있는 의무를 부담해야 하며, UCP에 정해져 있는 권리를 향유할 수 있다는 것이다. 단, UCP의 규정을 수정 또는 배제하는 경우는 제외된다. 예를 들어, 발행은행 또는 발행의뢰인의 이익을 위해 신용장에서

은행의 서류점검기간을 수정(연장)하는 경우 – 이러한 수정은 UCP의 취지(서류점검기간을 단축하고자 하는 취지)에 어긋날 뿐만 아니라 선하증권의 위기를 초래할 우려가 있다.

⑤ Standby 신용장에 적용

Standby 신용장은 Documentary Standby Credit와 Clean Standby Credit 두 종류가 있으나 UCP를 적용할 수 있는 신용장은 Documentary Standby Credit이다.

Standby 신용장에 UCP를 적용하는 경우에는 운송서류나 보험서류에 관한 규정 등 Standby 신용장에 관계하지 않은 사항에 관한 규정은 적용되지 않고 Standby 신용장에 관계있는 사항에 대해서만 적용된다.

【신용장통일규칙의 실무적인 적용에 관한 이해】

□ Documentary Credit의 의미

㉠ 담보성이 있는 권리증권인 선하증권이 환어음에 첨부되는 선적서류에 포함되어 있기 때문에 Documentary Credit라고 한다는 견해이다.

㉡ 첨부서류는 반드시 권리증권에 한정되는 것이 아니라고 해석하여 "서류가 첨부되어 있는 신용장"이라는 의미로 보는 견해이다. – 최근의 견해

UCP600은 담보성이 없는 운송서류(예, Seaway bill)도 수리하는 것으로 정하고 있으므로 UCP600에서 의미하는 Documentary는 "서류가 첨부된"으로 해석해야 할 것이다.

일반적으로 신용장은 서류 첨부의 유무에 따라서 "documentary credit"과 "clean credit"로 구분하고, 용도에 따라서 "상업신용장"과 "보증신용장"으로 구분한다.

- 상업신용장: 매매대금의 결제를 위하여 사용되는 신용장으로서 모두 서류의 첨부를 요구하는 형태로 발행된다.
- 보증신용장: 의무의 이행을 보증하기 위하여 사용되는 신용장이다. 서류가 첨부되는 경우와 서류의 첨부를 요구하지 않는 (clean)형태의 경우가 있을 수 있지만 무역대금결제에 사용하고 있는 경우에는 서류를 요구하고 있는 경우가 대부분이다.

□ UCP는 법률이 아니기 때문에 INCOTERMS 규칙과 마찬가지로 당사자가 합의한 경우에만 적용된다.

- 당사자는 합의에 의해서 UCP 규정 중 일부를 적용하지 않거나 또는 일부 수정하여 적용하는 것도 자유이지만 이러한 신용장은 UCP가 세계 각국의 은행에 의해서 넓게 채용되는 경우, 예외적인 신용장으로 됨으로써 은행업무를 원활하게 추진하는데 있어서는 바람직하지는 않을 것이다.
- UCP 적용에 대한 당사자의 합의는 우선 발행의뢰인(수입자)과 발행은행 간에 발행의뢰인이 발행은행에게 신용장의 발행을 의뢰하는 서식에서 신용장은 UCP에 따른다는 취지를 기재하여 놓으면 이것을 은행이 승낙하는 것에 의해서 합의가 성립한 것으로 인정한다.
- 발행은행과 수익자(수출자) 간의 합의는 신용장에 UCP에 따른다는 취지의 조항이 포함되어 있으면 된다. 수익자가 신용장을 수령할 시에 이의를 제기하지 않으면 수익자의 승낙에 의해서 UCP에 준거한 신용장계약이 성립한 것으로 해석한다. 신용장이 UCP에 따르는 신용장으로서 발행은행에 의한 지급부터 발행의뢰인에 의한 상환까지 문제없이 기능하기 위해서는 UCP에 준거하는 취지와 발행의뢰인과 발행은행 간의 합의 및 발행은행과 수익자간의 합의가 필요하지만 전자는 신용장발행의뢰서에 기재된 것에 의한 신용장발행계약에서, 후자는 신용장자체에 기재된 것에 의한 신용장계약에서 합의된 것에 따른다.

□ 신용장 조항과 UCP 규정이 모순되는 경우

- 신용장통일규칙(UCP)은 법률이 아니기 때문에 당사자 간의 합의에

의해 자유롭게 UCP규정의 일부를 수정하여 적용하거나 또는 적용하지 않을 수도 있다. 그런 경우에는 그러한 취지를 신용장에 명확하게 명시하여 놓는 것이 바람직하다.

• 신용장의 어떤 조항이 UCP조항과 모순되는 경우에는 일반적으로 계약서의 특수조항은 일반조항에 우선한다는 원칙이 적용되어 신용장의 표면에 기재된 조항이 UCP에 우선하는 것으로 간주한다. 그 이유는 신용장에 특히 기재된 조항은 당사자가 별도로 관심을 가지고 교섭한 조항이므로 당사자가 고려하였다고 생각되지 않은 UCP에 우선하는 것으로 해석한다.

이 문제에 관한 지도적 판례로서 언급되고 있는 Royal Bank of Scotland plc. v. Casa di Risparmio delle Provincie Lombarde 사건에서 Mustill 판사가 다음과 같이 언급하였다.

"UCP(Uniform Customs and Practice for Documentary Credits)는 관행과 관례를 공식화 한 것으로서 신용장거래당사자는 이것을 인용하는 것에 의해서 계약에 포함시키는 것이 가능하다. 계약의 조항으로 되는 출발점은 당사자 간의 명시적 합의이고, 만약 중요한 점에 대해서 당사자 간에 합의가 없는 경우에는 UCP에 따른다."고 판시함으로써 UCP규정보다 당사자 간의 합의사항이 우선적으로 적용됨을 지적하였다.

3 전자무역과 eUCP

1) eUCP의 의의 및 역할

전자상거래(eCommerce)가 활성화됨에 따라 신용장거래에서도 전자적 제시(electronic presentation)가 이루어지고 그럼으로써 전자적 제시의 신용장조건 준수(eCompliance)여부를 판단할 수 있는 가이드라인에 대한 필요성이 제기되었다.

이에 따라 국제상업회의소(ICC)의 은행기술실무위원회에서는 신용장거래에서 전자적 제시를 하는 경우에 적용할 수 있는 지침 또는 국제적 통일규칙의 필요성을 인지하고 2001년 11월 7일 eUCP를 제정하였다. 이것이 eUCP Version 1.0이며 2002년 4월 1일부터 시행되었다. eUCP의 정식명칭은 "전자제시를 위한 화환신용장에 관한 통일규칙 및 관례에 관한 보칙(제1.0판)"(Supplement to the Uniform Customs and Practice for Documentary Credits for Electronic Presentation (version 1.0))이다.

그렇지만 2006년 신용장통일규칙을 개정하면서 eUCP Version 1.0은 eUCP Version 1.1로 개정되었고(시행일은 2007.7.1.), eUCP Version 1.1은 다시 개정되어(정규적인 update) 2019년 7월 1일 UCP600을 보충하는 eUCP Version 2.0이 발효되었다. eUCP Version 2.0은 총 14개 조항으로 구성되어 있으며, 12개 조항으로 구성되어 있는 이전 eUCP Version 1.0보다 2개 조항이 늘어났다.

eUCP는 신용장통일규칙(UCP)을 개정한 형태로 만들어진 규칙이 아니라 UCP를 보칙(supplement)하는 형태로 제정되었으므로, eUCP 자체만으로 완결된 독립적인 규칙이 될 수 없으며 UCP를 보충하는 역할을 함으로써 UCP와 함께 적용된다.

eUCP는 전자기록(electronic records) 제시를 위해 UCP의 조항을 확장 또는 수정할 필요가 있는 조항으로 구성되어 있다. 즉, eUCP는 신용장거래에서 종이서류를 대신하여 전자기록의 형태로 제시하거나 또는 제시되어야 하는 서류 중에서 일부를 전자기록 형태로 제시하는 경우에 대비하여 이러한 전자적 제시에 대해 적용하기 위한 국제규칙이다.

2) eUCP의 특징

① eUCP는 전자거래에서 종이서류 대신에 전자기록(electronic record)을 제시하는 경우에 적용할 수 있는 규칙으로서 UCP를 보충하는 규칙이며, eUCP가 적용되는 신용장에도 UCP를 적용한다.

② eUCP는 모든 서류를 전자적으로 제시하거나 또는 종이서류와 전자적 제시를 혼합하여 제시하는 경우에도 적용할 수 있다.

③ eUCP는 개정이나 변경이 필요한 경우에 대비하여 그 이전버전과 구분하기 위해 버전번호를 부여하고 있다. 예를 들어, UCP500에는 eUCP Version 1.0이 적용되고, UCP600에는 eUCP Version 2.0이 적용된다.

④ eUCP는 무역서류의 전자적 제시에 적용할 수 있는 기술적 보안이나 표준에 관한 지침을 제공하고 있지는 않으므로 해킹방지 및 서류변조 등을 방지할 수 있는 기술적인 사항은 거래당사자들이 결정해야 한다.

3) eUCP의 적용범위 및 UCP와의 관계

① eUCP의 적용범위

eUCP는 신용장에 eUCP를 적용한다는 취지를 명시한 경우에만 UCP의 보칙으로서 적용할 수 있다. 따라서 만약 신용장에서 허용하고 있지 않는 한 전자서류가 제시되어도 신용장조건을 충족한 제시로는 해당되지 않게 된다. eUCP는 그 적용을 강제하는 규칙은 아니며 관계당사자들이 신용장에서 적용한다는 뜻을 명시적으로 기술한 경우에만 적용되는 임의규칙이다.

신용장에 eUCP를 적용하는 문언은 아래와 같이 표시하면 된다.

"This credit is subject to the supplement to uniform customs and practice for electronic presentation (eUCP) Version 2.0"

신용장에는 적용하는 eUCP 버전(version)을 명시해야 한다(예, "Credit subject to eUCP Version 2.0). 신용장에 버전이 명시되어 있지 않은 경우는 신용장이 발행된 일자에 유효한 버전을 적용하고, 수익자가 승낙한 조건변경이 eUCP를 적용하도록 되어 있는 경우는 조건을 변경한 일자에 유효한 버전을 적용한다. 이처럼 eUCP의 적용은 그 적용버전을 특정한 경우와 특정하지 않은 경우로 구분하고 있다.

그리고 eUCP는 신용장거래에서 제시되어야 하는 서류가 모두 전자적으로 제시되는 경우뿐만 아니라 일부만 전자적인 형태로 제시되는 경우에도 적용된다.

② eUCP의 UCP에 대한 관계

eUCP를 적용하는 신용장은 당연히 UCP도 적용한다. UCP가 본 규칙이고 eUCP는 보충규정이다. 그러나 두 규칙을 적용하는데 있어 충돌이 발생하는 경우 eUCP 규정이 우선 적용된다.

eUCP를 적용하는 경우에 일부 종이서류를 제시하는 것도 허용된다. 그러나 eUCP를 적용하는 신용장이었으나 수익자가 종이서류만을 선택하고 모두 종이서류를 제시한 경우는 UCP를 적용한다. 신용장에서 종이서류만이 요구되고, 전자서류가 요구되지 않은 경우도 UCP만 적용된다.

4) eUCP에서 사용된 용어에 대한 정의

eUCP Version 2.0의 제e3조에는 두 가지 형태(a항과 b항)로 구분하여 용어를 정의하고 있다.

a항에 정의된 용어는 UCP에서도 사용된 용어를 eUCP에서는 어떻게 해석할 것인가에 대해 규정하고 있고, b항에서는 eUCP에 새롭게 등장한 용어에 대해 정의하고 있다.

eUCP에서 사용된 용어에 대한 정의

[a항]

i. Appear on their face

UCP 제14조 a항에 있는 외견상(appear on their face)의 용어는 eUCP에서는 전자기록(electronic record)의 데이터내용을 심사하는데 적용된다. 만약 데이터의 유효성을 확실히 하기 위해 외부시스템을 참조하는 표현이 있어도 eUCP에 따라 심사되는 것은 그 사이트 또는 시스템에서 제공된 데이터에 한정된다. UCP 제14조 a항의 "appear on their face"의 의미를 eUCP의 전자기록 심사에 적용한 것이다.

ii. Document

서류(document)라는 단어는 전자기록을 포함한다. UCP의 각 조항에서 사용된 '서류'라는 용어는 eUCP에서의 전자제시에도 적용될 수 있다.

iii. Place for Presentation

전자기록 제시장소는 전자적 주소 (electronic address)를 의미한다. 전자적 주소는 일반적으로는 시스템이나 데이터관리를 위한 기기, 메모리 등이다. 전자기록을 수신한 정확한 위치(location) 또는 적합한 시스템을 의미하고, URL(Uniform Resource Locator), email address 또는 특정한 시스템상의 어드레스 등을 포함한다.

iv. Presenter

제시자(presenter)는 지정은행, 확인은행(있는 경우), 발행은행에 직접 제시하는 수익자 또는 수익자를 대신하는 자를 의미한다.

v. Sign

서명 및 이것과 동등의 용어는 전자서명(electronic signature)을 포함한다. 서명의 의미는 서명하는 자가 해당문서에 동의한다는 것을 확인시켜, 책임을 부담한다는 것을 나타낸다. 문서에 서명이 있으면 그 문서는 진정으로 성립된 것으로 추정할 수 있다. 현재의 기술을 사용하여 전자기록의 인증을 확실히 하는 많은 시스템이 이용가능하다. ICC의 General Usage for International Digitally Ensured Commerce, version Ⅱ (GUIDEC Ⅱ)에서 전자서명은 전자상거래에 넓게 대응할 수 있는 실무관행(best practices)이라고 하였다.

vi. Superimposed, notation or stamped

부가된(Superimposed), 부기(notation) 또는 스탬프 된(stamped)의 표현은 전자기록 중에서 보조적인 역할을 하는 것이 분명한 데이터내용을 의미한다. UCP에서도 "Superimposed"의 용어는 UCP 제34조에서 사용되고 있고, "notation"은 UCP 제20조 a항 ii호, 제21조 a항 ii호, 제22조 a항 ii호, 제23조 a항 iii호, 제24조 a항 i호, 제28조 h항에서 사용되고 있으며, "stamped"는 UCP 제25조 a항 i호 및 제31조 c항에 기술되어 있다.

[b항]

i. Data corruption

데이터손상이란 제공된 전자기록의 전부 또는 일부를 읽을 수 없도록 만드는 데이터의 왜곡 또는 손실을 의미한다.

ii. Data processing system

데이터처리시스템은 데이터를 처리 및 조작하고, 작업을 시작하거나, 데이터 메시지 또는 성능의 전체 또는 일부에 대응하는데 사용되는 컴퓨터화 또는 전자적 또는 기타 자동화된 수단을 의미한다.

iii. Electronic record

전자 기록은 ① 전자적 방법에 의해 작성, 발생, 전송, 전달, 수신 또는 저장된 데이터를 의미하며, 여기에는 동시 생성 여부에 관계없이 기록의 일부가 되도록 논리적으로 연결되거나 함께 연결된 모든 정보가 포함된다. 그리고 ② 발신자의 명백한 본인성(identity)과 그 안에 포함된 데이터의 명백한 출처, 그리고 그것이 완전하고 변경되지 않은 상태로 남아 있는지 여부에 대해 인증되는 것이 가능하고, ③ eUCP 신용장 조건의 준수 여부를 검사하는 것이 가능한 것이다.

iv. Electronic signature

전자 서명은 전자기록에 첨부되어 전자기록과 논리적으로 결합되어 있는 데이터의 프로세스(처리절차)를 의미한다. 전자서명은 서명한 사람의 본인성을 확인하고, 그 본인이 전자 기록의 내용을 승인하고 있는 것을 의미한다. 일반적으로 전자서명은 서명자의 본인성을 확인하기 위해 비밀키(private key)를 사용하여 개인 식별을 하는 디지털서명을 지칭하지만 디지털서명은 전자서명방식의 일종이다. eUCP는 미래기술의 진보를 고려하여 전자서명에 관한 특정기술을 지정하고 있지는 않다.

v. Format

포맷에 의해서 전자기록이 표시되거나 전자기록이 참조되는 데이터의 구성(data organization)을 의미한다.

vi. Paper document

종이 서류는 전통적인 종이 형태의 서류를 의미한다. 이 조항은 정보가 기록된 종이문서와 eUCP를 위한 전자기록을 명시적으로 식별하기 위한 것이다. 데이터가 기재된 전통적인 정보매체가 종이서류이다.

vii. Received

수신(received)은 적용가능 한 수령자의 정보시스템에 수용할 수 있는 형식으로 전자기록이 기록된 시점을 지칭한다. 서류는 수령될 때까지는 제시된 것으로 되지 않는다. 종이서류의 경우도 일반적으로 수령은 서류가 은행의 관리 상태로 들어간 시점이다. 전자데이터의 인도 및 종이서류의 인도 시점은 은행의 관리로 들어간 시점인 것은 동일하지만, 추가적 요소로서 전자기록의 데이터는 인증되지 않으면 전자기록의 제시라는 요건을 충족한 것으로 되지 않는다. 전자기록이 은행의 시스템에 도달하지 않았거나 또는 은행시스템에서 인증되지 않았던 경우는 수령한 것으로 되지 않는다.

viii. Re-present 또는 re-presented

Re-present 또는 re-presented는 이미 제공된 전자기록을 대체하거나 대체하는 것을 의미한다.

5) eUCP의 전자제시에 관한 규정

① 제e5조: 포맷(format)

eUCP 신용장에서는 제시된 전자기록의 포맷을 특정하지는 않는다. 포맷이 특정되지 않은 경우는 포맷의 형식을 제한하지는 않으므로 어떠한 포맷이어도 된다. 만약 포맷이 특정되어 있지 않았다면 발행은행이나 확인은행이 제시된 포맷의 전자기록을 읽을 수 없었어도 eUCP 제6조 c항의 지급거절사유에는 해당되지 않는다.

② 제e6조: 제시(presentation)

전자기록의 제시를 인정하고 있는 eUCP 신용장에서는 전자기록의 제시장소를 기재해야 한다. 전자기록과 혼합하여 종이서류의 제시도 허용하고 있는 경우는 종이서류의 제시장소도 나타낼 필요가 있다. 또한 전자기록은 모두 동시에 제시될 필요는 없고, 각각 제시되어도 된다.

종이서류와 전자기록의 혼합제시가 허용되는 경우 은행은 제시가 언제 완료되는 지에 대해 판단할 필요가 있으므로, 제시자(presenter)는 제시가 완료되었다는 취지를 지정은행, 확인은행(만약 있다면) 또는 발행은행에 통지할 필요가 있다. 이것이 제시자의 제시완료통지(notice of completeness)의무이다.

완료통지방식은 제한이 없으므로 서면 또는 전자기록으로도 가능하며, 완료통지를 수령한 시점이 지정은행 또는 발행은행의 서류심사의무의 개시일로 된다. 제시자의 완료통지가 수령되지 않았던 경우 제시는 없었던 것으로 간주되며 또한 인증확인을 할 수 없는 경우도 전자기록은 제시되지 않은 것으로 간주된다.

기술적으로 전자기록은 24시간 언제든지 수령 가능하다. 그렇지만 UCP600에서 은행은 영업시간 이외에 이루어진 제시를 수령할 의무는 없는 것으로 규정하고 있으므로(제33조: 제시기간) 이 원칙은 전자기록의 제시에도 적용된다. 실무적으로는 제시완료통지가 제시의 시점을 결정하게 되므로 은행이 신용장 유효기간의 영업시간 내에 전자기록을 제시하도록 원한다면 신용장에 그 시간을 표시하면(예, "before 16:00 hours, Korea standard time, on the expiry date") 오해를 피할 수 있다.

그러나 은행의 영업시간 내에 전자제시가 이루어졌으나 시스템 고장 등 그 외의 사유로 인해 신용장 유효기간 또는 제시기한까지 시스템에 전송된 전자기록을 수령할 수 없는 경우, 은행은 영업하고 있지 않은 것으로 간주된다. 제시기간, 유효기간은 은행이 전자기록을 수령할 수 있는 상태로 된 일자의 다음 영업일까지 연장된다.

③ 제e7조 심사(examination)

전자기록이 외부시스템에 대한 하이퍼링크를 포함하고 있거나 또는 제시(presentation)에 외부시스템을 참조하여 전자기록을 심사할 수 있다고 표시되어 있는 경우, 하이퍼링크 또는 외부시스템은 전자기록으로 간주된다.

심사 시에 외부시스템이 요구한 전자기록에 대한 액세스를 제공하지 못하는 경우, e7(d)(ii)항에 규정된 경우를 제외하고 불일치로 된다.

지정은행, 확인은행(있는 경우) 또는 발행은행이 eUCP 신용장에서 요구하는 포맷으로 전자기록을 심사할 수 없거나 또는 요구된 포맷이 없는 경우 제시된 포맷으로 심사할 수 없었다고 해도 그것은 지급거절의 근거로 되지 않는다.

서류심사를 위해 제3자가 관리하는 외부시스템에 액세스해야 하는 구조인 경우에 외부시스템을 이용할 수 없는 경우(예, 외부시스템의 고장 또는 거절 등)에는 신용장당사자가 아닌 제3자의 과실, 하자의 문제임을 입증해 놓기 위해 그 증거를 남겨놓을 필요가 있다.

지정은행이 지정에 따라 전자기록을 송부하는 것은 지정은행이 전자기록의 외견상 진정성에 만족하고 있다는 것(has satisfied itself as to the apparent authenticity of the electronic record)을 의미한다.

지정은행이 제시는 신용장조건을 준수하고 있다고 결정하고 그 전자기록을 확인은행 또는 발행은행에 전달하거나 이용 가능하게 하는 경우, 지정은행이 지급했거나(honoured) 또는 매입했는지(negotiated) 여부에 관계없이, 발행은행 또는 확인은행은 지급 또는 매입해거나 지정은행에 상환해야 한다. 비록 발행은행 또는 확인은행이 지정된 하이퍼링크 또는 외부시스템을 통해 전자기록을 심사하는 것이 허용되지 않는 경우에도 지정은행에 상환해야 한다.

④ 제e8조(notice of refusal)

지정은행, 확인은행(있는 경우) 또는 발행은행이 거절통지를 했음에도 불구하고 거절통지를 제공한 날짜로부터 30일 이내에 거절통지가 수령된 당사자로부터 전자기록의 처분에 대해 지시를 받지 않는 경우, 은행은 책임 없이 적절하다고 판단되는 방식으로 전자기록을 처분할 수 있다.

⑤ 제e9조 원본과 사본(originals and copies)

신용장이 1통 또는 복수의 원본 또는 사본의 제시를 요구하는 경우는 하나의 전자기록을 제시하면 된다. 전자기록에 대해서는 원본, 사본을 구별하는 의미는 없고, 선하증권의 경우 전통(full set)의 개념도 의미는 없다고 본다.

⑥ 제e10조 발행일(date of issuance)

국제거래에서 각종 서류의 발행일은 통관, 과세, 소유권 이전, 보험, 운송 등에서 당사자에게 있어 많은 의미가 있고 중요하다. eUCP 신용장에서 전자기록에 날짜가 있으면 그것은 서류의 발행일로 간주한다. 전자기록이 발행일을 표시하고 있지 않은 경우는 발행자가 전자기록을 송부한 것으로 간주되는 날짜를 발행일로 간주한다. 전자기록의 수령일자에 관해서는 만약 수령일자가 표시되어 있지 않은 경우는 전자기록을 송부한 일자를 수령일자로 간주한다.

⑦ 제e11조 운송(transport)

UCP 제14조 c항에서는 운송서류를 포함한 서류의 제시는 선적일(date of shipment) 이후 21일 이내에 제시되도록 규정하고 있다. 운송을 증명하는 전자기록이 선적일, 발송일, 수령일 또는 운송하기 위해 화물을 수령한 일자를 표시하고 있지 않은 경우는 전자기록의 발행일을 선적일, 발송일, 수령일 또는 운송하기 위해 화물을 수령한 일로 간주한다.

그러나 전자기록에 선적일, 발송일, 수령일 또는 운송하기 위해 화물을 수령한 일자를 증명하는 부기(notation)가 있으면, 그 부기일이 선적일 또는 발송일로 간주된다. 그리고 추가적인 데이터를 나타내고 있는 부기는 별도로 서명되거나 인증될 필요는 없다.

6) eUCP에 있는 은행의 면책

① 제e12조 제시 후의 전자기록의 손상(data corruption of an electronic record)

지정은행, 확인은행(있는 경우) 또는 발행은행이 수령한 전자기록이 데이터 손상에 의해 영향을 받은 것으로 보이는 경우, 은행은 제시자에게 통지하고 전자기록을 다시 제시하도록 요청할 수 있다. 전자기록은 다시 작성할 수 있으므로 수익자는 이에 협력해야 할 것이다.

은행이 다시 제출하도록 요청을 하는 경우 ① 심사시간은 일시 중단되고 전자기록이 다시 제시되었을 때 심사가 재개된다. 그리고 ② 지정은행이 확인은행이 아닌 경우에는 확인은행과 발행은행에 전자기록을 다시 제시하도록 요청하였다는 사실을 통지하고 심사 중단 사실을 알려야 한다. 하지만 ③ 동일한 전자기록이 달력일(calendar days) 기준 30일 이내 또는 유효기일 및/또는 제시 마지막 날까지 다시 제시되지 않으면, 이들 날짜 중 먼저 발생하는 날짜에 은행은 전자기록이 제시되지 않은 것으로 처리할 수 있다.

② 제e13조 e-UCP 신용장에서 전자기록제시에 관계되는 추가면책

UCP600 제34조에 의하면 은행은 서류양식, 충분성, 정확성, 진정성, 위조 또는 법적효력에 대해서는 어떠한 책임도 부담하지 않는 것으로 규정하고 있다.

eUCP의 제e13조는 위의 규정을 보완하는 규정으로서, 전자기록에 대해서도 외견상 진정성(apparent authenticity)을 확인하고 있으면 은행은 전자기록의 발송자 신원, 정보의 출처 또는 완전성, 변조 등에 대해 책임을 지지 않는다. 다만 전자기록의 수신, 인증(authentication) 및 동일성 확인(identification)을 데이터처리시스템을 사용하고 있을 것을 전제로 한다. 또한 eUCP 신용장 업무에 참여하는 은행은 자체 데이터 처리 시스템 이외의 데이터 처리 시스템을 사용할 수 없어 발생하는 결과에 대해 어떠한 책임도 지지 않는다.

③ 제e14조 불가항력(force majeure)

은행은 불가항력으로 인한 비즈니스 중단으로 인해 발생하는 결과에 대해 책임을 지지 않는다. 예를 들어, 폭동, 시민 소요, 반란, 전쟁, 테러 행위, 사이버 공격, 파업, 공장 폐쇄 또는 통제할 수 없는 장비, 소프트웨어 또는 통신 네트워크의 고장을 포함한 기타 원인으로 인해 데이터 처리 시스템에 액세스할 수 없거나 장비, 소프트웨어 또는 통신 네트워크의 장애가 발생한 경우이다.

4 SWIFT

SWIFT란 The Society for Worldwide International Financial Telecommunication의 약자이다.

SWIFT는 1973년 5월에 유럽과 미국 15개 국가의 239개 금융기관이 참가하여 설립된 민간의 비영리단체이다. 본부는 벨기에 브뤼셀에 있으며 1977년 5월에 가동을 시작하였다. SWIFT 의 목적은 가맹은행 간의 국제금융거래에 관한 통신을 컴퓨터 통신회선을 사용한 Data 통신시스템에 의해 하는 것이다. 신용장에 관계되는 메시지타이핑(MT)은 700이고, 고객송금(MT103) 등 세계의 금융기관에 의해 폭넓게 이용되고 있다.

> MT 700 is a special swift message type that is used by issuing banks when issuing a letter of credit. MT 700 message is sent by the issuing bank to the advising bank. It is used to indicate the terms and conditions of a documentary credit which has been originated by the Sender (issuing bank). Source: Google.com

SWIFT는 가맹금융기관이 암호를 사용하여 교신하기 때문에 수신문은 자동해석기능에 의해 어느 금융기관에서 보내온 것인지 판명할 수 있도록 되어 있다. 따라서 가맹금융기관은 SWIFT의 General Terms and Conditions, SWIFT By-Laws, Corporate Rules 등을 준수하여야 한다. 그리고 통신전문의 구체적 내용과 포맷 등에 대해서는 User Handbook에 상세히 규정되어 있고, User Handbook License Agreement에 의해서 엄격하게 준수할 것이 의무로 되어 있다.

SWIFT 가맹금융기관은 각종 규칙 등을 준수해야 하며 MT700은 UCP와 밀접하게 제휴되어 있다.

CHAPTER

3

신용장거래의 실무

“

신용장을 발행하는 경우 신용장발행은행과 발행의뢰인을 포함한 신용장거래 관계자는 신용장거래의 기본원리로서 작용하는 신용장계약의 기본원칙의 특징과 실무적인 의미에 대한 충분한 이해를 바탕으로 신용장거래를 하는 것이 필요하고 안전하다.

”

3 신용장거래의 실무

1 신용장거래 기본원칙의 실무적 의미

신용장통일규칙(UCP)을 준거하는 신용장에 의한 대금지급은 신용장거래의 기본원칙으로서 독립추상 원칙, 서류거래 원칙, 엄밀일치의 원칙을 기초로 하고 있고, 이들 원칙의 적용에 기초하여 수출대금지급이 이루어진다.

1) 신용장거래에서 독립추상원칙의 실무적 의미

(1) 신용장거래의 독립추상원칙에 관한 UCP 규정

신용장거래에서의 독립원칙은 수익자에 대한 발행은행의 독립지급의무를 나타내는 것으로서, 신용장거래에서 발행은행의 수익자에 대한 지급확약은 매매계약의 내용에 영향을 받지 않고 또한 발행의뢰인이 발행은행과 체결한 신용장발행계약에도 영향을 받지 않고 신용장조건에 따라 대금지급이 이루어진다는 것을 강조하는 것이다.

신용장거래의 독립원칙과 서류거래원칙은 UCP600은 제4조[1] 및 제5조[2]에 각각 규정되어 있다.

1) 신용장계약은 그 성질상 그것이 근거될 수 있는 매매계약 또는 기타 계약과는 독립된 거래이다.
2) 은행은 서류를 취급하는 것이며 그 서류와 관련될 수 있는 물품 용역 또는 이행을 취급하는 것은 아니다

UCP600 제4조 a항
신용장거래(발행은행 ↔ 수익자)는 신용장이 발행되는 원인으로 되는 매매계약(수익자 ↔ 신용장발행의뢰인) 및 신용장발행계약(발행의뢰인 ↔ 발행은행)에 관한 거래와는 별개의 독립된 계약으로 존재한다는 것을 의미한다.

Article 4 Credits v. Contracts

a. A credit by its nature is a separate transaction from the sale or other contract on which it may be based. Banks are in no way concerned with or bound by such contract, even if any reference whatsoever to it is included in the credit.
   Consequently, the undertaking of a bank to honour, to negotiate or to fulfil any other obligation under the credit is not subject to claims or defences by the applicant resulting from its relationships with the issuing bank or the beneficiary. A beneficiary can in no case avail itself of the contractual relationships existing between banks or between the applicant and the issuing bank.
b. An issuing bank should discourage any attempt by the applicant to include, as an integral part of the credit, copies of the underlying contract, proforma invoice and the like.

(2) 신용장 독립추상원칙의 의미: 발행은행의 독립지급의무원칙

신용장은 신용장발행의 배경으로 되는 매매계약에 의해 발행되지만 일단 신용장이 발행되면 신용장거래는 매매계약과는 독립된 관계에서 별개의 거래로 존재한다. 만약 신용장에 매매계약에 대해서 언급되어 있어도 은행은 이들 계약과는 관계가 없고, 이들 계약에 의해 구속되지 않는다는 의미이다.

발행은행의 지급확약은 신용장의 발행의뢰인(수입자)과 발행은행 간의 계약관계(신용장발행계약) 또는 수입자와 신용장에 의해 대금지급을 받는 수익자(수출자) 간의 계약관계(매매계약)와는 관련이 없다고 하는 것이 “신용장의 독립원칙(Principle of Independence; Autonomy Principle)”의 본질이다. 발행은행의 대금지급에 관한 확약은 신용장조건을 충족하는 서류의 제시를 조건으로 이행된다고 하는 것이 “서류거래의 원칙”이다. 신용장은 매매계약을 기반으로 하여 발행되었음에도 불구하고, 신용장발행자의 대금지급확약은 매매계약을 포함해서 다른 계약과는 독립적인 관계로 존재한다는 것이 신용장의 독립원칙이다.

이들 두 가지 원칙에서 다음과 같은 효과가 나온다.

첫째, 신용장조건을 충족한 서류를 제시받은 발행은행은 만약 수입자의 도산에 의해 수입대금을 상환받는 것이 가능하지 않은 경우에도 또는 수출자가 매매계약과 다른 제품을 수출한 경우에도 수출자 또는 선의의 매입은행에 대해 지급을 거절할 수는 없다는 것이다.

둘째, 수익자에 의해 제시된 서류가 신용장조건을 충족하지 않은 경우에는 수출자가 매매계약조건대로 물품을 수출한 경우에도 발행은행은 수출자 또는 매입은행에 대해 대금을 거절할 수 있다는 것이다.

이러한 신용장의 독립원칙은 수익자(보통 수출자)에게는 신속하고 확실하게 대금을 지급받을 수 있도록 하는 효과가 있으며, 실제의 매매거래관계를 알 수 없는 관련은행에게는 계약당사자 간에 매매계약에서 발생하는 분쟁으로부터 보호를 받게 함으로써 은행의 신용제공을 통해 무역금융이 촉진될 수 있도록 하는 효과가 있다.

독립원칙에 의해 발행은행의 권리 및 지급의무는 신용장에서 요구하는 서류만을 거래대상으로 하여 판단하여야 하고, 원인거래관계에 있는 채무이행과는 관계없이 서류의 관점에서만 판단하여 지급여부를 결정해야 한다. 독립원칙의 적용에 따른 발행은행의 지급의무는 수익자와 은행을 보호하는 효과가 있다.

발행은행의 지급의무의 "독립(independence)"은 신용장거래를 지배하는 핵심적인 원칙으로서, 매매계약에서 발생하는 수출자와 수입자 간의 문제에 연관하지 않고, 발행은행의 지급의무는 독립적으로 수익자에 대한 대금지급책임을 인수하는 것을 의미한다. 이러한 발행은행의 지급약속은 매매계약에서의 당사자 간의 의무에 의해서 어떠한 영향을 받지 않는다는 것으로도 볼 수 있다.

(3) 신용장 독립추상원칙과 발행은행 지급의무간의 관계

① 발행은행의 지급의무는 수익자와 발행의뢰인 간의 기초로 되어 있는 매매계약에 따른 분쟁으로부터 독립된다는 의미

• 실무적인 적용효과

수출자의 계약이행사항이 매매계약내용과 불일치한 점이 발견되어도 [예, 품질담보위반(breach of warranty)] 신용장의 독립원칙에 의해 발행은행의 지급의무에는 영향을 미치지 않는다. 이런 경우 수입자는 별도의 매매계약위반을 원인으로 하여 소를 제기할 수는 있으나 신용장조건을 준수한 서류에 대해서 발행은행의 대금지급을 정지시킬 수는 없다.

• 미국 법원의 태도

미국법원도 신용장거래의 독립원칙을 존중하는 입장을 채택하고 있으며, 매매계약상의 품질보증위반을 이유로 하는 발행은행의 대금지급 거절의 정당성을 인정하고 있지 않다. 예를 들어, 발행은행은 아래와 같은 사유로 대금지급거절을 할 수 없다.

a. 발행의뢰인이 품질보증위반을 이유로 하여 신용장하에서 지급정지

를 요구하는 경우,

b. 발행의뢰인이 품질보증위반을 이유로 하여 압류를 요구하는 경우,

c. 발행은행이 물품에 대해서 품질위반을 이유로 자기의 판단으로 지급을 거절하는 등의 경우에도 발행은행의 지급의무는 존재한다.

② 발행은행의 지급의무는 발행은행・발행의뢰인 간의 신용장발행계약에 의거한 분쟁으로부터 독립된다는 의미

• 실무적인 적용효과

신용장이 발행된 후 발행의뢰인의 지급능력에 문제가 발생하여 발행은행이 신용장에 의한 대금지급을 거절했기 때문에 수익자가 발행은행을 상대로 소송을 제기한 경우가 전형적인 경우이다. 예컨대, 취소불능신용장이 발행되었다면 발행의뢰인(수입자)이 파산해도 발행은행은 지급의무를 취소할 수 없다.

발행의뢰인의 파산으로 인하여 발행은행에 상환할 수 없게 된 경우는 신용장발행계약의 불이행으로 되고, 신용장에 의한 발행은행의 지급의무는 신용장발행계약에 있어서의 분쟁과는 독립관계에서 존재한다.

(4) 신용장독립추상원칙의 실무적인 효과

① 독립추상원칙의 수익자 보호효과

• 발행의뢰인(수입자)의 지급능력으로부터 보호효과

수출자는 대금지급을 받을 때까지는 수입자의 도산, 지급지연, 물품의 하자 등을 이유로 한 가격인하요구 등의 위험에 노출될 수 있다. 그러나 대금지급을 신용장방식으로 계약한 경우, 신용장의 독립원칙에 의해서 수입자의 지급능력, 물품의 품질 또는 제품가격의 변동 등과 같은 문제가 발생해도 그러한 사태는 발행은행의 수출자에 대한 지급의무에는 영향을

미치지 않는다.

신용장에 의한 대금지급방법은 선적 후, 신용장조건의 준수에 따라 대금지급이 이루어지기 때문에 독립원칙의 적용에 의해 계약체결 이후에 발생하는 환경의 변화로부터 수익자를 보호하게 된다.

② 독립추상원칙의 발행은행 보호효과

• 매매계약의 분쟁으로부터 보호효과

독립원칙은 신용장을 발행하는 은행의 입장을 고려하여 정한 원칙이라고 할 수 있다. 발행은행은 매매계약의 내용을 알 수 없고, 거래물품에 관한 전문가도 아니기 때문에 매매계약에서 발생하는 분쟁으로부터 발행은행을 보호하는 효과가 있다.

발행은행은 수익자에 의해 제출된 서류심사와 대금지급에만 책임을 부담할 뿐 그 이외의 상업적인 책임을 부담하지 않게 됨으로써 발행은행을 보호하는 효과가 있다. 이러한 효과는 신용장거래의 기본원칙인 신용장의 독립원칙을 적용한 결과이다.

• 수입자로부터의 대금상환에 관한 보호효과

신용장을 발행하는 것도 은행이고, 수익자에 대한 지급확약을 하는 자도 발행은행이다. 만약 신용장내용이 매매계약과 상이하다고 해도 또는 신용장의 내용이 「취소불능화환신용장발행 신청서」와 다르다고 해도 발행은행의 대금지급 확약은 은행이 발행한 신용장의 조건 준수에 있다.

즉, 수익자는 신용장에서 요구하는 대금지급조건을 준수하였을 경우에만 발행은행으로부터 지급을 받을 수 있는 조건이고, 발행의뢰인이 발행은행에 대금을 상환하게 된다. 예를 들어, 발행은행이 신용장조건을 준수하여 수익자에게 대금을 지급한 경우, 수입자는 매매계약에서의 수출자의 계약불이행 또는 불완전이행을 이유로 발행은행에 대금상환을 거절할 수 있는 권리는 없다.

• 신용장거래비용 효율화 추구효과

발행은행은 발행은행이 부담하게 되는 위험과 책임을 감안하여 수수료를 발행의뢰인에게 부과한다. 신용장을 비교적 저렴한 메커니즘으로 활용하기 위해서는 발행은행은 전통적으로 서류 심사와 지급에 대해서만 책임을 부담하게 되고, 신용장거래의 기초가 되는 상업적 혹은 금융적인 거래의 관행에 관한 사항에는 책임을 부담하지 않도록 구조를 설계하는 것이다.

발행은행에 상업적인 사항까지 상세하게 조사하도록 요구하면 신용장거래비용이 높게 되어 비효율적으로 작용할 우려가 있다. 따라서 신용장의 독립원칙은 신용장거래에 있는 책임을 효율적으로 배분하고 발행은행의 책임을 수수료에 비례하는 정도로 정함으로써 발행은행을 보호하는 효과가 있으며 또한 신용장거래의 효율화를 도모하는 효과를 창출하고 있다.

③ 신용장 메커니즘의 보호

수익자는 신용장에 의해서 사실상 지급을 받는 것이 확정되어 있으므로 제3자[수익자에게 원재료나 물품을 공급하는 공급업자(supplier)]는 수익자가 가지고 있는 지급확약을 믿고 거래에 참여할 가능성도 있다. 예를 들어, Local L/C의 발행이 가능한 경우가 이에 해당된다. Local L/C의 발행은 신용장거래를 원활하게 하는 효과가 있어, 결과적으로 신용장 메커니즘을 보호하는 효과를 창출하게 된다.

신용장발행은 은행의 여신행위로서 신용이 없으면 개설할 수 없다.

- 은행이 신용장을 발행하는 것은 은행의 입장에서는 발행의뢰인에 대한 여신행위이다.
- 은행은 신용장발행에 의해서 은행이 부담하게 되는 위험을 조사하고 여신한도를 확인하여 수입자의 신용상태에 문제가 없다고 판단하면 신용장을 발행한다.

신용장을 둘러싼 세 가지 계약

㉠ 신용장발행의 원인으로 된 매매계약 및 그 외 기초로 되어 있는 계약: 신용장발행의 원인으로 된 매매계약, 건설계약, 융자계약 등으로서 보통 신용장계약의 「기초로 되어 있는 계약(underlying contract)으로 표현되고 있다.

㉡ 신용장발행 계약: 수입자는 거래은행에 신용장발행을 의뢰하고, 신용장발행과 대금상환에 관한 계약(Reimbursement Contract)을 체결한다. 발행의뢰인은 발행은행과의 관계에 있어서 최종적으로 자금을 지급한다고 하는 의미에서 대금지급 귀속자(account party)라고 칭한다.

㉢ 신용장계약(제3의 계약): 발행은행이 신용장 조건 즉, 대금지급조건에 따라서 수익자에게 대금지급을 약속하는 계약이다.

신용장의 독립원칙은 ㉢의 계약이 ㉠과 ㉡의 계약으로부터 독립하여 독자적인 계약관계로서 존재한다는 의미이다.

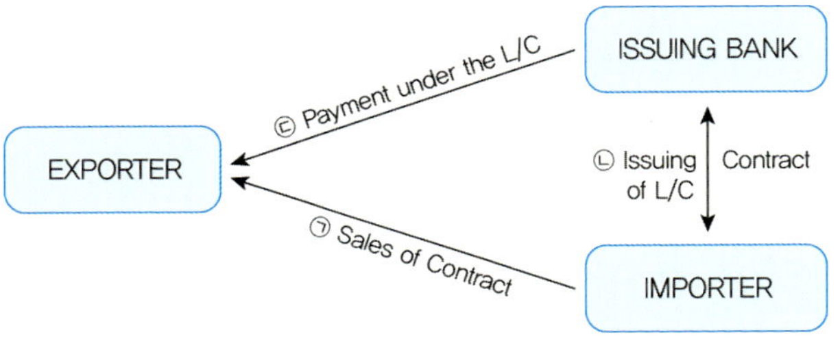

2) 신용장거래에서 서류거래원칙의 실무적 의미

UCP600 제5조에서는 "은행은 서류를 취급하는 것이며 그 서류와 관련될 수 있는 물품(goods), 용역(services) 또는 이행(performance)을 취급하는 것은 아니다"고 규정하고 있다.

> Article 5 Documents v. Goods, Services or Performance
> Banks deal with documents and not with goods, services or performance to which the documents may relate.

(1) 서류거래원칙의 실무적 의미

신용장거래는 서류를 취급하는 거래로서 은행은 대금지급여부를 판단할 때 현물을 검사할 의무는 없다. 신용장계약에 관련되는 모든 관계당사자는 서류를 취급하며 서류에 관계(표시)되는 물품 및 그 외의 행위(예, 기술지도와 같은 서비스)를 취급하지 않는다는 원칙이다. 따라서 물품이 손상되어 도착했음에도 불구하고 수익자가 신용장조건을 준수한 서류를 제시한 경우에는 대금지급을 해야 하는 상황이 발생할 수도 있다.

이러한 원칙은 실제의 거래관계를 알 수 없는 은행의 입장을 고려하여 신용장거래가 원활하게 이루어지도록 위한 것이지만, 한편으로는 서류를 기반으로 하는 대금지급원리는 신용장의 사기와 연관되어 신용장거래의 문제점으로 대두되기도 한다.

(2) 신용장 독립추상원칙과의 관계

신용장 서류거래원칙(UCP600 제5조)은 신용장 독립원칙(UCP600 제4조)과 밀접한 관계에 있다. UCP600 제4조는 원인계약에 초점을 맞추어 규정하고 있고, 제5조는 그러한 계약에 따라서 제공되는 물품, 용역 등에 초점을 맞추어 규정하고 있다. 이 두 규정은 원인계약의 이행여부는 신용장과는 관계가 없으므로 제4조에서 규정하고 있는 독립원칙과 제5조에서 정하고 있는 서류거래원칙을 합하여 신용장의 독립추상원칙으로 칭하기도 한다.

> 서류거래에 관련된 은행면책규정
> UCP600 제34조에 "서류에 표시되어 있는 물품에 관한 명세(description of the goods), 수량, 중량, 품질, 포장, 물품인도, 가치 또는 존재에 관해 은행은 어떠한 의무 또는 책임도 부담하지 않는다"고 규정되어 있다. 이 규정은 제5조의 규정을 구체화한 은행의 면책규정이다.

3) 독립원칙과 서류거래원칙의 장점과 단점

발행은행이 원인계약(물품매매계약)의 완전한 이행여부를 판단하여 일람지급, 연지급, 인수, 매입(negotiation) 또는 상환을 하도록 하게 되면 신용장거래는 원활하게 이행되기 어렵다. 원인계약의 직접 당사자가 아닌 은행이 원인계약상의 분쟁에 휘말리지 않고 신용장거래의 원활화를 도모하기 위한 것이 독립원칙과 서류거래의 원칙이다. 이 두 원칙은 신용장거래의 원활화를 위해 불가결하지만 서로 상이한 입장에 있는 관계당사자에게 아래와 같은 영향을 미칠 수도 있다.

① 발행은행의 입장에서 장단점

[장 점]

발행은행이 신용장조건을 준수한 서류에 대해 대금을 지급하면 원인계약이나 물품의 상태 등에 관계없이 발행의뢰인에게 상환 청구할 수 있는 권리를 가지므로 이 두 원칙은 발행은행에 대해서는 유리하게 작용되는 장점이 있다.

[단 점]

발행의뢰인의 자금사정이 나빠져 발행의뢰인으로부터 자금을 회수할 수 없는 경우에는 물품을 처분하여 수익자에게 지급한 자금을 회수하여야 하는 어려움이 발생할 수도 있다.

② 발행의뢰인(수입자)의 입장에서 장단점

[장 점]

발행은행이 수입자의 신용을 보완하여 주므로 새로운 거래를 개척하는 것도 가능하게 되고, 기존의 거래처와 거래를 유지・확대하는 것이 가능하다.

[단 점]

첫째, 발행의뢰인은 원인계약과의 관계, 물품의 상태, 신용장조건 이외의 사항을 이유로 하여 발행은행에게 대금지급을 거절할 수 없어 이 원칙이 발행의뢰인에게 있어서 혹독하게 작용할 수도 있다. 불성실한 수출자로 인해 피해를 입을 가능성이 있으며, 신용장발행수수료는 발행의뢰인이 부담해야 하므로 금융비용이 발생한다.

둘째, 수익자가 신용장조건을 준수한 서류를 제시해도 그것이 매매계약조건을 준수하여 물품이 선적되었다는 것을 확인해주는 것은 아니므로 서류의 기재내용과 상이한 물품이 도착하는 경우도 있을 수 있다. 물품의 품질이나 수량에 대해 위조된 서류를 제시하는 경우가 이에 해당된다. 따라서 서류거래의 원칙은 발행의뢰인(수입자)에게 가장 불리하게 작용될 수 있는 원칙이다.

③ 지정은행의 입장에서 장단점

지정은행은 신용장조건을 준수한 서류를 발행은행에 제시하면 지급한 금액을 상환 받을 수 있으므로(수출어음금융촉진기능) 이 두 원칙은 지정은행에게 유리하게 작용한다.

④ 신용장 수익자(수출자)의 입장에서 장단점

[장 점]

수익자는 신용장의 독립원칙에 의해 수입자가 도산하여 지급능력을 상실한 경우에도 발행은행이 수입자의 신용리스크를 보완하여 지급을 확약하고 있으므로(신용장의 신용보완기능) 안심하고 수출하는 것이 가능하다. 신용장조건을 충족하는 서류를 제시하면 설령 매매계약의 불이행이 있어도 신용장에 의한 대금지급을 확보할 수 있어 서류거래의 원칙은 수익자에게 유리한 원칙이다.

[단 점]

수출자는 실질적으로는 매매계약조건을 준수하여 선적을 이행했음에도 불구하고 신용장조건을 준수한 서류를 제시하지 못한 경우에는 서류거래 원칙에 의해 대금지급을 받을 수 없게 된다. 이런 경우 수익자가 대금지급을 받기 위해서는 매매계약의 문제로 취급하여 수익자가 아닌 수출자의 입장에서 수입자에게 대금지급을 청구해야 하며, 서류불일치를 이유로 대금지급을 거절하는 상대방으로부터 수출대금을 회수하는 것은 쉽지 않을 수도 있을 것이다. 수익자가 신용장조건을 준수하지 못해 서류가 반환되거나 대금지급이 지연되는 경우도 있다.

예를 들면, 프랑스에서 미국, 영국, 유럽으로 수출하는 경우는 50-60%, 라틴아메리카로 수출하는 경우는 80%, 홍콩으로 수출하는 경우는 90%에 해당될 정도로 서류상의 문제가 발생하고 있다는 보고도 있다.

(자료: Denis Chevalier, Credit Documentaries: Des Defaults et Des Parades, 983 LE MOCI)

신용보완기능을 이용할 필요가 없는 거래, 즉 본사와 지사와의 거래 또는 신뢰관계가 깊게 확립되어 있는 기업 간의 거래에서는 신용장거래는 오히려 불편할 수 있다. 화환신용장의 심사 시 분쟁이 많이 발생하는 것에 대한 대응책으로서 프랑스은행은 Standby Credit의 수수료를 인하하여 고객에게 화환신용장을 대신하여 Standby Credit를 사용할 것을 권하고 있다.

> 선하증권의 위기(Crisis of B/L) 발생
>
> 화환신용장에 의한 대금지급은 은행이 엄밀일치의 원칙에 따라 수익자로부터 제출된 서류에 대해 신용장조건과의 일치여부를 심사해야 하며, 이러한 심사는 직접 사람의 눈으로 해야 하므로 시간이 많이 소요될 수 있다. 그로 인해 물품은 목적항에 도착했으나 선적서류가 도착하지 않은 상태가 발생하기도 한다. 이러한 상황을 "선하증권의 위기"라고 한다. 따라서 신용장통일규칙은 동 규칙을 단순·체계화하고 수리 가능한 서류의 기준을 명확하게 제시함으로써 가능한 한 화환신용장의 불편함을 적게 하려는 방향으로 개정이 이루어져 왔다. 향후 동 규칙의 개정방향에는 은행의 리스크를 감소시키면서 서류처리능력을 높이는 데에 가장 중점을 두고, 사용자의 편의에 어디까지 배려를 할 것인가?에 관한 사항 등이 과제로 남아 있다.

4) 신용장 서류심사와 엄밀일치의 원칙

신용장거래에서 엄밀일치의 원칙(Doctrine of Strict Compliance)은 서류거래의 원칙과의 관계에서 중요한 원칙이다.

엄밀일치의 원칙이란 수익자에 대한 대금지급여부를 판단하기 위해 적용하는 원칙으로서, 실무적으로 이 원칙은 발행은행이 신용장에서 요구된 서류가 제시된 경우에 그 서류는 외견상 신용장조건에 엄밀히 일치한 경우에만 수익자에 대한 대금지급의무를 부담한다는 원칙이다.

(1) 엄밀일치 원칙의 의미와 중요성

화환신용장이 발행되면 발행은행과 수익자 간에 선적서류를 첨부한 환어음의 인수, 지급에 관한 신용장계약이 성립되고, 이 계약에 따라 수익자는 발행은행에게 어음의 인수, 지급을 요구하는 것이 가능하다.

신용장계약에서 수익자의 권리는 신용장계약의 내용을 준수할 것을 전제로 하는 것이어서 신용장에 기재된 신용장조건을 준수하여야 한다. 따라서 수익자는 신용장에 기술되어 있는 선적기한이나 환어음의 매입기한 등을 준수하지 않으면 환어음의 인수, 지급을 받는 것이 가능하지 않다. 만약 수익자에 의해 제시된 상업서류(선적서류)가 신용장의 조건과 일치하지 않는 경우 발행은행은 환어음의 인수, 지급을 거절할 권리가 있다.

그러면 선적서류는 어느 정도 신용장의 조건과 일치하면 되는 것인가? 기본적으로 선적서류는 신용장조건과 엄밀히 일치해야 한다(Document must strictly confirm with the terms of the credit). 이것이 신용장거래에 있는 엄밀일치의 원칙이다. 이것은 신용장 독립 원칙과 함께 신용장거래를 지탱하는 가장 기본적인 원리이며, 영국의 Bailhache 판사는 1922년의 English, Scottish and Australian Bank Ltd. v. Bank of SouthAfrica 사건의 심리에서 엄밀일치의 중요성을 다음과 같이 강조하였다.

즉, "기본적으로 말할 수 있는 것은 신용장을 신뢰하여 선적을 하는 자는 신용장 조항을 엄밀히 준수해야 할 것이다. 또한 기본적이라고 말할 수 있는 것은 은행은 제시된 환어음과 첨부서류가 신용장조건과 엄밀히 일치하지 않으면 신용장에 따라 은행에 제시된 환어음의 인수, 지급을 행할 의무도 없을 뿐만 아니라 권리(발행의뢰인으로부터 상환 받을 권리)도 없다."

미국에서도 1921년 Lamborn v. Lake Shore Banking Co. 사건의 판

결에서 New York 최고재판소의 Smith 판사도 엄밀일치 원칙의 중요성을 다음과 같이 강조하였다. "신용장거래에서 환어음을 발행할 권리를 가진 당사자는 신용장조건을 엄밀하게 준수해야 한다. 이 조건에 따라 신용장을 이용할 수 있기 때문이다. 만약 신용장의 조건을 준수하지 않으면 은행이 환어음에 대해 인수, 지급을 거절하여도 은행에 대해서 소송을 제기할 원인을 가지지 않는다."고 신용장조건의 준수에 대한 중요성을 강조하였다.

(2) 엄밀일치 원칙에 관한 규정

① UCP600 규정: 서류심사기준 (UCP600 제14조)

- 신용장상의 자료와 동일할 필요는 없지만(need not be identical) 서로 상충되어서는 안 된다(must not conflict). – 제14조 d항
- 상업송장 이외의 서류는 일반용어로 기재될 수 있다(In documents other than commercial invoice…may be in general terms not conflicting with their description in the credit). – 제14조 e항
- 요구된 서류의 기능을 충족하는 것으로 보이면 제시된 대로 수리한다(…, banks will accept the document as presented if its content appears to fulfill the function of the required document). – 제14조 f항
- 은행은 신용장에 의하여 요구되지 않은 서류는 무시한다. – 제14조 h항
- 물품의 명세에 관한 엄밀일치 원칙: UCP600에서는 신용장조건 중에서 상업송장에 대해서는 "상업송장상의 물품, 용역 또는 이행의 명세(the description of the goods, service or performance)는 신용장에 보이는 것과 일치(correspond with)해야 한다."고 규정(제18조 c항)함으로써, 신용장의 다른 조건보다는 엄격하게 엄밀일치의 원칙을 적

용하고 있다. 그러나 "상업송장 이외의 서류에 있어서 물품, 용역 또는 이행에 관한 기술은 신용장상의 이들 명세와 상충되지 아니하는 일반용어로(in general terms not conflicting with) 기재될 수 있다." 고 규정(제14조 e항)함으로써, 어느 정도 엄밀일치의 원칙을 완화하여 적용하고 있는 것으로 보인다.

> Standard for Examination of Document: Description of the Goods
>
> - In documents other than the commercial invoice, the description of the goods, services or performance, if stated, may be in general terms not conflicting with their description in the credit. (UCP600 Art.14, e.)
> - The description of the goods, services or performance in a commercial invoice must correspond with that appearing in the credit. (UCP600 Art.18, c.)

② 미국통일상법전(UCC)

미국통일상법전(UCC) 5-108 a항에서는 "발행인은 외견상 엄밀하게 신용장조건을 충족하고 있는 것으로 간주되는 서류제시에 대해서는 지급(honor)해야 한다(...an issuer shall honor a presentation that, ... appears on its face strictly to comply with the terms and conditions of the letter of credit.)"고 규정함으로써 명백하게 이 원칙을 채택하고 있다. 이 원칙은 서류가 신용장조건과 동일(same)해야 하고, 대부분 동일(almost same)한 것만으로는 불충분하다는 것을 단적으로 표현하고 있다. 그러나 엄밀일치의 원칙은 Mirror Image Rule이 적용될 정도로 일치의 정도를 요구하는 것은 아니고, 중요하지 않은 불일치(immaterial variation)를 이유로 대금지급을 거절하는 것에 대해서는 정당성을 인정하지 않고 있다.

(3) 엄밀일치 원칙의 실무적인 유용성

엄밀일치 원칙은 실무적으로는 신용장거래가 안전하게 이행되도록 하는 역할을 하고 있으며, 특히 발행은행과 발행의뢰인(수입자)을 보호하는 효과가 있다. 수익자가 대금청구를 위해 제시하는 서류를 통하여 매매계약의 이행여부를 확인할 수 있어 이 원칙을 엄격하게 준수할 것을 수익자에게 요구하고 있다.

또한 엄밀일치의 원칙은 신용장거래를 신속하고 저렴한 비용으로 거래관계가 이루어지도록 하는 기능을 하고 있다. 서류거래의 원칙에 의해 은행은 서류가 문면상 일치하는 제시를 구성하는지 여부(일치성)를 결정하기 위하여 서류만을 기초로 하여 그 제시를 심사하여야 한다는 규정(UCP600 제14조 a항)은 엄밀일치의 원칙을 완화하여 운용함으로써 은행이 부담하는 비용과 시간을 절감하게 하며 이러한 효과는 무역업자들이 신용장거래를 신속하고 저렴하게 이용할 수 있는 기반을 제공하고 있다.

(4) 엄밀일치 원칙의 여유(leeway)

신용장통일규칙에서는 신용장금액(amount of the credit), 수량(quantity), 단가(unit price)와 관련하여 약(about) 또는 대략(approximately) 등의 표현이 사용되어 있는 경우에는 신용장금액, 수량 및 단가에 대해서 10% 이내의 과부족을 허용범위로 인정하고 있다. 또한 이러한 표현이 사용되고 있지 않아도 신용장금액을 초과하지 않을 것을 조건으로 해서 수량에 대해서 5% 이내의 과부족 또한 수량이 전량 선적되었다는 것 및 단가가 감액되어 있지 않다는 것을 조건으로 해서 금액의 5% 이내의 부족을 인정하고 있다(UCP600 제30조). 이것은 엄밀일치의 원칙에 약간의 여유(leeway)를 제공하고 있는 규정이다.

ICC는 "서류상의 자료는 신용장, 서류자체 및 국제표준은행관행의 관점에서 검토하는 경우, 서류, 기타 모든 명시된 서류 또는 신용장상의 자료와 동일할(identical) 필요는 없지만 이와 상충되어서는 아니된다(...must not conflict with...)"라고 규정한 UCP600 제14조 d항을 고려하여 제시된 서류가 엄격하게 신용장조건을 충족할 것을 요구하는 것은 아니라고 해석하고 있다.

> 서류심사와 관련된 ISBP상의 규정
> 오타/오류(misspelling or typing errors) 판단기준
> "단어나 문장에서 그 의미에 영향을 주지 않는 철자 오류 또는 타자 실수는 서류의 불일치로 간주하지 않는다. 예컨대, "machine" 대신에 "mashine", "fountain pen" 대신에 "fountan pen", "model" 대신에 "modle"와 같은 물품명세는 불일치한 것이 아니다. 그러나 "model 321" 대신에 "model 123"과 같은 명세는 타자상의 오류로 간주하지 않으며 불일치를 구성한다."

(5) 엄밀일치 원칙의 실무적인 적용사례

① 물품명세: Description of the Goods

엄밀일치의 원칙을 선적서류에 적용하는데 있어서는 상업송장과 그 외의 서류(그 중 가장 중요한 것은 선하증권)간의 취급에 있어 상이함이 있다.

국제무역에서 상업송장(commercial invoice)은 수출자가 수입자에게 제출하는 물품제공 안내서이면서 가격계산서 기능을 하고 있으므로, 다른 서류와 달리 수출자가 스스로 작성하여 수입자에게 보내는 명세서이다.

상업송장의 이러한 기능 때문에 물품에 관한 명세(description of the goods)는 단어 하나하나에 이르기까지 엄밀하게 신용장조건 및 문언과 일치할 필요가 있다. 상업송장에 기재된 상품에 관한 명세는 신용장에 기재된 문언과 차이가 있어서는 안 된다. 이에 비해서 상업송장 이외의 서

류에 기술된 물품에 관한 명세는 상업송장보다도 간결한 일반적인 용어를 사용해도 신용장조건의 불일치로 간주하지 않는다.

상업송장 이외의 서류 중에서 가장 중요한 선하증권은 상업송장과는 달리 수출자 스스로 기재하는 것이 아니고 운송인이 발행하는 물품의 수령증이지만 운송인은 수령한 물품의 자세한 내용까지 인지할 수 없으므로 선하증권에 기재된 물품에 관한 명세는 상업송장에 기술된 것 보다도 간결한 일반적인 표현을 사용해도 신용장조건의 불일치로 간주하지 않는다.

미국법 및 UCP는 이러한 입장을 채택하고 있다. 예를 들면, New York에서 1924년에 발생한 Laudish v. American Exchange National Bank 사건에서 신용장은 "Alicante Bouche grapes"의 거래를 위해 발행되었고 송장에는 "Alicante Bouche grapes"로 기재되어 있었지만 선하증권에는 단지 "grapes"로밖에 기재되어 있지 않았다. 법원에서는 선하증권의 물품 명세란에 표시된 이러한 표현은 신용장조건 불일치로 인정하지 않는다고 판단하였으며 UCP600 제14조에도 동일한 취지를 다음과 같이 규정하고 있다.

"상업송장에 있는 물품에 관한 기술은 신용장에 기술되어 있는 것과 일치해야 한다. 그 외의 서류에 기술되어 있는 물품에 관한 명세는 신용장에 기술되어 있는 것과 모순하지 않는 일반적인 용어로 기술될 수 있다."

② 신용장에 기재된 포장상태가 상업송장에 누락된 경우

신용장의 물품명세란에 표시된 포장상태는 물품 자체를 특정하는 제한적 기재로서 상업송장에 반드시 기재되어야 할 것이며 누락된 경우는 신용장기재와 일치하는 것으로 볼 수 없다. 비록 포장명세서에 신용장의 기재사항과 일치하는 포장상태가 기재되어 있어도 상업송장이 아닌 다른 서류에 의해서 상업송장의 하자를 보완할 수는 없으므로 불일치하는 것으로 보는 것이 타당하다고 판시하였다(대법원 1985.05.28. 선고, 84다카696 판결).

③ 신용장에 기재된 물품명세와 선하증권에 기재된 물품명세가 상이한 경우

매입한 환어음과 선적서류를 매입은행(원고)이 발행은행에 송부하였으나 발행은행(피고)이 신용장대금의 지급을 거절하고 선적서류를 반송한 사건이다.

L/C상의 기재된 물품명세: DKO2DBI-021
B/L에 기재된 물품명세 : DKO2DBI-024

그 외의 모든 서류(송장, 보험증권, 포장명세서)에는 DKO2DBI-021로 기재되어 있었다.

대법원 견해: ISBP에 비추어 볼 때 기재상의 불일치가 신용장과 해당 서류의 성격상 요구되는 기본적인 사항이 아니거나 문서를 작성하는 과정에서 발생한 단순하고 명백한 기재상의 실수로 인정되는 경우에는 선적서류와 신용장의 불일치로 볼 수 없다.

그러나 서류를 심사하는 은행의 입장에서 오류임이 명백하지 않거나 그 기재상의 차이로 인하여 의미상의 중요한 변화가 있을 수 있는 경우에는 신용장조건과 선적서류 간의 불일치에 해당한다고 보는 것이 타당하다는 견해를 심사기준으로 채택하였다.

엄격하게 일치하여야 한다는 것은 자구하나라도 틀리지 않게 완전히 일치하여야 한다는 뜻은 아니며 자구에 약간의 차이가 있어서 상당한 주의를 기울이면 그 차이가 경미한 것으로서 문언의 의미에 차이를 가져오

는 것은 아니고 또 신용장조건을 전혀 해하는 것이 아님을 문면상 알아차릴 수 있는 경우에는 신용장조건과 합치하는 것으로 보아야 한다는 견해를 피력하였다.

위 사건에서 숫자의 차이는 색상의 다름을 나타내는 것이고, 물품의 특성을 나타내는 부분의 차이는 경미한 차이라고 볼 수 없다. 은행의 입장에서는 DKO2DBI-024는 물품이 매매주문서에 없었다는 점에 관해서 알지 못하고, DKO2DBI-024라는 제품이 존재하지 않는다고 확신할 수 없는 점에 비추어 보면 은행으로서는 DKO2DBI-021과 DKO2DBI-024는 색상이 다른 물품으로 볼 수밖에 없다고 법원에서 판단하였다(대법원 2003.11.14. 선고, 202다7770 판결).

④ ICC의 유권해석; 타이핑의 오류를 하자로 인정되어 서류불일치 (discrepancy)로 인정한 경우

a. 항공물품운송장의 수익자주소에 “Industrial park” 대신에 “Industrial Parl”로 기재된 경우 “Industrial Parl”로 이해할 위험성이 있다. 키보드의 “k” 바로 옆에 “l”이 있는 점으로 보아 이는 명백한 타이프상의 오류로 인정할 수 있었으나 서류상의 하자로 인정하였다.

b. 항공물품운송장의 통지처 기재란에 surname을 “chan” 대신에 “chai”로 기재한 경우의 사건에서 동일한 주소에 “chai”의 성을 가진 사람이 존재할 수 있다는 이유로 서류상의 하자에 해당되는 것으로 해석하였다.

c. 발행은행이 신용장 발행시에 수익자의 이름을 실수로 오자표기 하였으나 통지은행이 수익자의 정확한 이름을 서류송부 명세서상에서 확인

하였다면 수익자의 정확한 이름으로 작성된 서류는 신용장의 조건에 일치하는가?

이름의 잘못된 표기는 잘못 표기된 이름의 사람이 동일한 주소에 실제 존재할 수도 있으므로 하자로 보는 것이 타당하다는 견해를 피력하였다. 그러나 위의 경우처럼 통지은행이 서류송부명세서상에서 이름이 잘못 기재되어 있다는 것을 확인하였다면 정확한 이름으로 작성된 서류는 하자로 간주할 수 없다고 해석하였다.

d. 신용장에 도착항은 "Iliychevsk"로 명시하였으나 선하증권에는 "Ilychevsk"로 기재되어 "i"가 누락된 사건에서 "Ilychevsk"와 동일지명으로 되어 있는 항구가 다섯 장소가 있어서 물품이 신용장상의 도착항이 아닌 다른 항구로 운송될 가능성이 있으므로 대금지급의 거절사유로 인정할 수 있다고 판시하였다[Pasir Gudang Edible Oils SDN v. Bank of new York(1999)].

e. 신용장에 송장번호는 "DC99-578AB"로 명시되어 있었으나 수출자는 두 개의 컨테이너를 선적함에 따라 송장번호를 "DC99-578A"와 "DC99-578B"로 각각 명시한 상업송장 두 개를 작성하여 제시한 경우 ICC는 제시된 자료를 근거로 하여 신용장에 명시된 송장번호는 하나의 송장에 대해 한 개의 번호로 간주하여야 하는 것으로 해석하였다. 신용장을 수령한 수출자는 명시된 번호가 계약시 언급한 두 개의 송장번호와 다르다는 사실을 확인하였을 가능성이 있다. 따라서 수출자는 신용장에 명시된 하나의 송장번호가 아닌 각각의 송장번호로 작성된 두 개의 상업송장을 제시하였으므로 발행은행의 지급거절은 정당한 것으로 판단하였다.

⑤ ICC의 유권해석; 타이핑의 오류가 Discrepancy로 인정되지 않은 경우

a. 상업송장에 수익자 주소의 우편번호를 "2056" 대신에 "0256"으로 잘못 기재한 경우 서류상의 하자가 성립되는지?

우편번호는 우편의 목적상 기재되므로 상업송장의 서류하자에 해당되지 않는 것으로 해석하였다.

b. 신용장의 물품명세란에 "single core conductor PVC BS60004/1097"로 기재되어 있고, 매입은행이 제시한 상업송장의 물품명세란에는 "single core conduct PVC BS60004/1097–Eurocap Brand on reels"로 물품에 대한 세부적인 설명이 부기되어 있었다. 이 경우 서류불일치에 해당되는지?

상업송장의 물품명세는 신용장상의 물품명세와 엄격하게 일치하여야 한다. 그러나 글자 하나하나가 동일할 정도의 일치함을 요구하지는 않는다. 예컨대, 신용장에 기재된 물품명세란에는 물품에 대해 부연 설명되어 있으나 상업송장에는 부연 설명되어 있지 않은 경우에는 서류 불일치로 간주될 수 있다. 그러나 신용장에 기재되지 않은 물품의 부연설명이 상업송장에 부연 설명되어 있으나 그 기재사항이 신용장에 제시된 다른 서류와 모순되지 않는다면 하자로 간주하지 않는다고 해석하였다.

⑥ 서류불일치 및 서류작성시 주의사항

a. 상업송장에 기재된 사항은 신용장상의 조건과 엄격하게 일치하여야 하지만 Mirror Image 만큼 일치할 것을 요구하지는 않는다. 그 외의 서류는 서로 모순되지 않는 용어로 표시하고 있으면 신용장조건을 준수한 것으로 인정하고 있음으로써 일치성을 판단하는 기준이 완화되었다.

b. 상업송장에 기재된 물품명세는 실제 선적된 물품의 종류를 기재하고 있어야 한다.

예컨대 신용장의 물품명세란에 TV 100대와 VOD 50대로 기재되고 실제로 선적된 물품이 VOD 50대인 경우 상업송장의 물품명세란에는 VOD 50대를 기재하여야 한다.

c. 상업송장에 표시된 수량, 중량, 용적에 관한 표시는 다른 서류(예, B/L, 포장명세서, 수량/중량 증명서 등)에 기재된 표시와 서로 모순되지 않도록 기재하여야 하며 송장상의 단가는 신용장상의 단가와 일치하도록 기재하여야 한다.

d. 신용장과 선하증권에 기재된 물품명세가 단순한 숫자상의 오기 내지 오타로 인정받기 위해서는 단어나 문장에서 그 의미에 영향을 미치지 않아야 한다.

[신용장 Check Point]

- 수입자는 계약조건에 따라 거래은행에 신용장 발행을 의뢰한다. 신용장은 매매계약의 조건에 따라 발행되고, 매매계약의 내용을 반영하고 있으나, 실제로 매매계약과 다르게 발행되는 경우가 있으므로 확인하는 것이 필요하다.

- 수출자는 신용장이 발행된 경우 다음과 같은 사항을 확인해야 한다.
  ① 발행은행이 신용 있는 일류은행인지의 여부
  발행은행의 신용이 불안하면 확인은행(Confirming Bank)이 있는 신용장발행을 요구해야 할 것이다.
  ② 신용장의 내용이 매매계약과 일치하는 지의 여부
  ex) 상품명, 선적서류, 선적지, 양륙항, 최종선적기한, 분할선적,

환적 여부 등

③ 신용장의 유효기간과 선적기한 간의 간격
유효기간과 선적기한 간의 기일이 짧은 경우에는 유효기간 내에 선적서류를 제시할 수 없는 경우도 발생한다.

[신용장발행의뢰 시의 주의사항]

□ 신용장발행의뢰 시 기본적인 주의사항

- 신용장조건은 매매계약조건을 반영한 것이므로 일반적으로 매매계약의 내용과 일치시키는 것이 중요하다. 매매계약에 위반된 또는 상이한 신용장이 발행된 경우, 매매계약의 내용과 일치시키기 위해 신용장의 조건을 변경해야 할 것이다.

- 신용장조건은 대금지급조건이므로 신용장발행을 요청할 때 당사자 간 합의한 조건을 정확하게 발행은행에 지시하도록 해야 한다.

□ 신용장 발행의뢰서 작성상의 주의사항

- 수입자는 신용장 발행을 거래은행에 의뢰하기 위해 「취소불능화환신용장발행신청서」(APPLICATION FOR IRREVOCABLE DOCUMENTARY CREDIT)에 필요사항을 기재하여 제출한다.
- 통지은행: 신용장을 수익자에게 통지하는 은행의 이름을 기재한다.
- 신용장의 통지방법: 발행은행이 통지은행에게 신용장의 통지지시를 전신 또는 항공우편 중 어떤 방법으로 할 것인지를 지정한다. 선적기한 또는 신용장의 유효기간에 여유가 없을 때는 전신으로 통지해야 한다. 이런 경우에 "AIRMAIL WITH BRIEF PRELIMINARY CABLE ADVICE"은 소위 Preliminary Advice로서 신용장 발행을 사전에 전신으로 통지은행에게 통지하고 별도로 신용장원본을 우편으로 보낸다.
- 확인여부: 통지은행에게 확인은행으로서 확인을 부가시켜 통지할지 여부를 선택하여 지시해야 한다.
- 양도가능: 양도가능신용장의 발행을 의뢰하는 경우는 신용장에

"TRANSFERABLE" 문언을 표시하고, 양수인을 특정하는 경우는 "THIS CREDIT IS TRANSFERABLE ONLY TO XXX COMPANY"로 지정한다.

- 수익자: 수익자(수출자)의 이름과 주소를 정확히 기재해야 한다.
- 발행의뢰인: 발행의뢰인(수입자)의 이름과 주소를 정확히 기재해야 한다.
- 신용장금액: 결제통화의 명칭 등을 명확하게 기재한다. 신용장금액 앞에 ABOUT이 부기되어 있는 경우 표시금액의 10%의 증감이 허용된다.
- 어음결제기간(대금지급시기): "AT SIGHT", "90 DAYS AFTER SIGHT"처럼 구체적으로 어음결제기간을 기재한다.
- 어음의 발행한도액: 어음발행금액을 송장금액과 동액으로 하는 경우는 100% 기재하고, 일부 선불하여 송장금액보다 적은 일정비율의 금액을 어음금액으로 하는 경우는 그 비율을 기재한다.
- 분할선적문언: 분할선적을 허용 또는 금지하는지에 대해서 표시한다. 분할선적을 허용하고 개개의 분할선적의 수량이나 기한을 지정하고 싶을 때는 구체적으로 기재한다.
- 환적문언: 환적허용여부를 표시한다. 환적을 금지하고 있는 경우에도 컨테이너에 적재되고 그것이 선하증권에 의해서 증명되면 은행은 이 선하증권을 수리하게 된다.
- 선적기한: 선적기한을 명확히 지정한다. 선적기한이 명시되어 있지 않은 경우는 신용장의 유효기일을 선적기한으로 간주한다.
- 신용장 유효기일: 대금지급, 어음인수, 매입을 위해 정해진 신용장 유효기일(expiry date)은 대금청구를 위해 매입은행에 서류를 제시하는 기한을 나타낸다.
- 서류제시기간: 서류제시를 위한 선적일 후의 특정기간을 기재한다. 보통 서류제시기간과 신용장유효기간은 일치하는 경우가 일반적이지만 다른 경우도 있다. 서류제시기간을 특별히 지정하지 않은 경우는 선적일 후 21일을 경과하여 제시된 서류는 수리되지 않게 된다. 21일 이후에 제시된 선하증권은 Stale B/L(기간경과 선하증권)이라고 한다.
- 상품명, 수량: 물품에 대한 기술은 간단명료하게 하는 것이 좋다.

수량이나 단가에 "ABOUT"이 첨부되어 있는 경우 10%의 증감이 허용된다.
- 부보문언(remark): 수입자가 보험에 부보하는 경우에는 이미 보험에 부보되었음을 표시하기도 한다.

2 신용장거래 관련당사자의 역할과 의무

화환신용장에 의한 대금지급은 많은 당사자가 관계하고 있어 관련당사자의 법률적 입장 및 권리 · 의무 등에 대해 정확하게 인지할 필요가 있다.

1) 발행의뢰인(Applicant): 대금결제인(Accountee), 수입자(Importer), 매수인(Buyer)

신용장거래에서의 발행의뢰인은 원인계약과의 관계에서는 수입자의 입장에 있다. 발행의뢰인은 신용장거래에 있어서는 매매계약에서 수출자와 약정한 내용대로 신용장 종류, 신용장 조건 및 수출자를 수익자로 하는 신용장을 정해진 기일까지 수출자에게 제공할 의무가 있다.

발행의뢰인과 발행은행은 신용장발행에 따른 그들의 권리와 의무관계에 대해 신용장발행약정서에 명확히 기재하지만, 또한 발행의뢰인의 위험 및 비용부담에 대해 UCP600 제37조[3]에도 규정되어 있다. 신용장거래는 매매계약과는 별도의 독립된 거래이므로 발행의뢰인은 신용장거래

---

3) UCP 제37조 (피지시인의 행위에 대한 면책)

a. 발행의뢰인의 지시를 이행하기 위하여 타은행의 서비스를 이용하는 은행은 그 발행의뢰인의 비용과 위험으로 이를 행한다.

d. 발행의뢰인은 외국의 법률과 관행에 따라 부과되는 모든 의무와 책임에 구속되며 이에 대해 은행에게 상환할 책임이 있다.

에 있어서는 수입자로서의 권리를 주장할 수 없다.

2) 수익자(Beneficiary): 신용수령인(Accreditee), 수출자(Exporter), 매도인(Seller)

수익자는 신용장발행으로 인해 이익을 얻는 자로서 신용장에 지정되어 있다. 수출자로서의 권리향유와 수익자로서의 권리향유는 전혀 관계가 없고, 신용장조건에 일치하는 서류의 제시를 조건으로 수익자로서의 권리를 향유할 수 있다.

> 수익자로서의 권리와 수출자로서의 권리에 관한 실무적인 차이
> 수익자가 계약조건을 준수하여 물품을 선적하였으나 신용장조건에 합치하는 서류를 제시하지 않아 대금지급을 받지 못해 소송으로 해결하고자 하는 경우에는 신용장발행은행을 상대로 소송을 제기하는 것이 아니라 수입자를 상대로 매매계약상의 문제로 취급하여 논해야 한다.

수익자는 신용장의 지급의무자자인 발행은행 또는 확인은행을 상대로 일람불, 연지급, 인수 또는 매입을 요구할 권리를 가지고 있고, 발행은행 또는 확인은행은 신용장조건을 준수한 서류가 제시되는 경우에 일람불, 연지급, 인수 또는 매입을 거절할 수 없다.

그러나 지정은행에게 서류가 제시된 경우에는 지정은행은 발행은행의 위임에 의해 일람불, 연지급, 인수 또는 매입을 행하는 입장에 있으므로 확인은행이 아닌 지정은행은 수익자에 대해서 일람불, 연지급, 인수 또는 매입을 할 의무는 없고, 지정은행의 임의로 결정할 수 있다. 만약 지정은행이 일람불, 연지급, 인수 또는 매입을 거절하는 경우에는 수익자는 발행은행에게 직접 일람불, 연지급 또는 인수를 요구할 수 있다.

3) 발행은행(Opening Bank, Issuing Bank, Establishing Bank)

(1) 신용장대금을 지급(Honour)할 의무

발행은행은 수익자에 대해 신용장조건과 일치하는 서류(complying presentation)가 제시될 것을 조건으로 하여 일람지급(sight payment), 연지급(deferred payment), 인수(acceptance) 또는 매입(negotiation)의 방법에 의해 아래와 같은 대금지급의무를 부담한다(UCP600 제7조 a항).

① 신용장이 발행은행에 있어서 일람지급, 연지급 또는 인수에 의해 이용가능한 때;

② 신용장이 지정은행에서 일람지급에 의해 이용가능 하지만 그 지정은행이 지급하지 않은 때;

③ 신용장이 지정은행에서 연지급에 의해 이용가능 하지만, 그 지정은행이 연지급약속을 하지 않은 때, 또는 지정은행이 연지급약속을 하였음에도 불구하고 지급기일에 지급을 하지 않은 때;

④ 신용장이 지정은행에서 인수에 의해 이용 가능하지만, 그 지정은행이 자기은행을 지급인으로 해서 발행된 환어음의 인수를 하지 않은 때 또는 지정은행을 지급인으로 하여 발행된 환어음을 인수하였음에도 불구하고 지급기일에 지급을 하지 않은 때;

⑤ 신용장이 지정은행에서 매입에 의해 이용가능하지만, 그 지정은행이 매입을 하지 않은 때이다.

> Honour의 의미(Art.2)
>
> UCP600 제2조에는 신용장의 이용방법별로 아래와 같이 지급(honour)의 의미를 정의하고 있다.
>
> ① 일람지급(sight payment)의 경우에는 일람후에 지급하는 것이다. 일람지급이란 지급기일이 정해져 있지 않고, 지급인에게 서류 또

는 어음이 제시되면 지급인이 이것을 일람했을 때에 지급하는 것을 의미한다. 따라서 발행은행이 접수한 수입서류가 신용장조건에 일치하면 발행은행은 honour 해야 한다.
발행은행의 서류심사기간은 서류도착 후 5영업일 이내이다.

② 연지급(deferred payment)의 경우에는 연지급을 약속하고, 지급기일에 지급하는 것이다. 연지급은 환어음을 요구하지 않고, 서류의 제시만을 요구하는 기한부의 지급조건이다. 예를 들어, 신용장에 '지급은 서류제시 후 ○일', 또는 '지급은 선적 후 ○일'처럼 기재되어 있다.

③ 인수(acceptance)의 경우에는 수익자가 발행한 기한부어음을 인수하여 지급기일에 지급하는 것이다. 인수의 경우는 외국은행(발행은행의 제휴은행)이 인수은행으로 되는 경우와 발행은행 자신이 인수은행으로 되는 경우가 있다.

(2) 취소불능의 의무

일단 신용장을 발행하면 발행은행은 그 시점부터 일방적으로 취소할 수 없고, 지급(honour) 할 의무를 부담하게 된다(UCP600 제7조 b).

(3) 상환의 약속

발행은행은 신용장조건에 일치한 제시에 대해 지급(honour) 하거나 또는 매입한 후에 그 서류를 발행은행에 송부한 지정은행(또는 매입은행)에게 상환할 의무가 있다(UCP600 제7조 c). 지정은행에 대한 발행은행의 상환약속은 수익자에 대한 발행은행의 약속과는 독립되어 있다.

(4) 서비스수수료

발행은행은 신용장발행에 따른 수수료, 비용 및 손해가 발생한 경우에 그에 따른 금전을 발행의뢰인에게 청구할 권리를 가진다.

발행은행은 발행의뢰인으로부터 위임된 사무를 행하기 위해 다른 은행에 위임하는 경우가 일반적이다. 예를 들어, 통지은행, 지정은행, 상환은행, 양도은행이 이에 해당된다. UCP600 제37조 a항에는 발행의뢰인의 지시를 이행하기 위하여 타 은행의 서비스를 이용하는 은행은 그 발행의뢰인의 비용과 위험으로 이를 행한다고 규정되어 있고, 제37조 c항에서는 타 은행에게 서비스를 이행하도록 지시하는 은행은 그 지시와 관련하여 그러한 타 은행에 의해 부담되는 모든 수수료, 요금, 비용 또는 경비("비용")에 대하여 책임을 부담한다고 규정되어 있다.

별도의 은행에 서비스의 이행을 지시한 은행은 그 지시와 관련하여 지시를 받은 은행에 발생한 비용에 대해서는 책임을 부담하지만 그러한 비용이 지시하는 은행 이외의 자(者)가 부담하기로 신용장에 정해져 있어도 그 비용의 추심이 가능하지 않은 경우에는 지시한 은행이 최종적으로 책임을 부담한다. 따라서 신용장의 통지수수료, 확인수수료 등이 신용장에 의해 수익자부담으로 정해져 있는 경우에도 수익자가 지급하지 않은 경우에는 발행은행이 우선 지급한 후에 사무를 위임한 발행의뢰인에게 청구하게 된다.

4) 통지은행(Advising Bank, Notifying Bank)과 제2통지은행(Second Advising Bank)

발행은행으로부터 위임을 받아 신용장을 수익자에게 통지하는 통지은행은 통지에 대한 보수로서 통지수수료를 발행은행 또는 경우에 따라서는 수익자로부터 회수할 수 있다. UCP600 제9조(Advising of Credits and Amendments)에는 통지은행과 제2통지은행의 의무로서 신용장 통지와 관련하여 두 가지 의무를 정하고 있다.

첫째, 신용장이 외견상 진정한 것인지의 여부에 대한 점검의무, 둘째, 신용장 또는 신용장의 조건변경이 이루어진 경우에 조건변경을 정확히 반영하여 통지를 행할 것을 핵심으로 하는 의무이다. 통지은행이 수익자의 거래은행 등을 경유하여 신용장의 통지를 하는 경우 경유하는 은행을 제2통지은행이라 하고 제2통지은행은 통지은행과 동일한 책임을 부담한다.

통지은행은 발행은행으로부터 신용장을 통지하도록 위임받음과 동시에 일람불, 연지급, 인수 또는 매입을 행하는 지정은행으로서 지정되는 경우도 있고, 신용장에 확인을 추가하여 통지할 것을 의뢰받고 확인을 한 경우에는 확인은행으로서의 의무를 부담하는 경우도 있다.

[신용장의 송부방법]

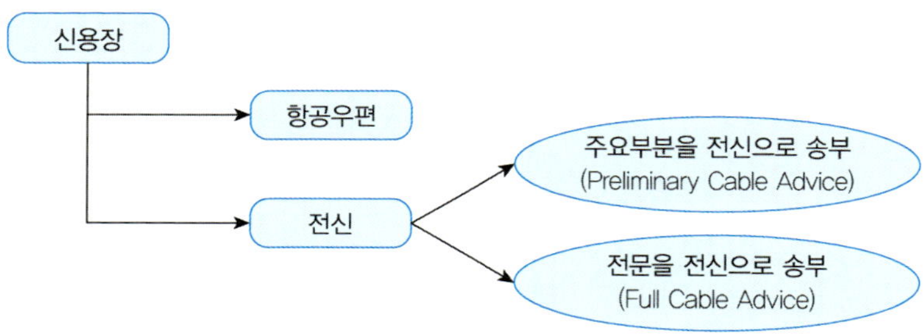

통지은행이 신용장의 외견상 진정성을 확인하는 방법

① 우편으로 보내온 신용장은 신용장상의 발행은행의 서명을 발행은행이 미리 보내온 서명과 대조하여 진정성을 확인한다.

② SWIFT에 의한 신용장은 메시지인증(RMA: Relationship Management Application)에 의해 시스템적으로 대조가 이루어져 진정성이 확인된다.

③ 텔렉스에 의한 신용장에 대해서는 전문에 포함되어 있는 암호(Cipher)를 corres 계약에 의거하여 발행은행으로부터 미리 보내온 전자키(Telegraphic Test Key)와 대조하여 진정성을 확인한다.

④ 발행은행이 직접 수익자에게 송부하는 경우에는 수익자는 발행은

행과 corres 계약을 체결하고 있는 은행에 신용장을 제시하여 외견상 진정성의 확인을 받을 필요가 있다.

신용장의 진정성을 확인할 수 없었던 경우의 실무적인 처리방법

- UCP600에서는 통지은행이 서명이나 암호를 대조할 수 없었기 때문에 신용장의 외견상의 진정성을 확인할 수 없었던 경우에는 그 취지를 지체없이 발행은행에 통보하도록 정하고 있다.
- 진정성을 확인할 수 없음에도 불구하고 수익자에게 신용장을 통지할 것을 선택한 경우에는 신용장의 진정성을 확인할 수 없었던 취지를 수익자에게 통보하여야 한다(제9조 f항). 이 경우 통지은행은 신용장의 통지서에 아래와 같은 문언을 기재하므로 수익자는 신용장을 수취한 때에 이러한 문언의 유무 검토를 통하여 진정성확인여부를 인지할 수 있다.

○ We are unable to confirm the authenticity of this credit.
We are inquiring about the genuineness of this credit by cable.

○ As this message has been received by unauthenticated cable.
We are not responsible for authenticity or genuineness thereof.
When authenticated, we will inform you.

5) 매입은행

매입은행(Negotiating Bank)에 의한 어음의 매입은 수익자에 대한 여신거래로서 파악하고 있어, 발행은행으로부터 매입금액을 상환 받을 수 없는 경우에는 수익자에게 반환을 청구할 수 있다.

Nego Advice

- NEGOTIATION ADVICE는 NEGOTIATION ADVICE BY CABLE의

약자로서 발행은행이 매입지정은행에게 매입시 또는 매입전에 매입일, 매입예정일, 매입금액, 선적수량, 선박명 등을 발행은행에 전신으로 통지할 것을 신용장조건에 의해 요구하고 매입은행이 발행은행에게 매입(매입예정)을 전신으로 통지하는 것을 말한다.

신용장에 기재된 NEGO ADVICE의 예문 :
"AT THE TIME OF NEGOTIATION, NEGOTIATING BANK MUST ADVISE US THE DATE OF NEGOTIATION, AMOUNT OF NEGOTIATION, QUANTITY OF GOODS, DATE OF SHIPMENT AND VESSEL'S NAME BY SWIFT."

- NEGO ADVICE는 발행은행이 사전에 대금지급을 위한 준비를 하기 위해 혹은 수입자가 수입물품의 인수준비를 위해 요구된다.
- 신용장조건에서 nego advice가 요구되고 있음에도 불구하고 이를 행하지 않으면 매입은행은 발행은행으로부터 상환금준비가 지연됨으로써 수반된 비용이 요구되는 등 클레임의 대상으로 되므로 주의가 필요하다.

6) 확인은행

확인은행(Confirming Bank)은 발행은행으로부터 위임을 받아 대금지급을 추가적으로 확약하는 은행이다. 신용장의 확인은 "We confirm this credit"과 같은 문언을 기재하여 신용장에 확인을 추가한 시점에서 UCP600 제8조 a항에 정해진 지급(honour)해야 할 의무(일람불, 연지급, 인수)를 부담한다.

신용장거래에서 확인은행은 발행은행과 동등한 의무를 수익자에 대해 부담하게 되고, 발행은행이 도산한 경우 또는 불가항력적인 사유에 의해 신용장의 채무를 이행할 수 없게 된 경우에도 확인은행이 이행해야 하므로 이러한 위험부담에 대한 확인수수료를 발행은행 또는 경우에 따라서는 수익자에게 청구할 수 있다.

확인은행에 의한 대금지급의 추가적인 확인은 정치적 위험에 대비하여 안전장치를 마련하는 측면에서 필요한 경우도 있다. 예컨대, 발행은행이 도산하지 않아도 개발도상국에서 외화지급을 금지시킨 경우에 수입국이외의 은행에 확인을 받아두면 지급이 정체되는 것을 방지할 수 있다.

발행은행으로부터 확인은행으로의 요청을 받은 은행이 확인서비스를 제공하기로 결정한 경우에는 "As requested by our correspondent, we hereby confirm the above mentioned credit."와 같은 확인문언을 신용장에 표시(기재)한다.

보통 발행은행이 통지은행에게 확인에 관한 지시를 하기 위해 다음과 같은 문언이 부기된 신용장을 발행한다.

We request you to advice beneficiary

- □ without adding your confirmation
- □ adding your confirmation
- □ adding your confirmation, if requested by beneficiary

7) 지정은행(Nominated Bank)

지정은행이란 발행은행으로부터 일람지급, 연지급, 인수 또는 매입(negotiation)을 행하도록 수권된 은행이다. 어느 은행에서도 이용 가능한 신용장(credit available with any bank)의 경우에는 불특정의 어떠한 은행도 지정은행이 될 수 있다(UCP600 제2조).

지정은행 이외의 은행은 일람불, 연지급, 인수 또는 매입에 관해 발행은행으로부터 수권되어 있지 않으므로, 일람불, 연지급, 인수 또는 매입을 하여도 신용장에 기초한 권리를 얻을 수 없을 뿐만 아니라 UCP의 규정에 의한 보호도 받을 수 없다.

8) 상환은행(Reimbursing Bank)

상환은행은 UCP600에 있는 신용장의 관계당사자는 아니지만 화환신용장거래에서 중요한 역할을 하고 있어 관계당사자에 준(準)하여 취급한다. 신용장금액 결제가 상환청구방식에 의해 지급되는 경우 상환은행은 발행은행으로부터 상환수권서에 의해 위임을 받아서 일람지급, 연지급, 인수 또는 매입(negotiation)을 행한 은행으로부터의 상환청구에 응하여 발행은행을 대신하여 상환을 한다.

매입은행이 수출자에게 신용장대금을 지급한 경우 발행은행은 매입은행에게 대금을 지급(상환, 변제)하게 된다. 그러나 발행은행의 의뢰를 받아 발행은행 이외의 은행이 매입은행에 상환하는 경우 그 은행을 상환은행이라고 한다.

> 상환은행
> 남미와 미화(USD)로 수출거래를 하는 경우, 남미에 소재하고 있는 은행은 본점보다도 뉴욕지점이 미 달러를 많이 취급하고 있다는 이유로 뉴욕지점을 상환은행으로 하는 경우가 있는데 이 경우 뉴욕지점은행이 상환은행에 해당된다.

상환수권서에는 신용장번호, 결제통화와 신용장금액, 상환청구은행, 상환에 관계되는 비용부담자 등이 기재되어 있다. 상환을 위한 자금은 두 가지 방법에 의해 지급된다. 첫째, 상환은행에 예치되어 있는 발행은행의 계좌에서 인출하여 지급하는 경우, 둘째, 상환은행의 자금으로 지급하는 경우로 이 방식은 상환은행이 발행은행에 대금을 대여하는 방식이다.

상환은행을 이용하는 상환청구에 관해서는 UCP600 제13조(Bank-to-Bank Reimbursement Arrangement)에 ICC 화환신용장에 의한 은행 간 상환에 관한 통일규칙(ICC Uniform Rules for Bank to Bank Reimbursements under Documentary Credits; URR725)을 준거할지 여부에 대해 기재하도록 규정하고 있다. 이 규칙에 따르지 않은 경우는 UCP600 제13조 b항의 규정을 준수하도록 되어 있으나 대부분의 경우 이 규칙에 따르고 있다.

은행 간 상환에 관한 통일규칙(URR725)은 UCP600에 준거하여 발행된 신용장의 은행 간 상환에 대해서 UCP600 제13조(은행 간 상환의 결제)를 보충하는 것이고, 상환의 업무절차과정에 있는 관계당사자의 책임을 명확히 하여 상환은행의 부담을 명확히 할 것을 목적으로 하고 있다.

9) 양도은행

양도은행(Transferring Bank)은 수익자(제1수익자, first beneficiary)의 의뢰에 의거하여 제3자(제2수익자, second beneficiary)가 그 신용장을 사용할 수 있도록 양도통지를 행하는 은행이다. UCP600 제38조에 양도은행의 권리 · 의무에 관해서 상세한 규정을 두고 있다.

제1수익자의 의뢰를 받아서 양도를 행하므로 양도은행의 비용은 원칙적으로 제1수익자가 부담하는 것으로 규정되어 있다.

3 신용장거래 구조

국제무역의 대금결제방법 중 신용장에 의한 대금결제구조는 수출자가 가지는 불안(예, 대금회수의 확실성)을 해소하고, 수입자가 가지는 우려사항(예, 계약에서 약정한 물품을 인도받을 수 있을 것인지 여부)을 어느 정도 해소해 줌으로써 안정적인 국제무역이 이행되도록 구성되어 있다. 신용장을 발행하는 발행은행의 신용을 바탕으로 수출자와 수입자 간에 안정적으로 거래가 이루어질 수 있도록, 화환신용장에 의한 대금결제구조는 상업(선적)서류의 인도와 환어음에 의한 결제를 연결하여 지급되는 구조로 되어 있다.

1) 신용장에 의한 대금지급 형태

신용장은 발행은행이 신용장에 기재된 조건을 충족한 서류의 제시를 조건으로 하여 수익자(수출자) 또는 매입은행에 대한 대금지급의 확약이다. 수출자가 계약조건을 준수하여 선적을 이행하였다는 것을 증명하는 선하증권과 그 이외의 신용장에서 요구하는 상업서류를 갖추면 거래금액을 청구하기 위한 환어음을 발행할 권한을 수출자에게 부여한다.

신용장은 수입자의 거래은행이 수입자를 대신하여 대금지급을 확약하고 있는 지급확약서이지만 이 지급의 확약은 수출자가 거래대금을 청구하기 위해 환어음을 발행하고 그 환어음에 대한 결제를 은행이 약속한다고 하는 형태로 확약하고 있는 것이다.

신용장에 의한 대금지급구조의 유용성은 은행이 대금지급을 확약하고 있으므로 수출자의 대금회수 불안을 해소하고, 물품이 선적되었다는 것을 확인한 후에 수입자가 대금을 지급할 수 있도록 지급구조가 구성되어 있다는 점이다.

① 신용장은 발행은행의 지급확약서(Definite Undertaking of the Issuing Bank)

신용장은 수입자의 의뢰를 받아 수입자의 거래은행이 수출자가 일정의 서류를 제시할 것을 조건으로 하여 수출자에 대해서 대금지급을 약속하는 확약서이다. 수입자를 대신하여 은행이 대금지급을 확약하는 확약서로서, 신용이 있다고 생각하는 은행이 대금지급을 확약하므로 수출자는 안심하고 국제무역거래를 수행할 수 있다.

② 신용장에 의한 은행의 지급확약

신용장발행은행은 수출자가 발행하는 환어음에 대해서 대금지급을 확약한다. 신용장의 경우는 발행은행이 수출자가 일정의 서류(선적서류)를 제시할 것을 조건으로 하여 환어음을 인수할 것을 미리 약속해 놓고 있으며 이것이 대금지급의 확약을 의미한다. 신용장에 지정되어 있는 서류는 계약이행을 증명하는 서류와 수입통관절차를 위해 필요한 서류로 구성되어 있다.

2) 신용장 대금결제의 구조와 이행절차

① 수출자와 수입자 간에 매매계약 체결

- 매매계약에서 신용장에 의해서 대금을 지급하기로 합의한 경우 수입자는 거래은행에 의뢰하여 신용장 발행을 요구해야 한다.
- 신용장은 발행은행의 지급확약서이고, 일반적으로 취소불능신용장을 지칭하며, 확인은행의 지급확약을 추가적으로 설정할 수 있다.
- UCP600 제2조, 제3조에 의해 "신용장"이란 단어는 취소불능신용장을 의미한다.

② 수출자는 수입자에게 신용장발행을 요구하고, 수입자는 거래은행에 신용장발행을 의뢰 ⇒ 신용장 발행 계약 체결

신용장발행에 앞서 발행의뢰인(applicant, 수입자)과 신용장발행은행 간에는 신용장발행에 관한 계약을 체결하여 놓는다. 화환신용장 거래약정서(Commercial Letter of Credit Agreement)에는 주로 신용장 발행, 통지 및 지급의 위임에 관한 사항, 위임에 따른 비용, 손해의 부담에 관한 사항 등을 내용으로 하여 구성되어 있다.

【신용장 대금결제 흐름】

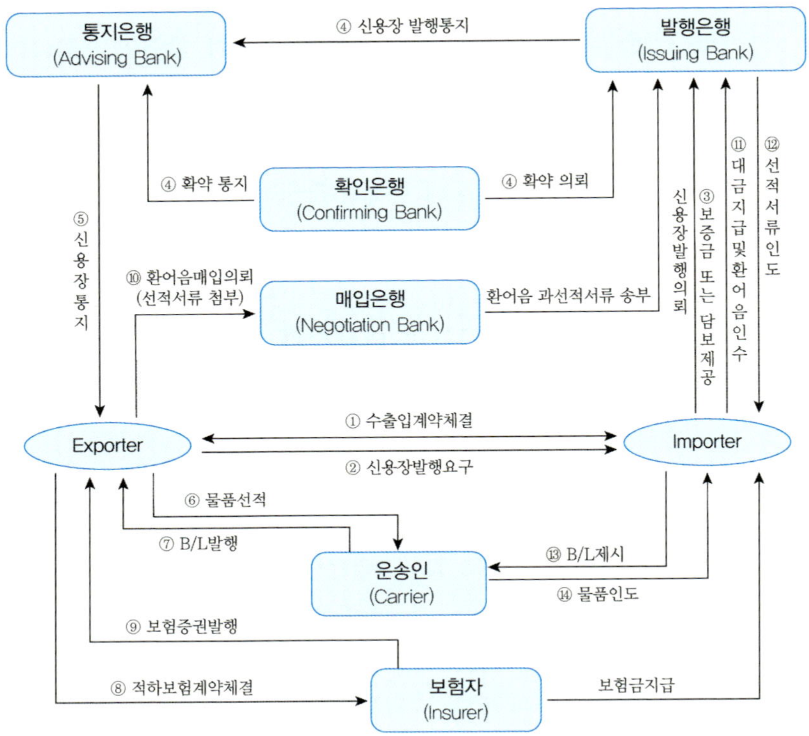

③ 수입자의 거래은행은 수입자의 지급능력 등에 문제가 없으면 신용장을 발행한다.

발행은행은 신용장금액과 동액의 상환어음(Reimbursement Draft)을 수령하거나 담보를 제공받고 신용장을 발행하기도 한다. 발행된 신용장은 우편 또는 전신(SWIFT)으로 통지은행을 경유하여 수익자에게 통지된다.

④ 수출자의 소재지에 있는 발행은행의 해외지점 또는 발행은행의 거래은행[업무제휴은행(corres) 은행이라고 함]을 통하여 수출자에게 통지한다.

신용장의 진정성에 대한 수익자의 불안을 회피하기 위해 또는 다른 이유에 의해 수익자소재지의 해외지점 또는 거래은행을 통하여 통지하는 것이 일반적이다. 신용장의 통지은행이 확인은행으로 되는 경우도 많이 있다.

신용장의 확인(confirmation)은 신용장의 신뢰도를 높이기 위해 신용장거래에서 발행은행과 동등한 지급 의무를 별도로 독립하여 부담하는 행위이다. 확인을 하는 경우에는 "We confirm the credit", "We have added our confirmation to this credit"와 같은 문언을 기재하여 수익자에게 통지한다.

신용장거래에서 일람지급, 연지급, 인수 또는 매입(negotiation)을 행한 은행의 지출에 대한 상환(reimbursement)을 제3의 은행(상환은행, Reimbursing Bank)에 위탁하는 신용장을 발행한 경우에는 신용장의 상환청구는 상환은행에 요구하도록 기재되어 있다.

⑤ 신용장 통지를 받은 수출자는 신용장의 조건을 준수하여 물품을 선적한다. 운송인은 물품을 수령하고 수령증으로서 운송증권(ex. 선하증권, 복합운송증권, 해상화물운송장 등)을 발행한다.

⑥ 매매계약에서 수출자가 수입자를 위해 보험계약을 체결해야 하는 조건(예: CIP, CIF)인 경우는 보험계약을 체결하고 대금지급을 청구하기 위해 보험증권을 은행에 제시해야 한다. 보험증권은 선하증권과 함께 중요한 선적서류 중의 하나이다.

⑦ 물품을 선적 완료한 후 수출자는 신용장에 기재된 조건에 맞추어 환어음을 발행하여 지정은행에 매입을 의뢰하고 대금을 지급받는다.

만약 수출자의 거래은행을 통하여 서류를 제시하였으나, 그 거래은행이 지정은행이 아닌 경우, 수출자의 거래은행은 신용장의 제시기한까지 매입을 위해 지정된 은행에 서류를 제시해야 한다. 신용장 유효기간은 지정은행에 서류가 제시되어야 하는 기간을 의미한다. 매입은행이 특정되어 있지 않은 경우, 수익자는 어느 은행에나 자유롭게 매입을 의뢰할 수 있다.

⑧ 매입은행은 신용장조건을 충족한 서류가 제시된 경우에는 그 서류와 환어음을 매입하고 매입대금을 수출자에게 지급한다.

⑨ 매입은행은 선적서류와 환어음을 발행은행에 송부하고 수출자에게 지급한 금액을 발행은행으로부터 상환(reimbursement) 받는다.

⑩ 발행은행은 제시된 선적서류가 신용장조건과 일치하는지 여부를 확인한 후에 수입자에게 대금지급을 요구한다.

⑪ 수입자는 발행은행에 대금을 지급하고 선적서류를 수령한 후, 선하증권을 운송인에게 제시하고 화물인도지시서(Delivery Order: D/O)를 수령한다. D/O를 창고업자 또는 운송인 측에 제시하고 물품을 인수한다.

일본의 금융관행

지정은행(Nominated Bank)은 발행은행으로부터 일람지급, 연지급, 인수, 매입을 행하도록 지정된 은행이다. 일본에서는 신용장에 지정은행이 지정되어 있으나 그 지정은행이 수익자의 거래은행이 아닌 경우에는 수익자는 서류를 지정은행에 직접 제시하지 않고 자기의 거래은행을 경유하여 제시하는 관습이 확립되어 있다. 일본은행은 수출환거래에 대한 약정을 사전에 체결하고 있지 않은 수출자와의 직접거래에는 응하지 않은 관행이 있기 때문이다.

> 무역업계의 관행: T/R 제도 활용
> 수입자는 환어음을 결제할 자금이 부족한 경우에는 T/R(수입화물대도: Trust Receipt)을 발행은행에 제출하고 선적서류를 수령하여 운송인으로부터 물품을 인수하고 매각한 후에 그 매각대금으로 은행에 상환하기도 한다.
> 신용장거래의 경우에 Usance Bill을 발행한 경우에도 수입자는 T/R을 은행에 제출하고 선적서류를 은행으로부터 수취하여 물품을 인수할 수가 있다.

4 신용장 독립원칙에 대한 예외

1) 신용장 독립원칙의 한계(Limitation to Autonomy Principle)와 사기(Fraud)

수익자에 대한 은행의 독립지급의무에 의해 수익자는 대금지급을 청구할 때 매매계약의 이행과 관련된 사항에 대해서는 증명할 필요가 없게 되고, 신용장조건을 준수한 서류의 제시를 통해서 대금지급을 받을 수 있게 된다. 이러한 대금결제구조는 만약 위조된 서류가 제시되거나 또는 허위내용이 기재된 서류가 제시되어도 이러한 허위행위를 알 수 없는 은행으로서는 대금지급을 거절할 수 없게 되어 결과적으로 부당한 지급이 이루어지도록 하는 부작용도 발생할 수 있게 한다.

그리고 문면상(on the face)으로 판단할 때 제시된 서류는 신용장조건에 일치한 것으로 보이지만, 실제로는 위조된 서류가 제시되었거나 또는 계약물품과 일치하지 않은 물품이 인도되었지만 서류상에는 계약과 일치하는 물품이 선적된 것으로 기재된 경우에도 수입자는 은행에게 대금지급중지를 요청할 수 없게 된다.

신용장거래의 주춧돌 역할을 하고 있는 독립원칙을 실무적으로 적용하는데 있어 이러한 문제점들이 제기됨으로써, 각 국가에서는 은행의 지급의무는 원인거래와 완전히 독립된 관계에서 존재하는 것은 아니고, 부당한 지급이 이루어지게 될 수 있는 상황에서는[4] '독립지급의무에 대한 예외'를 인정할 수 있다는 인식을 하게 되었고, 그러한 인식의 변화로 인해 보통법국가 및 대륙법 국가의 법원에서는 은행의 독립지급의무에 대한 예외를 실무적으로 적용하였다.[5]

일반적으로 독립원칙은 서류의 문면상 신용장에 기술된 조건과 일치하는 서류가 제시된 경우에 은행으로 하여금 대금지급을 하도록 허용하고 있으며, 제시된 서류의 발행과정에 있어 진정성이 있는지 여부와 같은 사실적인 배경을 조사하도록 요구하고 있지는 않다.[6]

독립원칙의 엄격한 적용으로 인해 발생하는 문제점들에 대한 대응방안으로서 실무적으로는 은행의 독립적인 지급약속에 대해 제한적인 범위내에서 제한하기 시작하였다. 그 결과 은행이 수익자에 의한 매매계약이행 또는 서류의 제시에 있어서 사기로 인정할 수 있는 요소가 존재한다는 것을 알고 있는 경우에 은행은 대금지급을 거절할 권리가 있을 뿐만 아니라 이러한 경우 대금지급을 거절해야 하는 의무도 있는 것으로 인정하였다.

이러한 독립원칙의 적용에 대한 태도변화는 미국의 Sztein 사건을 계기로 하여 전 세계적으로 확산되어 갔고 영국에도 상당한 영향을 주었다.

4) Buckley RP & Gao X (2003), "The Development of Fraud Rule in Letter of Credit Law: The Journey so Far and the Road Ahead", Vol. 23, U Pa J of Int'l L. p. 667.

5) Hamed Alavi (2015), "Autonomy Principle and Fraud Exception in Documentary Letters of Credit, A Comparative Study Between United States and England", ICLR, Vol. 15, No. 2, p. 53; Kelly-Louw, M, (2009), The Documentary nature of demand guarantees and the doctrine of strict compliance (part 1). SA Merchantile Law Journal=SA Tydskrif vir Handelsreg, 21(3), pp. 306~321.

6) Roy Goode (1980), "Reflection on Letters of Credit", Journal of Business Law, 291.

은행의 독립지급의무에 대한 예외적인 취급은 수익자에게의 대금지급이 부당한 지급(unjust payment)으로 인정될 수 있는 명백한 증거가 있는 경우에만 제한적으로 예외적인 취급을 하는 태도를 취해왔다. 독립원칙의 예외를 인정하는 법원의 태도에 대해 매매계약을 조건으로 하는 은행의 지급의무는 신용장거래의 상업적인 유용성을 상실하게 될 수도 있을 것이라는 비판을 하는 학자도 있다.[7)]

(1) 독립원칙의 예외로 인정할 수 있는 사기(fraud)의 의미

신용장거래에서 사기로 인정할 수 있는 기준은 확립되어 있지 않다. 다만, 학자들 간의 의견은 두 가지 입장으로 나누어져 있다.

첫째, 의식적인 사기: 타인을 사기내용에 의존시킬 의사를 가지고 고의 또는 부주의에 의해서 이루어진 거짓의 표시가 있으면 지급거절의 정당성을 인정한다고 하는 견해이다. 이런 주장에 의하면 수익자가 49상자밖에 선적하지 않았다는 것을 알면서 50상자 선적한 것으로 기재한 선하증권을 제시한 경우에는 지급거절의 정당성이 인정된다.

둘째, 사기의 정도가 심한(egregious) 경우에만 지급거절이 인정된다고 하는 견해이다. 현재로서는 다수 학자의 지지를 받고 있다.

이런 입장에 의하면 Sztein 사건처럼 만약 수익자가 50상자의 돼지털이 선적되었다는 것을 알면서 50상자의 강모가 선적된 것으로 기재된 선하증권을 제시한 경우와 같이 원래 계약내용의 이탈정도가 심한 경우이다. 즉, 단순히 사람을 속일 의사만으로는 불충분하고 사기의 성질이 극

7) Peter A. Alces (2003), "An Essay in Independence, Independence and the Surety Principle", 3 University of Illinois Law Review 449; Lu, Lu. (2011), The Exceptions in Documentary Credits in English Law, p. 75.

단 또는 심한(extreme or outrageous)경우에만 독립원칙에 대한 예외를 인정하여 대금지급의 거절에 대한 정당성을 인정해야 한다고 주장하고 있다.

미국 Sztein 판례를 계기로 신용장조건을 충족한 선적서류가 제시된 경우에도 위조, 변조된 서류가 제시되거나 또는 신용장거래에 사기적 행위가 존재하는 경우는 독립원칙의 예외로서 발행은행은 수익자에게 대금지급을 거절할 수 있게 되었다. 그렇지만 발행은행, 발행의뢰인 측에서 독립원칙의 예외를 남용할 우려도 있으며 또한 사기의 입증책임에 대한 부담 문제도 제기되고 있다. 이러한 문제로 인해 법원에서는 사기로 인정하는 것은 쉽지 않을 뿐만 아니라 독립원칙의 예외를 어느 정도 넓게 인정해야 할 것인가와 관련하여 논쟁의 소지는 있다.

(2) 독립원칙에 대한 예외(exception to autonomy principle)인정의 실무적인 의미

신용장의 독립원칙은 엄밀일치의 원칙과 함께 신용장거래에 있는 2대 원칙 중의 하나이고, 수출자에게 대금지급의 확신을 제공하는데 있어 핵심적인 역할을 하고 있다. 하지만, 법원은 독립원칙을 엄격하게 적용하면 사기적인 수익자에게 부당한 이익을 줄 수 있어 독립원칙에 대한 예외를 인정하기 시작하였다. 신용장의 독립원칙은 절대적인 것은 아니며, 이 원칙에 대한 대표적인 예외사유로서 사기(fraud)를 인정하고 있다.

다양한 형태의 국제거래에서 유용한 지급수단으로서 사용되어 왔던 신용장은 은행의 독립된 지급의무에 의해 일단 신속하고 확실하게 대금지급이 이루어지도록 하는 핵심적인 역할을 하여 왔으나, 지급조건이 서류의 외견만을 보고 판단하는 구조로 되어 있어 신용장제도의 취지를 왜곡하는 현상이 나타나기도 하였다. 따라서 신용장제도의 취지를 보호하는 것과 독립원칙의 남용으로 인해 초래될 수 있는 문제점들을 조정해야 하는 필요성에 공감하기 시작하여 독립원칙의 적용원리에 관한 논의가 이루어져 오고 있다.

2) 사기문제의 취급

(1) 신용장통일규칙의 입장

신용장통일규칙(UCP)에는 사기에 관한 명확한 규정을 두고 있지 않다. 신용장통일규칙에는 모든 관계당사자는 서류거래를 하는 것이며, 그 서류가 관계하는 물품, 용역 또는 그 외 이행의 거래를 하는 것은 아니라는 신용장거래의 '서류거래원칙'이라는 기본취지가 규정되어 있고, 또한 발행은행의 대금지급의무의 '독립적인 성격'에 대해서 명확히 규정하고 있다(UCP600 제4조 및 제5조). 이러한 규정을 기초로 신용장발행은행의 대금지급 확약은 독립원칙에 따라 서류거래로서 존재하며, 신용장발행의 원인으로 된 매매계약과는 아무런 관련이 없어 은행의 지급의무는 이들 계약에 구속되지 않는다.

그리고 은행은 제시된 서류의 진정성 및 서류의 법률적인 효력 등에 대해서도 책임이 없음을 규정하고 있다(UCP600 제34조). 신용장은 수출업자와 수입업자 간의 신용관계의 보완을 통하여 국제무역이 원활하게 이루어지도록 하는데 있어 상당한 기여를 해 왔음에도 불구하고, 독립원칙 및 서류거래의 원칙을 실무적으로 적용함에 있어 신용장의 가치를 훼손시키는 현상이 발생하기도 한다.

이러한 문제에 대해서 국제상업회의소에서는 신용장통일규칙은 관련당사자의 법적 권리와 의무를 포괄적으로 규정하기 위한 것이 아니므로, 신용장거래에서 발생하는 사기 문제는 각 국가의 법률에 맡기는 것이 가장 바람직하다는 정책적 입장을 취하고 있다. 국제상업회의소(ICC)는 국제기구이지만 입법기관이 아니므로 사기문제를 취급하는 것은 적절하지 않으며, 이런 문제를 규제하는 것이 UCP의 기능이 아니라는 입장이다.[8)]

ICC의 기본방침은 이전부터 사기에 관해서는 명확히 규정하고 있지 않아 UCP에는 사기의 경우, 발행은행이 지급을 거절할 수 있는지 여부에 대해서 어떠한 규정도 되어 있지 않다. 신용장거래에서 사기 문제는 각국의 국제사법(법의 저촉에 관한 법)의 원칙에 의해 결정되는 준거법에 따라 해석해야 되는 것으로 보고 있다.

신용장통일규칙은 주로 발행은행과 수익자 및 발행은행과 관계은행 간의 계약에 관한 것을 제공할 것을 목적으로 하고 있고, 매매계약 등의 원인계약 계약당사자의 권리와 의무에 대해서는 취급하고 있지 않다. 사기문제는 전통적으로 준거법과 재판관할의 영역에 속하며 수익자의 사기를 원인으로 하는 지급금지 명령에 대한 구제조치는 국가법에서 해결해야 할 문제로 취급하고 있는 것이 UCP의 입장이다.

(2) 미국통일상법전(UCC)의 견해

Sztein 사건을 계기로 미국은 신용장거래에서의 사기문제에 대해 1962년 미국통일상법전 신용장편 제5-114조 제2항에 입법화하였다(1995년 개정에서 제5-109조(Fraud and Forgery)에 규정되어 있음). 제2항은 "서류가 문면상 신용장조건에 일치해도 서류가 위조되거나 혹은 사기적인 경우 또는 거래에 있어서(in the transaction) 사기가 있는 경우 발행은행은 환어음 또는 지급청구에 대해 지급하지 않아도 된다"고 사기에 대한 신용

8) Roy Goode (1996), 'Abstract Payment Undertakings in International Transactions: Symposium New Developments in the Law of Credit Enhancement-Domestic and International', Brooklyn Journal of International Law 1, 4.; Ross Buckley and Xiang Gao (2002), 'The Development of the Fraud Rule in Letter of Credit Law: The Journey So Far and the Road Ahead', Vol. 23 University of Pennsylvania Journal of International Economic Law 663, 700.

장 독립원칙의 예외를 입법하였다.

「서류가 사기적인 경우」는 운송서류가 공권, 수익자가 운송서류를 변조한 경우이고, 「거래에 있어 사기가 있는 경우」는 수익자가 고의적으로 매매계약에 적합하지 않은 물품을 선적하고 사정을 알 수 없는 운송인에게 부지약관을 삽입한 운송증권을 발행시키게 해서 수익자가 발행의뢰인을 기만하는 행위와 같은 경우이다.

UCC에서 신용장 독립원칙에 대한 예외는 다음과 같은 경우에 인정된다.

- 운송서류가 공권[9]인 경우
- 수익자가 운송서류를 변조한 경우
- 거래에 있어서 사기적인 행위가 존재하는 경우: 수익자가 고의로 매매계약에 적합하지 않은 물품을 선적하고 사정을 모르는 운송인에게 내용부지약관(unknown clause; said to contain; said to be; shipper's load and contain)이 있는 운송서류를 발행시킨 경우이다.

3) 선의의 당사자보호

(1) ICC 은행위원회의 견해

ICC 은행위원회에서는 신용장통일규칙이 사기의 경우에 대해 어떠한 규정도 하고 있지 않은 것은 사기문제를 각국이 국내법으로 판단하도록 맡기고 있는 것이며, 신용장 독립원칙에 대한 예외의 존재를 부인하고 있는 것은 아니라는 점을 피력하였다.

ICC 은행위원회는 매입은행이 매입한 서류 중에 위조된 선하증권이 있는 것을 발행은행이 발견한 경우 매입은행은 발행은행으로부터 상환 받은 금액을 반환해야 하는지에 대한 질문에 대해 매입은행은 아래와 같은

9) 공권이란 화물이 선적되지 않았음에도 불구하고 발행된 선하증권을 지칭하는 용어이다.

세 가지 경우에 해당되지 않는 한 보호된다는 의견을 제시하였다.

- 매입은행 자신이 사기의 당사자인 경우;
- 매입은행이 서류의 제출에 앞서서 사기에 대해서 알고 있는 경우;
- 매입은행이 상당한 주의를 기울이지 않았던 경우, 즉 위조가 서류의 문면상에 명확히 나타난 경우이다

ICC 은행위원회의 의견은 민간단체의 의견에 불과하지만 사기의 경우에 만약 매입은행이 사기의 당사자이거나 또는 위조서류에 대해 매입은행에게 고의 또는 과실이 있으면 발행은행의 지급거절에 대해 정당성을 인정할 수 있을 것이다. 그렇지만 이러한 사기행위에 대해 매입은행이 선의의 당사자의 입장에 있는 경우에는 신용장거래의 원활화를 위해서도 보호되어야 할 것이다.

이러한 은행위원회의 견해는 미국통일상법전의 입법취지와 동일하다. 통일상법전에서는 비록 제시된 서류에 사기적인 요소가 존재한다 하더라도 그러한 사기요소에 대해 알지 못하는 선의의 당사자는 독립원칙에 대한 예외의 적용을 받지 않는다. 따라서 정당한 소지인과 정당하게 이서된 권리증권의 소지인은 사기원칙으로부터 보호받는다.

(2) 미국통일상법전의 입장-사기규칙에 대해 예외적용을 받는 서류제출자

신용장거래에서 제시된 서류에 사기적인 요소가 존재함에도 불구하고 대금지급을 요구할 수 있는 경우, 즉 사기에 대한 예외의 적용을 받는 자는 준거법에 의해서 결정되지만 미국통일상법전에서는 사기에 대한 사실을 인식하지 못한 경우에는 사기규칙(fraud rule)은 배제되고 발행은행에 대해 대금지급을 요구할 수 있는 권리를 인정하는 규정을 두고 있다(개정 UCC 제5-109조).

① 서류 제시자가 선의이고 또한 서류위조 또는 중대한 사기를 인식하지 못하고 대가를 지급한 피지명자(nominated person)

피지명자가 신용장조항을 엄밀히 지켜 선의로 수익자가 제출한 서류를 매입한 경우에는 제출된 서류에 사기요소가 존재함에도 불구하고 신용장 발행인으로부터 상환 받을 권리를 가진다.

> Nominated Person: A person whom the issuer (i)designates or authorizes to pay, accept, negotiate, or otherwise give value under a letter of credit and (ii) undertakes by agreement or custom and practice to reimburse.

② 선의로 확인에 대해서 지급을 한 확인자(confirmer)

신용장 확인은행(confirming bank)은 신용장발행은행에 의해서 지급을 확인할 것을 요청받은 당사자이다. 신용장을 확인하는 것으로 확인은행은 신용장거래에서 수익자에 대해 직접적인 대금지급의무를 부담한다. 이것은 확인은행은 신용장조건에 따라서 행동하는 한 신용장거래에서 보호되고 있다는 것을 의미한다. 그러나 확인은행이 신용장의 지시에 따르지 않고 행동한 경우에는 거래에 포함된 사기의 위험을 부담해야 하는 경우도 있을 수 있다.

③ 환어음의 정당한 소지인(holder in due course)

발행은행으로부터 어음의 매입, 인수 또는 지급할 것을 지정(nominated) 받은 은행은 수익자가 제시한 서류에 사기적인 요소가 있었으나 이를 인지하지 못하고 대금을 지급한 경우, 발행은행에 대한 상환청구권은 보호된다.

신용장거래 사기와 지정은행의 상환청구권

UCP600은 지정은행이 수익자의 사기 리스크를 회피하게 되는 조항을 신설하였다. 제12조 b항에 발행은행은 발행은행의 지정에 따른 지정은행의 행위에 대해 상환청구권을 자동 제공하는 것으로 규정하고 있고, 제7조 c항에는 지정은행에게 상환해야 하는 발행은행의 확약은 수익자에 대한 발행은행의 확약으로부터 독립된 채무로서 존재하며, 발행은행의 수익자에 대한 구상권이 부정되어도 지정은행의 상환청구권에는 영향을 미치지 않는다고 규정되어 있다(UCP600 제7조 c항).

UCP600 제7조 c항: An issuing bank's undertaking to reimburse a nominated bank is independent of the issuing bank's undertaking to the beneficiary.

4) 신용장거래에서의 사기 형태 및 실무적 대응

계약의 기초로 되어 있는 매매계약의 단순한 위반이 아니라 사기 또는 위조가 있으면 신용장독립원칙에 반하는 원칙이 작동되기 시작한다. 은행의 지급의무의 독립원칙은 나쁜 수출자를 보호하기 위해 적용되어야 할 것은 아니라고 법원은 판단하고 있다[Sztein v. Henry Schroder Banking Corporation(1941)].

신용장의 사기에는 공권 또는 품질이 낮은 상품의 선적・인도, 선적서류의 위조・변조, 위조신용장발행(가상의 발행은행) 등 거래의 전 과정에서 사기행위가 발생할 가능성이 있다

(1) 신용장자체의 위조(forged)

신용장자체를 위조하는 형태의 사기적인 요소는 신용장발행은행과 발행의뢰인 간의 공모에 의해서 발생한다. UCP600에서는 이런 형태의 사기를 방지하기 위해 통지은행에 신용장의 진정성(apparent authenticity of the credit)을 확인하도록 의무로 되어 있다(제9조). National City Bank 와 Citibank N.A. New York의 이름을 위조한 National Citibank 의 신용장을 발행한 경우가 있었다.

(2) 수출대금을 청구하기 위한 목적으로 서류의 위조, 변조

수출자가 가치가 없는 물품을 선적하고 신용장조건을 충족하는 선적서류를 제시하는 경우 또는 선적을 하지 않고 선적서류를 위조하여 매입을 의뢰하는 경우 등이 이런 형태의 사기에 해당된다.

- 위조서류란 위조 또는 그 외 권한이 부여되어 있지 않은 서명이 있는 서류, 서명이 진정으로 이루어졌다 하더라도 내용이 위조된 서류도 포함된다.

- 사기적인 서류란 외견상 진정한 것으로 보이나 실제는 위조된 서류로서 실제적으로는 변조되어 있는 서류도 포함한다. 사기적인 서류란 위조서류보다도 범위가 넓은 개념이며, 위조서류는 사기적인 서류로도 되지만 사기적인 서류가 반드시 위조로 한정되지는 않는다.

Sztein 사건에서의 선하증권은 위조선하증권은 아니지만 내용이 돼지털이었음에도 불구하고 「강모」로 기재되어 있었으므로 법원은 사기적인 서류로 인정하였다. 예를 들어, 선하증권의 날짜를 위조한 경우에 물품에 대해서 고의로 허위의 선적날짜를 기재한 선하증권(backdated B/L)은 서류제출자가 허위의 사실을 알고 있으면 사기적인 서류에 해당된다. 그러나 실수로 잘못 기재를 한 경우는 사기적인 서류로 볼 수 없을 것이다.

(3) 수입자가 화물을 사취하기 위한 목적의 사기

수입자가 은행을 개입시키지 않고 화물을 사취하기 위해 선하증권 원본을 복수로 발행받게 해서 그 중 하나의 원본을 직접 수입자에게 송부하게 하거나 또는 항공운송장, 해상화물운송장의 수하인을 수입자로 하는 신용장을 발행하게 해서 화물을 운송인으로부터 직접 수령하고 서류가 발행은행에 도착할 무렵 행방을 감추는 경우이다.

신용장의 사기에 대한 지도적 판례는 미국에서 발생한 Sztein v. J. Henry Schroder Banking Corporation(1941) 사건이다.

수출자: Transea Traders, Ltd.(located at 인도)
원　고: 수입자: Sztein
피　고: 신용장발행은행: Henry Schroder Banking Corp.

- 수입자(Sztein)는 수출자로부터 강모(bristle)를 구입하기로 계약을 체결하고 피고인 발행은행(Henry Schroder Banking Corp.)으로부터 신용장을 발행받았다.
- 신용장에는 Transea가 발행한 어음은 물품이 선적되고 송장과 피고의 지시식 선하증권이 제시되면 지급되는 것으로 규정되어 있었다.
- Transea는 50상자의 물품을 선적한 후 신용장조건대로 강모가 선적된 것으로 기재된 선하증권과 송장을 은행에 제시하였으나 실제로 선적된 물품은 가치가 없는 돼지털이었다.
- 수입자는 "Transea는 진짜로 계약물품인 것처럼 가장하고 Sztein을 속이기 위해 가치가 없는 돼지털을 상자에 넣었다"고 주장하고, 어음의 지급금지명령(injunction)을 요구하는 소송을 제기하였다.

법원판결: 법원은 우선 신용장은 매매계약과 독립되어 있고 발행은행은 서류를 취급하는 것이지 물품을 취급하는 것은 아니라는 독립, 서류거래원칙을 언급한 후 이들의 원칙은 무역금융의 도구로서의 신용장의 효율성을 높이기 위해 필요하다. 그렇지만 특수한 경우에

> 는 이러한 원칙에 대한 예외를 인정할 수 있다고 언급하였다. 수출자에 의한 사기가 어음과 서류가 지급을 위해 제시되기 전에 은행의 주의환기의 대상으로 된 경우에는 신용장의 독립원칙은 비양심적인(unscrupulous) 수출자를 보호하기 위해 적용되어야 할 것은 아니라고 하면서 발행은행에게 지급금지명령을 하였다. 이 사건의 형태는 사기에 해당되고 본 건에서의 사기는 입증되었다.

(4) 사기 문제를 해결하기 위한 실무적 대응

신용장거래에서 발생하는 사기문제를 해결하기 위해서 실무적으로는 첫째, 준거법을 지정할 수 있다. 준거법을 지정한 경우에는 사기문제는 준거법 적용에 의해서 해결된다.

둘째, 준거법을 지정하지 않은 경우에는 신용장거래에 적용되는 각국의 국제사법의 개별 규칙에 의해서 사기에 대한 대응이 결정되게 된다. 이 경우의 준거법은 거래와 가장 밀접한 관계가 있는 장소의 법률로서 보통 관련은행의 소재지법이 적용될 가능성이 있으나 준거법의 결정기준은 국가마다 다르다.

독일, 프랑스에서는 신용장발행지법, 영미에서는 이행지법이 유력하지만 신용장발행은행의 소재지의 법률을 준거법으로 하는 것이 합리적일 것이다.

CHAPTER

4

신용장의 종류와 대금지급

신용장은 신용장의 기본적인 성질 및 활용용도 등에 따라 아래와 같이 분류할 수 있다. 수출자와 수입자는 거래관계를 원활하게 추진하기 위해서는 신용장의 용도와 기능에 관한 특성과 성질을 이해할 필요가 있고, UCP에 있는 관련당사자의 권리, 의무를 이해하기 위한 관점에서도 신용장의 종류를 염두에 둘 필요가 있다.

4 신용장의 종류와 대금지급

<table>
<tr><td rowspan="4">1.
기본적
분류에 의한
신용장 종류</td><td>1) 서류제시 유무에
따른 분류</td><td>(1) 화환신용장(Documentary Credit)
(2) 무화환 신용장(Clean Credit)</td></tr>
<tr><td>2) 신용장의 취소가능
성에 따른 분류</td><td>(1) 취소가능신용장(Revocable Credit)
(2) 취소불능신용장(Irrevocable Credit)</td></tr>
<tr><td>3) 신용장 대금지급
방법에 따른 분류</td><td>(1) 일람지급신용장(Sight Payment Credit)
(2) 연지급신용장 (Deferred Payment Credit)
(3) 인수신용장(Acceptance Credit)
(4) 매입신용장(Negotiation Credit)</td></tr>
<tr><td>4) 제3자 확인 유무에
따른 분류</td><td>(1) 무확인신용장(Unconfirmed Credit)
(2) 확인신용장(Confirmed Credit)</td></tr>
<tr><td rowspan="3">2.
용도별
구분에 의한
신용장 종류</td><td>1) 부가된 특성 및 특수
조건에 따른 구분</td><td>(1) 양도가능신용장(Transferable Credit)
(2) 회전신용장(Revolving Credit)
(3) 레드신용장(Red Clause Credit)
(4) 녹색신용장(Green Clause Credit)</td></tr>
<tr><td>2) 특수사정에 따른 구분</td><td>(1) Back to Back Credit
(2) 내국신용장(Domestic Credit, Local Credit)</td></tr>
<tr><td>3) 사용목적에 따른 구분</td><td>(1) 화환신용장(Documentary Letter of Credit)
(2) 보증신용장(Standby Letter of Credit)</td></tr>
</table>

APPLICATION FOR IRREVOCABLE CREDIT (1)

<table>
<tr><td colspan="4">APPLICATION FOR IRREVOCABLE CREDIT</td></tr>
<tr><td colspan="2" rowspan="2">① To: ABC Bank, Ltd.
IN ACCORDANCE WITH AGREEMENT ON LETTER OF CREDIT TRANSACTION SUBMITTED TO YOU.
I/WE HEREBY REQUEST YOU TO ISSUE AN IRREVOCABLE DOCUMENTARY CREDIT UPON THE FOLLOWING TERMS</td><td>② Date of Application
August 23rd, 20XX</td><td>Applicant's Ref No.</td></tr>
<tr><td>③ Expiry Date</td><td>④ Place for Presentation</td></tr>
<tr><td colspan="2">⑤ Applicant

(Signature)
Authorized Signature</td><td colspan="2">⑥ Beneficiary</td></tr>
<tr><td colspan="2">⑦ Method of Notify
☐ Teletransmission
☒ Airmail with Brief Advice by Teletransmission
☐ Airmail</td><td colspan="2">⑨ Amount</td></tr>
<tr><td colspan="2">⑧ Advising Bank</td><td colspan="2" rowspan="2">⑩
☐ Confirmed
☐ Transferable</td></tr>
<tr><td>⑬ Partial Shipments
☐ Allowed
☒ Prohibited</td><td>⑭ Transshipment
☐ Allowed
☒ Prohibited</td></tr>
<tr><td colspan="2">⑮ Shipment / Dispatch / Taking in Charge
From To</td><td colspan="2">⑪
☐ Remittance
☐ Reimbursement</td></tr>
<tr><td colspan="2">⑯ Latest Date for Shipment</td><td colspan="2">⑫ Credit Available by Beneficiary's Drafts(s)
☒ At Sight / ☐ At__________
☒ For Full / ☐ ______% of Invoice Cost
Drawn on You or Your Correspondent at Your Option</td></tr>
<tr><td colspan="4">⑰ Evidencing Shipment of Goods

Trade Terms ☐ FOB ☐ CFR ☐ CIF ☒ ____CIP____ ⑱ Place__________</td></tr>
</table>

⑲ Requested Documents as Follows:
☒ SIGNED COMMERCIAL INVOICE IN 3 COPIES INDICATING IMPORT LICENCE NO(S)
☒ FULL SET OF CLEAN ON BOARD MARINE BILLS OF LADING MADE OUT TO ORDER OF SHIPPER AND ENDORSED IN BLANK MARKED ☒ "FREIGHT PREPAID" ☐ "FREIGHT COLLECT" NOTIFY APPLICANT, INDICATING CREDIT NO.
☐ AIR WAYBILL CONSIGNED TO ABC BANK, LTD., MARKED ☐ "FREIGHT PREPAID" ☐ "FREIGHT COLLECT" NOTIFY APPLICANT, INDICATING CREDIT NO.
☒ INSURANCE POLICY OR CERTIFICATE IN DUPLICATE, ENDORSED IN BLANK FOR ☐ 110% / ☐ ___% OF THE INVOICE VALUE INCLUDING
☒ INSTITUTE CARGO CLAUSES(☒ ALL RISKS / ☐ W.A / ☐ F.P.A)
☒ INSTITUTE WAR CLAUSES ☐ THEFT PILFERAGE & NON-DELIVERY-CLAUSES.
☒ INSTITUTE STRIKES RIOT & CIVIL COMMOTIONS CLAUSES.
☐ INSURANCE CLAIMS TO BE PAYABLE IN KOREA IN CURRENCY OF DRAFTS.
☒ PACKING LIST IN 2 COPIES
☐ CERTIFICATE OF WEIGHT IN ☒ INSPECTION CERTIFICATE IN 2 COPIES
☒ CERTIFICATE OF ORIGIN IN 2 COPIES ☐ G.S.P. CERTIFICATE OF ORIGIN FORM A IN ___
☐ BENEFICIARY'S CERTIFICATE STATING THAT ____________________.

⑳
☒ DOCUMENTS TO BE PRESENTED WITHIN 7 DAYS AFTER THE DATE OF SHIPPING BUT WITHIN THE VALIDITY OF THIS CREDIT.
· REIMBURSEMENT BY TELETRANSMISSION IS ☐ ACCEPTABLE ☐ PROHIBITED.
· ALL BANKING CHARGES OUTSIDE KOREA ARE NOT ACCOUNT OF ☐ APPLICANT ☒ BENEFICIARY.
· ACCEPTANCE COMMISSION AND DISCOUNT CHARGES ARE FOR ACCOUNT OF ☐ APPLICANT ☐ BENEFICIARY.
· ALL DOCUMENTS MUST BE AIRMAILED TO YOU ☒ IN ONE LOT / ☐ IN TWO SEPARATE SETS BY ☒ COURIER SERVICE/ ☐ REGISTERED MAIL.

㉑ SPECIAL INSTRUCTION

㉕ Korea Global Trading Co., Ltd.

(Signature)
Authorized Signature

㉖ This Credit is Subject To Uniform CUSTOMS And Practice For Documentary Credit, 2007 Revision, International Chamber of Commerce Publication No.600.

APPLICATION FOR IRREVOCABLE DOCUMENTARY CREDIT (2)

To: The ○○Bank, Ltd

I/WE HEREBY REQUEST YOU TO ISSUE AN IRREVOCABLE DOCUMENTARY CREDIT DETAILED BELOW AND TO ADVISE THE UNDERMENTIONED BENEFICIARY OF ISSUANCE OF THE CREDIT.

<table>
<tr><td colspan="2" rowspan="2">① ADVISING BANK</td><td>YY/MM/DD</td><td>L/C No.</td></tr>
<tr><td colspan="2">REF. NO.</td></tr>
<tr><td colspan="2" rowspan="3">⑤ BENEFICIARY

ADDRESS</td><td colspan="2">② □ AIRMAIL
□ AIRMAIL WITH BRIEF PRELIMINARY CABLE ADVICE
□ FULL CABLE WITHOUT MAIL CONFIRMATION</td></tr>
<tr><td colspan="2">③ □ CONFIRMED □ UNCONFIRMED</td></tr>
<tr><td colspan="2">④ □ TRANSFERABLE</td></tr>
<tr><td colspan="2">⑥ APPLICANT
ADDRESS</td><td colspan="2" rowspan="3">⑧ THIS CREDIT IS AVAILABLE
□ AT SIGHT
□ DEFERRED PAYMENT
⑨ AT......................
FOR 100/ □_____% OF THE INVOICE VALUE DRAWN ON</td></tr>
<tr><td colspan="2">⑦ CREDIT AMOUNT (% MORE OR LESS ALLOWED)</td></tr>
<tr><td>⑬ EXPIRY DATE OF CREDIT
YY/MM/DD</td><td>⑫ LATEST DATE FOR SHIPMENT
YY/MM/DD</td></tr>
<tr><td colspan="2">⑭ DOCUMENTS MUST BE PRESENTED WITHIN__DAYS AFTER THE DATE OF SHIPMENT BUT WITH IN THE VALIDITY OF THE CREDIT</td><td>⑩ PARTIAL SHIPMENTS
□ ALLOWED
□ PROHIBITED</td><td>⑪ TRANSHIPMENT
□ ALLOWED
□ PROHIBITED</td></tr>
<tr><td colspan="2">PORT OF LOADING/AIRPORT OF DEPARTURE</td><td colspan="2">PORT OF DISCHARGE/AIRPORT OF DESTINATION</td></tr>
<tr><td colspan="2">PLACE OF RECEIPT</td><td colspan="2">PLACE OF FINAL DESTINATION</td></tr>
</table>

DOCUMENTS REQUIRED

□ SIGNED COMMERCIAL INVOICE IN________ □ INDICATING______(L/C No.)

□ INSURANCE POLICY OR CERTIFICATE IN DUPLICATE, ENDORSED IN BLANK FOR 110% OF INVOICE VALUE INCLUDING INSTITUTE CARGO CLAUSES(□ ALL RISKS/ □ W.A/ □ F.P.A), INSTITUTE WAR CLAUSES, INSTITUTE STRIKES RIOTS & CIVIL COMMOTIONS CLAUSES. CLAIMS TO BE PAYABLE IN KOREA

□ FULL SET/ □ ___SET OF □ CLEAN ON BOARD MARINE BILLS OF LADING
□ CLEAN NEGOTIABLE COMBINED TRANSPORT BILLS OF LADING
MADE OUT □ TO ORDER OF SHIPPER AND BLANK ENDORSED / MARKED FREIGHT
□ PREPAID/ □ COLLECT, NOTIFY: APPLICANT

□ CLEAN AIR WAYBILLS CONSIGNED □ TO THE BANK OF KOREA-FOREIGN EXCHANGE LTD./
□ MARKED FREIGHT □ PREPAID/ □ COLLECT, NOTIFY: APPLICANT

□ PACKING LIST IN ________

□ CERTIFICATE OF ORIGIN IN_____ □ G. S. P. CERTIFICATE OF ORIGIN

□ BENEFICIARY'S CERTIFICATE STATING THAT ______________

□ OTHER DOCUMENTS

⑮ DESCRIPTION OF GOODS □ QUANTITY___% MORE OR LESS ALLOWED

TRADE TERMS: □ FOB □ CFR □ CIF □ EXW □__________PLACE___________

⑯ □ INSURANCE IS TO BE EFFECTED BY APPLICANT (FOB, CFR)

ADDITIONAL CONDITIONS

REIMBURSEMENT BY TELECOMMUNICATION IS	□ ACCEPTABLE/ □ PROHIBITED
ALL BANKING CHARGES OUTSIDE KOREA ARE FOR ACCOUNT OF	□ APPLICANT/ □ BENEFICIARY.
DISCOUNT CHARGES/USANCE INTEREST ARE FOR ACCOUNT OF	□ APPLICANT/ □ BENEFICIARY.
ACCEPTANCE COMM./DEF. PAYMENT UNDERTAKING FEE ARE FOR A/C OF	□ APPLICANT/ □ BENEFICIARY.
ALL DOCUMENTS MUST BE SENT TO US IN □ ONE LOT/ □ TWO LOTS	□ BY COURIER SERVICE/ □ BY REGISTERED AIRMAIL

IN CONSIDERATION OF YOUR ISSUING A LETTER OF CREDIT SUBSTANTIALLY CONFORMING TO MY/OUR REQUEST HEREIN. I/WE HEREBY AGREE AND UNDERTAKE TO HOLD MYSELF/OURSELVES LIABLE TO YOU AS PER CONDITIONS SET FORTH IN THE COMMERCIAL LETTER OF CREDIT AGREEMENT AND SUPPLEMENTS THERETO OR THE AGREEMENT ON LETTER OF CREDIT TRANSACTIONS AS THE CASE MAY BE MADE BETWEEN YOU AND ME/US.
I/WE UNDERSTAND THAT THIS LETTER OF CREDIT SHALL BE SUBJECT TO UNIFORM CUSTOMS AND PRACTICE FOR DOCUMENTARY CREDIT (2007 REVISION), INTERNATIONAL CHAMBER OF COMMERCE, PUBLICATION NO. 600.

....

Authorized Signature

1 신용장의 기본적 분류

1) 서류제시 유무에 따른 분류

신용장이 대금지급을 위한 요건으로서 상업송장(commercial invoice), 운송증권(transport document), 보험증권 또는 확인서(insurance police or insurance certificate), 포장명세서(packing list), 원산지증명서(certificate of origin), 수익자가 작성한 진술서(statement)와 같은 서류를 요구하고 있는지의 여부에 따라 화환신용장(Documentary Credit)과 무화환신용장(Clean Credit)으로 구분한다.

(1) 화환신용장(Documentary Credit)

[활용용도]

화환신용장(Documentary Credit)은 국제무역에서 물품의 대금결제수단으로 이용되며 대금을 청구할 때에 상업서류의 첨부를 요구하는 신용장이다. 신용장의 수익자(수출자)는 신용장조건을 준수한 경우에 대금지급을 청구할 수 있는 권리를 가지며, 신용장조건으로서 상업서류를 제시해야 한다.

상업서류는 상업송장(commercial invoice), 운송증권(transport document), 보험증권(insurance police or insurance certificate), 포장명세서(packing list), 원산지증명서(certificate of origin) 등으로 구성되어 있고, 신용장에서 제출을 요구하는 서류의 종류는 매매거래의 특성에 따라 차이가 있다. 이에 비해 물품대금청구조건으로서 상업서류제시를 필요로 하지 않는 신용장은 Clean Credit로 분류된다.

[발행은행의 대금지급조건]

화환신용장을 이용하는 경우 발행은행의 지급의무는 환어음 제시에 의해서 발생하는 것이 아니고 신용장조건에 부합한 서류 제시에 의해 발생한다. 국제간의 거래에서 무역대금지급방법으로서 Standby Credit을 이용한 경우 수익자(채권자)가 채무자의 채무불이행을 주장하는 진술서(statement)와 상업서류의 제시를 급부의 요건으로 하고 있으므로 무역거래 대금지급용도로 사용되는 Standby Credit의 대부분은 화환신용장(Documentary credit)에 해당된다.

【Sample of L/C】

Irrevocable Documentary L/C

The ABC Bank, Ltd.
1-2-3 Moonhyundong, Namgu
Busan

ORIGINAL

IRREVOCABLE DOCUMENTARY CREDIT

Applicant:	Place & Date of Issue BUSAN : June, 21, 20XX L/C No. SE-7799
Advising Bank: BANK OF BIG-APPLE Manhattan, New York	Expiry Date July, 30, 20XX Beneficiary : AMERICAN PRODUCTS CO., LTD. P. O. Box 850 New York NY 40056 U.S.A.
Amount: US$ 10,920.50 (US DOLLARS TEN THOUSAND NINE HUNDRED TWENTY AND FIFTY CENTS ONLY)	

Dear Sir(s),
We hereby issue in your favor this documentary credit which is available by negotiation of your draft in duplicate at sight drawn on us bearing the clauses: "Drawn under documentary credit No. SE-7799 dated May 21, 20XX of, LTD." accompanied by the following documents marked "X"

☒ Full set of clean on board ocean Bills of Lading made out to order marked "Freight Prepaid" and "Notify Accountee"

☒ Marine insurance policy or certificate in duplicate, endorsed in blank for 110% of the invoice value.
Insurance policies, or certificates must expressly stipulate that claim is payable in the currency of the drafts and must also indicate a claim settling agent in Korea.

Insurance must include: Institute Cargo Clauses (ALL RISKS), Institute War Clauses, Institute Strikes Riots and Civil Commotions Clauses.
☒ Signed Commercial Invoice in Triplicate
☒ Packing List in Triplicate
☐ Other Documents
COVERING :
200 sets of Personal computer as per seller's proforma invoice No. KZ-0042 dated May. 05, 20XX
CIF BUSAN

Latest Date of Shipment : July. 20, 20xx	
From: NEW YORK To: BUSAN	
Partial Shipment PROHIBITED	Transhipment PROHIBITED

Documents must be presented within (10) days after the date of issuance of the Bills of Lading.

Special Conditions :
All banking charges, including postage, outside Busan are for account of the beneficiary.
The amount of each draft must be endorsed on the reverse of this credit by the negotiating bank.
All drafts and documents must be forwarded directly to us by two consecutive airmails.
We hereby engage with drawers and/ or bonafide holders that drafts drawn and negotiated in conformity with the terms of this credit will be duly honoured on presentation and that drafts accepted within the terms of this credit will be duly honoured at maturity.
Except so far as otherwise expressly stated, this documentary credit is subject to the "Uniform Customs and Practice for Documentary Credit" (2007 Revision) International Chamber of Commerce (Publication NO. 600)

,LTD.

(Signed)

Authorized Signature

【Sample of L/C】

THE ABC BANK, INC.
560 5th Avenue, New York, N.Y., U.S.A.

<table>
<tr><td>Name of Issuing Bank
The ABC Bank, Inc.
560 5th Avenue, New York, N.Y., U.S.A.</td><td>Irrevocable Documentary Credit No. 12345</td></tr>
<tr><td>Place and Date of Issue
New York, April 15, 20xx</td><td>Expiry Date and Place for Presentation of Documents May 30, 20xx, Korea</td></tr>
<tr><td>Applicant</td><td>Beneficiary</td></tr>
<tr><td>Advising Bank</td><td>Amount
US$200,000.00
U.S. Dollars Two Hundred Thousand Only</td></tr>
<tr><td>Shipment from for transportation to
Not later than May 15, 20xx</td><td>Partial Shipments are allowed
Transhipments are not allowed</td></tr>
<tr><td colspan="2">We hereby issue in your favor this documentary credit which is available by <u>negotiation with any bank</u> in Korea of your drafts <u>at Sixty (60) Days after sight</u> drawn on us for 100% of the invoice value, being marked as having been drawn under this credit, and accompanied by the following documents:
Signed Commercial Invoice in triplicate,
Marine Insurance Policy or Certificate in duplicate, endorsed in blank, for 110 % of the invoice value including: The Institute Cargo Clauses (ALL RISKS), Institute War Clauses, Institute Strikes Riots and Civil Commotions Clauses
Full set of clean on board ocean bill of lading, made out to order and blank endorsed, and marked "Freight Prepaid" and "Notify New York Trading Corporation, New York",
Packing List in triplicate covering shipment of 1,000 units of "Computer" model KU88</td></tr>
</table>

<table>
<tr><td colspan="2">Special conditions: Drafts and documents must be presented for negotiation within fifteen (15) days after the on board date of bills of lading, but within the validity of the credit.
The Negotiating Bank must airmail one complete set of orignal documents to us together with the draft and your certificate that all terms and conditions of the credit have been complied with and that all the remaining documents will be dispatched to us by the next mail.</td></tr>
<tr><td>We hereby engage with drawers, endorsers and bona fide holder that drafts drawn and negotiated in conformity with the terms of this credit will be duly honored on presentation and that drafts accepted within the terms of this credit will be duly honored at maturity.
The amount of each draft must be endorsed on the reverse of this credit by negotiating bank.
THE ABC BANK, INC.
(signed)
Authorize Signature</td><td>Advising bank's notification</td></tr>
</table>

【Sample of L/C】

Documentary Letter of Credit

<table>
<tr><td>Name of Issuing Bank</td><td>Irrevocable
Documentary Credit</td><td>Number
1234</td></tr>
<tr><td>Place and Date of Issue:
May 1, 20xx Busan</td><td colspan="2">Expiry Date and Place for Presentation of Documents Expiry Date: July 25, 20xx
Place for Presentation: At the counter of Negotiating Bank</td></tr>
<tr><td>Applicant</td><td colspan="2">Beneficiary:</td></tr>
<tr><td>Advising Bank</td><td colspan="2">Amount US$42,100.00
(U.S. DOLLARS FORTY TWO THOUSANDS ONE HUNDRED 00/100)</td></tr>
<tr><td>Partial Shipments
☒ allowed □ not allowed</td><td colspan="2" rowspan="4">Credit available with nominated Bank:
□ by payment at sight
□ by deferred payment at:
□ by acceptance of drafts at:
☒ by negotiation

Against the documents detailed herein:
□ and Beneficiary' s drafts (s) drawn on:</td></tr>
<tr><td>Transhipment □ allowed ☒ not allowed</td></tr>
<tr><td>☒ Insurance covered by buyers</td></tr>
<tr><td>Shipment
From:
For transportation to:
Not later than: July 10, 20xx</td></tr>
<tr><td colspan="3">〈DOCUMENTS REQUIRED〉
□ SIGNED COMMERCIAL INVOICE IN TRIPLICATE.
□ FULL SET OF CLEAN ON BOARD OCEAN BILLS OF LADING MADE OUT TO ORDER OF SHIPPER AND BLANK ENDORSED MARKED FREIGHT PREPAID NOTIFY APPLICANT.</td></tr>
</table>

□ INSURANCE POLICY IN DUPLICATE COVERING THE INSTITUTE CARGO CLAUSES (A), THE INSTITUTE WAR CLAUSES (CARGO) AND THE INSTITUTE STRIKES CLAUSES (CARGO).
□ PACKING LIST IN DUPLICATE.

〈SHIPMENT OF GOODS〉
AUTOMOTIVE SPARE PARTS
CIF ROTTERDAM

〈REIMBURSEMENT BANK〉
CITI BANK NEW YORK, N. Y. U. S. A.

〈INSTRUCTIONS TO THE PAYING/ACCEPTING/NEGOTIATING BANK〉
NEGOTIATING BANK MUST SEND ALL DOCUMENTS TO US IN TWO LOTS

〈BANK TO BANK INFORMATION〉
REIMBURSEMENT UNDER THIS CREDIT SUBJECT TO URR.725

Documents to be presented within 15 days after the date of shipment but within the validity of the credit.

We hereby issue the Irrevocable Documentary Credit in your favour. It is subject to the Uniform Customs and Practice for Documentary Credits (2007 revision, International Chamber of Commerce, Paris, France, Publication No. 600) and engages us in accordance with the terms thereof. The number and the date of the Credit and the name of our bank must be quoted on all drafts required. If the Credit is avaliable by negotiation, each presentation must be noted on the reverse side of this advice by the bank where the Credit is available.

Name and signature of the Issuing Bank

(2) 무화환신용장(Clean Credit)

무화환신용장은 물품대금지급의 조건으로 금융서류(예, 수표, 어음 등) 이외의 상업서류의 제시를 요구하지 않는 신용장을 의미한다. Clean

Credit 방식에 의해 대금을 지급하는 경우 Documentary Credit에 적용되는 신용장통일규칙(UCP)을 적용하지 않는다. Clean Credit는 국제간의 매매거래에서 물품대금결제방법으로는 거의 이용하지 않는다.

2) 신용장 취소가능 유무에 따른 분류

신용장을 정의하고 있는 UCP600 제2조에 "신용장이란 그 명칭이나 표시에 관계없이 취소불능(irrevocable)이며, 일치하는 제시에 대해 지급(honour)할 것이라는 발행은행의 확약으로 된 약정을 말한다"고 기술되어 있으며, 아울러 제3조에는 "신용장은 취소불능의 표시가 없는 경우에도 취소불능이다"고 규정되어 있다.

발행된 신용장이 취소가능인지 취소불능인지에 대해 구분하는 문제는 관계당사자에게 있어서 매우 중요하지만, UCP600이 적용되는 신용장은 모두 취소불능신용장이므로 이러한 분류는 의미가 없고, 역사적인 학문의 발자취로서의 의미를 가질 뿐이다.

취소가능신용장은 UCP600에는 규정이 존재하지 않으므로 UCP500에 준거한 취소가능신용장에 대해 간략히 언급한다.

(1) 취소가능신용장(Revocable Credit)

신용장이 발행되었어도 신용장의 유효기간 중에 수익자에게 어떠한 통지도 하지 않고, 수입자의 일방적인 의사에 의해서 언제라도 신용장의 조건을 변경하거나 또는 취소할 수 있는 신용장이다(UCP500 제8조 a항). 그러나 수출자가 선적을 하고 매입하여 대금지급을 받은 이후에는 취소할 수 없다.

UCP600에서는 취소가능신용장에 관한 규정이 없다. 그러나 UCP500(제6조, 제8조)을 준거하는 신용장의 경우에는 취소가능신용장이 발행될 수 있어 아래에 설명한 부분은 UCP500을 준거하는 신용장의 경우에 해당된다.

취소가능신용장이어도 대부분의 경우 타 은행에 일람지급, 연지급, 인수 또는 매입할 것을 수권하고 있으므로 그러한 수권을 받은 은행이 수권된 것을 행한 경우에는 그 은행에게 손해를 미치는 것은 타당하지 않다. 따라서 UCP500(1993)에서는 그러한 은행을 구제하기 위한 조치를 마련하고 있다. 즉, 조건변경 또는 취소의 통지를 받기 전에 신용장조건과 일치하는 서류와 상환으로 일람지급, 연지급, 인수 또는 매입을 한 경우에는 발행은행은 당해은행에 상환할 의무를 부담한다는 취지를 규정하고 있다(UCP500 제8조 b항).

여기서 주의해야 할 것은 발행은행이 부담하게 되는 의무는 일람지급, 연지급, 인수 또는 매입을 행한 은행에 대한 상환의무이며 수익자에 대한 의무는 아니라는 점이다.

"조건변경 또는 취소의 통지를 받기 전"의 문언에서 추측할 수 있는 것은 UCP500 제8조 b항의 규정에 의해서 보호될 수 있는 은행은 신용장의 통지은행이다. 따라서 임의의 은행에서 매입 가능한 신용장이어도 통지은행 이외의 은행이 그 신용장에 따라 매입을 한 경우는 그 은행은 위의 규정에 의해 보호를 받는 것은 가능하지 않다고 해석해야 할 것이다.

통지은행을 경유하여 수령한 취소가능신용장인 경우에는 조건변경 또는 취소의 통지가 오기 전에 통지은행에 서류를 제시함으로써 수익자는 UCP500 제8조 b항의 규정에 의한 보호의 이익을 간접적으로 향유할 수 있다. 그러나 수익자가 발행은행으로부터 간접 접수한 취소가능신용장의 경우에는 수익자에 대한 UCP상의 보호는 전혀 없다.

(2) 취소불능신용장(Irrevocable Credit)

취소불능신용장이란 신용장이 일단 발행되면 발행은행, 확인은행, 수익자의 전원의 동의가 없으면 신용장의 조건을 변경하거나 취소하는 것도 불가능한 신용장이다(UCP600 제10조 a항). UCP600을 준거하는 신용장은 모두 취소불능신용장이므로 취소가능 또는 취소불능신용장의 구분은 의미가 없게 되었다. 취소불능신용장은 발행은행이 수익자에 대한 약속을 취소 또는 변경하지 않는다는 의미이며, 그 약속은 수익자에 의한 신용장조건의 충족을 전제로 하여 대금지급을 하겠다는 것이다.

> Article 10 Amendments
> Except as otherwise provided by article 38, a credit can neither be amended nor cancelled without the agreement of the issuing bank, the confirming bank, if any, and the beneficiary.

① 발행은행의 약속의 내용

발행은행의 약속은 수익자에 대한 약속과 지정은행에 대한 약속으로 구성되어 있으나 이 두 약속은 독립적으로 존재한다(UCP600 제7조 c항).

> Article 7 Issuing Bank Undertaking
> An issuing bank's undertaking to reimburse a nominated bank is independent of the issuing bank's undertaking to the beneficiary.

A. 수익자에 대한 약속(UCP600 제7조 a항)

발행은행의 수익자에 대한 약속은 일람불, 연지급, 인수 후 지급하는 것으로 되어 있으나, 신용장의 사용방법에 따라 그 약속은 아래와 같은 네 가지로 구분된다.

i) 신용장이 일람지급(sight payment)을 정하고 있는 경우

발행은행의 일람지급 약속은 서류와 환어음을 일람 후에 지급하는 것으로 아래와 같은 방식으로 정해진다.

첫째, 서류를 수반하고 있는 어음을 일람한 시점에서 지급할 것을 의미한다.

둘째, 지정은행이 지급하지 않은 경우에는 발행은행이 지급할 것을 포함하고 있다.

ii) 신용장이 연지급(deferred payment)을 정하고 있는 경우

연지급에 의한 발행은행의 약속은 선적 후 며칠 또는 서류제시 후 며칠과 같이 신용장에 정한 대금지급 날짜에 지급하는 것으로 아래와 같이 정해진다.

첫째, 신용장이 발행은행에서 연지급하기로 약정한 경우 연지급하기로 정한 날짜에 지급할 것을 약속한다.

둘째, 신용장이 지정은행에서 연지급을 정하고 있으나, 지정은행이 만기일에 지급하지 않은 경우에는 발행은행은 연지급을 약속한 일에 지급할 것을 정하고 있다.

iii) 신용장이 인수(acceptance)를 정하고 있는 경우

인수란 기한부환어음의 인수를 의미한다. 발행은행 자신이 인수하기로 되어 있는 경우와 다른 은행이 인수하기로 되어 있는 경우가 있으며, 발행은행의 약속은 아래와 같다.

첫째, 신용장에 발행은행에 의한 인수를 정하고 있을 때는 발행은행은 서류와 환어음을 인수하고 지급기일에 지급을 한다.

둘째, 신용장에 지정은행에서 인수할 것을 정하고 있을 때 지정은행이 인수를 하지 않을 경우에는 발행은행이 인수하여 지급기일에 지급을 한다.

iv) 신용장이 매입(negotiation)을 정하고 있는 경우

지정은행이 매입을 하지 않을 때 발행은행은 일람불의 경우는 일람으로 지급할 의무를 그 외의 경우는 연지급약속일 또는 인수를 행한 지급기일에 지급할 의무를 부담한다.

B. 지정은행에 대한 약속

발행은행은 신용장조건을 충족한 서류를 인수하여 일람불, 연지급, 인수 또는 매입을 행한 서류를 발행은행에게 송부한 지정은행에게 상환할 것을 약속하고 있다.

> 발행은행의 확언문언
>
> 신용장에는 발행은행의 확언문언이 기재되어 있는 경우가 있으나 UCP600에서는 확언문언이 없어도 제7조 a항에 따라서 책임을 부담하게 되므로 확언문언이 기재될 필요는 없다. 그러나 확언문언이 있는 경우에는 UCP의 규정과 모순되거나 UCP의 규정을 부정하는 문언이 기재되어 있을 가능성도 있으므로 신용장을 수취한 자는 주의를 기울일 필요가 있다.

② 조건변경에 대한 동의(UCP600 제10조)

UCP에서는 신용장의 조건변경 또는 취소를 하고자 하는 경우 이러한 변경에 대해서 동의를 필요로 하는 자로서 발행은행, 수익자, 확인은행(있는 경우)을 규정하고 있다. 그렇지만 발행의뢰인은 포함되어 있지 않다.

이것은 발행의뢰인의 동의 없이 신용장의 조건변경 또는 취소를 인정하고 있으며, 발행의뢰인과의 관계는 발행의뢰인과 발행은행 간의 신용

장발행계약에 구속되어 있고, 수익자가 조건변경 또는 취소의 통지를 받거나 이에 동의한 경우에는 수익자가 발행의뢰인의 동의 유무를 확인하지 않고 조건변경 또는 취소가 성립한 것으로 해석하는 것이 가능하다.

UCP600 제10조 d항에는 통지은행은 조건변경을 송부해 온 은행에게 조건변경의 승낙 또는 거절에 관한 모든 통보를 통지해야 한다(should inform)고 정하고 있으나 이것은 의무규정이 아니다.

3) 신용장 대금지급방법에 따른 분류

신용장에는 대금지급방식이 반드시 기재되어 있어야 한다(UCP600 제6조 b항). UCP에서는 수익자가 신용장에 의해 대금지급을 받을 수 있는 방식으로서 네 가지, 즉 일람불지급, 연지급, 인수 후 만기일지급, 매입에 의한 지급을 정하고 있다.

(1) 일람불지급신용장(Sight Payment Credit)

발행은행 또는 지정은행이 일람불환어음에 대해서 지급을 하도록 발행된 신용장이다. 신용장에는 대금지급시기에 대해 기술되어 있는데, 일람지급신용장의 경우 일람불로 지급한다는 표시의 내용은 아래와 같다. 일람불환어음은 지급인(drawee)에게 제시(presentation)한 기일이 어음의 만기일이다.

We hereby issue in your favor this documentary credit which is available by negotiation of your draft at sight drawn on us bearing the clauses.

(2) 연지급신용장(Deferred Payment Credit)

연지급신용장은 상업서류제시 후 일정한 기간 후에 대금지급이 이루어지는 신용장으로서, 대금지급을 위한 수단으로서 환어음을 발행하지 않는다는 점이 특징이다. 기한부어음이 발행되는 것이 아니라 서류의 제시만을 요구한다. 기한부어음인수 대신에 지급약속으로서 후일에 지급한다(deferred payment undertaking)는 개념을 도입한 지급방법으로서, 보통 대금지급은 "운송서류 발행 후 120일"과 같은 특정한 날을 기준으로 하여 지급기일이 결정된다. 신용장에 지정된 은행에 서류가 제시되고 연지급약속이 행해지면 후일에 그 은행을 통하여 지급이 이루어진다. 지정은행만이 연지급 약속을 할 권한을 가진다.

- 연지급방식에 의한 신용장의 실무적인 유용성은 대금지급기일에 일정한 유예기간을 둠으로써 보통 수출자의 입장에서는 판매촉진의 방법으로 활용하기도 한다.
- 유럽국가들 중에는 환어음을 발행하고 인수하는 경우에 고액의 세금을 부과하는 경우가 있기 때문에 환어음을 발행하지 않고 Deferred Payment Credit를 사용하는 경우가 많다. 환어음발행지시가 없는 것이 특징이다.

① 연지급신용장에 있는 지급방법과 지급시기에 관한 표시방법

- "Credit available with ..... (지정은행) ....by deferred payment at ...... (지급유예기간) ..... against the documents detailed herein"로 표시한다.

지급유예기간은 선적일 또는 서류제시 일을 기준으로 "xxx days after the date of shipment", "xxx days after presentation of the documents"처럼 표시한다.

- "We hereby issue in your favor irrevocable documentary credit which is available by payment at 30 days after B/L date against presentation of the following documents."
- "We hereby engage that payment will be duly undertaken on presentation of documents in conforming with the terms of this credit and duly honored at maturity."

- SWIFT 메시지에 의한 신용장에서 "BY PAYMENT"로 표기된다.

② 연지급신용장에 있는 발행은행의 약속(UCP600 제7조 c항)

첫째, 신용장이 발행은행에 의한 연지급을 정하고 있을 때, 발행은행은 지급일에 지급한다. 연지급신용장의 발행은행은 최종적으로 지급을 이행하여야 하는 입장에 있다.

둘째, 신용장이 지정은행에 의한 연지급을 정하고 있으나 지정은행이 연지급 약속을 이행하지 않았을 때, 발행은행이 연지급 약속을 하고 지급기일에 지급한다.

【Sample of Irrevocable Deferred Payment Letter of Credit】

-------------- Instance Type and Transmission --------------

Original received from SWIFT

Priority/Delivery : Normal

Message Output Reference:

Correspondent Input Reference:

------------------ Message Header ------------------
Swift OUTPUT FIN 700 Issue of a Documentary Credit
Sender : ABC BANK
Receiver : KOREA BANK

-------------------- Message Test --------------------
27: Sequence of Total
1/1
40A: Form of Documentary Credit
IRREVOCABLE
20: Documentary Credit Number
DC37821
31C: Date of Issue
40E: Applicable Rules
UCP LATEST VERSION
31D: Date and Place of Expiry
210510 KOREA
50: Applicant

59: Beneficiary

32B: Currency Code / Amount

39B: Maximum Credit Amount
NOT EXCEEDING
41A: Available With … By …
BY DEFERRED PAYMENT
42P: Deferred Payment Details
60 DAYS AFTER SHIPMENT DATE

43P: Partial Shipments

PARTIAL SHIPMENTS ARE ALLOWED

43T: Transshipment

TRANSHIPMENTS ARE ALLOWED

44E: Port of Loading / Airport of Departure

44F: Port of Discharge / Airport of Destination

44C: Latest Date of Shipment

210520

45A: Description of Goods and/or Services

계약물품 기술, DATED March 07, 2021(계약날짜). INCOTERMS: FOB.

46A: Documents Required

1) 03 ORIGINALS PLUS 03 COPIES OF SIGNED COMMERCIAL INVOICE SPECIFYING FOB AMOUNT SEPARATELY, SHOWING DESCRIPTION OF GOODS AND PAYMENT TERMS OF THIS L/C.

2) 03 ORIGINALS PLUS 03 COPIES OF OCEAN BILL OF LADING, CONSIGNED TO THE ORDER OF IMPORT, NOTIFY THE SAME AS CONSIGNEE, MARKED TOTAL FREIGHT COLLECT, SHOWING ITS VALUE IN FIGURES.

3) 03 ORIGINAL OF PACKING LIST.

4) 01 ORIGINAL OF ANALYSIS CERTIFICATE.

5) 01 ORIGINAL OF PHYTOSANITARY CERTIFICATE.

6) 01 ORIGINAL OF CERTIFICATE OF ORIGIN.

47A: Additional Conditions

1) INSURANCE WILL BE COVERED BY APPLICANT.

2) NUMBER OF THIS LETTER OF CREDIT MUST BE STATED IN COMMERCIAL INVOICE AND B/L.

3) USD40.00 FEE WILL BE DEDUCTED FROM PAYMENT FOR EACH SET OF DISCREPANT DOCUMENTS PRESENTED.

71B: Charges

ALL BANKING CHARGES OUTSIDE [신용장발행국가] ARE FOR BENEFICIARY'S ACCOUNT.

48: Period for Presentation

DOCUMENTS MUST BE PRESENTED WITHIN 21 DAYS AFTER ISSUANCE OF THE TRANSPORT DOCUMENT BUT WITHIN THE VALIDITY OF THIS CREDIT

49: Confirmation Instructions

CONFIRM

53A: Reimbursing Bank

WELLS FARGO BANK, N.Y.

78: Instructions to the Paying / Accepting / Negotiating Bank

1) WHETHER ALL TERMS AND CONDITIONS ARE COMPLIED WITH, PLEASE CLAIM REIMBURSEMENT AT MATURITY DATE.

2) AT NEGOTIATION OF SHIPPING DOCUMENTS, PLEASE INFORM US THRU TESTED MESSAGE THE AMOUNT OF DOCUMENTS, SHIPMENT, PRESENTATION AND MATURITY DATES, COMMERCIAL INVOICE AND B/L NUMBERS, AND CONFIRMING THAT NEGOTIATED DOCUMENTS ARE BEING REMITTED TO US BY SPECIAL COURIER TO OUR OFFICE AT [주소기입 .] ALSO INFORMING COURIER'S COMPANY AND NUMBER.

3) PLEASE ADVISE BENEFICIARY URGENTLY UNDER ADVISE TO US.

------------------- Message Trailer -------------------

{MAC:00000000}

{CHK:XXXXXXXX}

Status	Tag	Field Name
M	27	Sequence of Total
M	40A	Form of Documentary Credit
M	20	Documentary Credit Number
O	23	Reference to Pre-Advice
O	31C	Date of Issue
M	40E	Applicable Rules
M	31D	Date and Place of Expiry
O	51a	Applicant Bank
M	50	Applicant
M	59	Beneficiary
M	32B	Currency Code, Amount
O	39A	Percentage Credit Amount Tolerance
O	39B	Maximum Credit Amount
O	39C	Additional Amounts Covered
M	41a	Available With … By …
O	42C	Drafts at …
O	42a	Drawee
O	42M	Mixed Payment Details
O	42P	Deferred Payment Details
O	43P	Partial Shipments
O	43T	Transshipment
O	44A	Place of taking in Charge/Dispatch from …/ Place of Receipt
O	44E	Port of Loading/Airport of Departure
O	44F	Port of Discharge/Airport of Destination
O	44B	Place of Final Destination/For Transportation to .../Place of Delivery
O	44C	Latest Date of Shipment

O	44D	Shipment Period
O	45A	Description of Goods and/or Services
O	46A	Documents Required
O	47A	Additional Conditions
O	71B	Charges
O	48	Period for Presentation
M	49	Confirmation Instructions
O	53a	Reimbursing Bank
O	78	Instructions to the Paying/Accepting/negotiating Bank
O	57a	'Advise Through' Bank
O	72	Sender to Receiver Information

O : Optinal　　M : Mandatory
자료 : www.letterofcredit.biz

(3) 인수신용장(Acceptance Credit)

인수신용장은 발행은행 또는 지정은행이 수익자가 발행한 기한부어음을 인수하고 일정기일에 지급할 것을 약속하는 신용장이다. UCP600은 임의의 은행에서 이용가능한 인수신용장을 인정하고 있어, 임의의 은행 앞으로 환어음을 발행하고 인수를 받는 것이 가능하다.

인수신용장의 경우 발행은행의 약속은 아래와 같다(UCP600 제7조 a항).

- 신용장이 발행은행에 의한 인수를 정하고 있는 경우, 발행은행은 발행은행을 지급인으로 하여 수익자에 의해 발행된 환어음을 인수하고 지급기일(환어음의 만기일)에 지급한다.
- 지정은행이 지정은행을 지급인으로 하는 환어음을 인수하지 않았을 경우, 발행은행은 수익자가 발행은행을 지급인으로 하여 새롭게 발

행된 환어음을 인수하고 지급기일에 지급한다.

• 지정은행이 인수한 환어음을 지급기일에 지급하지 않을 때 발행은행이 지급한다.

인수신용장에는 지급방법으로서 아래와 같은 문언이 기재되어 있다.

"We hereby issue in your favor irrevocable documentary credit which is available by your draft at 30 days after sight drawn on the First National City Bank of New York for 100% of invoice value …."

"We hereby engage with drawers and/or bonafide holders that drafts drawn and negotiated in conformity with the terms of this credit will be duly honored on presentation…."

(4) 매입신용장(Negotiation Credit)

매입신용장이란 발행된 환어음(상업서류포함)을 매입하는 방법에 의해 대금지급을 받는 것이 가능한 신용장이다. 환어음의 매입에 의해서 대금지급을 하는 경우 매입은행을 특정은행으로 지정하는 경우와 매입은행을 지정하지 않는 경우가 있다. 매입은행이 지정되어 있는 경우에는 지정된 은행을 통해서만 환어음의 매입을 의뢰하여야 한다.

매입확약문언은 신용장에 다음과 같은 방법으로 표시된다.

"We hereby engage with drawers and/or bonafide holders that drafts drawn and negotiated …"

"We hereby issue in your favor this documentary credit which is available by negotiation of your draft at sight drawn on us bearing the clauses."

SWIFT 메시지에 의한 신용장에서 환어음 매입방식에 의해 지급이 이루어진다는 표시는 "BY NEGOTIATION"으로 표기된다.

① 매입제한신용장(Restricted L/C, Special L/C, Straight L/C)

- 발행은행이 환어음의 매입은행을 지정하고 있는 신용장이다.
- 매입은행이 지정된 경우 수출자는 지정된 은행이 자기의 거래은행이 아닌 경우 불리하게 되는 경우도 있을 수 있기 때문에 자유매입신용장을 요구해야 할 것이다.
- 수출자의 거래은행이 아닌 은행이 매입은행으로 지정된 경우는 수출자의 거래은행을 경유하여 지정은행에 환어음을 제시해야 하는 경우도 발생할 수 있다. (재매입)
- 매입은행을 지정하는 경우에는 지정된 은행은 아래와 같이 반드시 신용장에 표기된다.

  "Negotiations under this credit are restricted to XXX Bank."
  "This credit is available through XXX Bank only."

② 자유매입신용장(Freely Negotiable Credit, Open L/C, General L/C, Unrestricted L/C)

- 어느 은행에서나 자유롭게 환어음의 매입을 할 수 있도록 허용하고 있는 신용장으로서 신용장에 특정은행을 매입은행으로 지정하고 있지 않으면 이런 유형의 신용장에 해당된다.

  "This credit is available with any bank by negotiation against presentation of following documents."
  "This credit is freely negotiable by any bank."

4) 제3자 확인 유무에 따른 분류

신용장은 발행은행 이외의 은행에 의해 확인(confirmation)을 추가함으로써 대금지급에 대한 신뢰성을 높일 수 있다. 이러한 확인이 추가되어 있는 신용장을 "확인신용장"이라 하고, 확인이 추가되어 있지 않은 신용장을 "무확인신용장"이라 한다. 확인을 하는 은행은 신용장에 반드시 표기된다.

(1) 무확인신용장(Unconfirmed Credit)

무확인신용장은 발행은행 이외의 은행에 의해 확인이 추가되어 있지 않은 신용장이다. 발행은행의 신용도가 높고, 신용장을 발행한 국가의 리스크(country risks)가 없는 경우에는 신용장거래의 안전에 문제가 없으므로 확인신용장이 필요하지 않을 수 있다.

(2) 확인신용장(Confirmed Credit)

발행은행 이외의 은행이 발행은행의 확약에 추가하여 일치하는 제시(complying presentation)에 대해 지급(honour) 또는 매입(negotiation)할 것을 약속하는 것을 확인이라 하고, 그러한 약속이 부가되어 있는 신용장을 확인신용장이라 한다(UCP600 제2조).

확인은행(Confirming Bank)이란 발행은행의 수권 또는 요청에 따라 신용장에 확인을 추가하는 은행을 말한다(UCP600 제2조). 확인신용장이란 취소불능신용장에 대해 발행은행의 지급확약 이외에 확인은행이 일람지급, 연지급, 인수 또는 매입의 약속을 확약하는 문언이 있는 신용장이다. 수익자에 대한 대금지급이 이중으로 확약된 신용장으로서, 확인은행에 확인수수료를 지급(저렴하지 않음)해야 한다.

① 신용장 확인의 의의 - 발행은행과 확인은행 간의 관계

확인은행의 확인(confirmation)은 발행은행과 동일한 의무를 가지는 형태로 이루어지며 수출국에 있는 통지은행이 확인은행으로서의 역할을 하는 경우가 많다. 수익자에 대한 확인은행의 약속은 발행은행에 대한 채무를 확약하는 것이 아니라, 발행은행과는 독립적인 위치에서 대금지급을 확약하는 행위이다.

확인수수료는 원칙적으로 발행은행(의뢰인)이 부담한다. 그러나 신용장 조건에 확인수수료는 수익자부담으로 되어 있는 경우에는 수익자에게 청구해야 하지만, 수익자로부터 지급받을 수 없는 경우에는 발행은행이 확인수수료의 지급책임을 부담한다.

② 신용장 확인의 실무적인 필요성 및 유용성

수익자는 신용장에 의한 발행은행의 약속만을 믿고 거래를 하는데 불안이 있는 경우, 발행은행 이외의 은행의 신용을 빌려서 신용장에 의한 결제를 확실히 하기 위해 탄생한 것이 신용장의 확인이다.

수익자는 매매계약을 체결할 때에 발행의뢰인(수입업자)에게 확인신용장의 발행을 요청하며 신용장의 확인을 이용하는 필요성은 아래와 같다.

• 발행은행의 신용리스크 회피

수익자는 발행은행의 지급능력 상실에 의한 위험, 즉 신용리스크를 회피하기 위해 발행은행의 지급확약에 추가적으로 발행은행 이외의 은행이 지급확약을 하는 확인을 이용하고 있다. 신용장은 신용장조건을 충족한 서류의 제시에 대한 발행은행의 지급확약이지만(UCP600 제7조 a항), 그 확약주체인 발행은행이 도산 등에 의해 지급능력을 상실한 경우에는 수익자는 발행은행으로부터 지급받을 수 없기 때문이다.

• 발행은행소재국의 국가 위험 회피

수익자는 발행은행소재국의 정치, 경제사정에 의한 리스크, 즉 country risk를 회피하기 위해 발행은행의 지급확약에 추가적으로 그 이외의 국가에 소재하는 은행이 지급을 확약하는 확인을 이용하고 있다. 발행은행의 지급능력이 충분한 경우에도 발행은행소재국의 정치, 경제사정에 의해 지급을 받을 수 없는 경우도 발생하기 때문이다.

• 소송상의 편의를 도모하기 위해

수익자가 발행은행과는 별개인 독립적으로 채무를 부담하는 수익자소재지의 은행으로부터 확인을 받으면 수익자 소재국의 법원에서 확인은행의 책임을 추궁하는 것이 가능하므로 신용장의 확인을 이용하고 있다. 발행은행은 수입자의 거래은행으로서 수입국에 소재하고 있고, 신용장조건을 충족한 서류의 제시에 대해 대금을 지급하지 않은 경우에는 수익자는 발행은행 소재국에서 그 나라의 법률에 의해 발행은행의 책임을 추궁하여야 하고 그러는 경우 비용과 많은 수고가 발생할 수 있기 때문이다.

③ 확인의 종류

신용장의 확인에는 'UCP600이 규정하는 신용장의 확인'과 통지은행과 수익자 간의 계약에 의한 'Silent Confirmation'이 있다.

A. UCP600이 규정하는 신용장의 확인

UCP600이 규정하는 신용장의 확인은 발행은행의 확약에 추가하여 일치하는 제시를 조건으로 지급이행 또는 매입에 대한 확인은행의 확약을 말한다(UCP600 제2조). 이 경우 확인은행의 수익자와 지정은행에 대한 의무 및 발행은행에 대한 권리는 아래와 같이 UCP600에 규정되어 있다.

- 확인은행과 수익자와의 관계: 확인은행의 수익자에 대한 의무는 상환청구 없이 지급하는 것이다(UCP600 제8조 a항 ⅰ호 a), ⅱ호). 지정은행이 지급하지 않은 경우에는 확인은행은 수익자에 대해 지급할 의무를 부담한다(UCP600 제8조 a항 ⅰ호 b)~e)).

- 확인은행과 지정은행 간의 관계: 확인은행은 신용장조건을 충족한 서류의 제시에 대해 지급을 이행한 지정은행이 확인은행에게 서류를 송부한 경우 그 지정은행에 대해 상환을 할 의무를 부담한다(UCP600 제8조 c항).

- 확인은행과 발행은행 간의 관계: 확인은행은 신용장조건을 충족한 서류에 대해 대금지급을 한 경우 서류를 발행은행에 송부함으로써 발행은행으로부터 대금상환을 받을 권리가 있다(UCP600 제7조 c항).

B. Silent Confirmation

Silent Confirmation은 통지은행이 발행은행으로부터 수권 또는 요청을 받지 않고, 수익자의 요청 또는 통지은행의 자체적인 결정에 의해 신용장에 확인을 부가하는 것이다. Silent Confirmation은 UCP에서 인정하는 것은 아니지만, 실무에서는 관행적으로 이용되고 있다. 그 배경에는 발행은행이 확인신용장의 발행의뢰를 받았음에도 불구하고 확인신용장을 발행하지 않은 경우에 발행은행의 신용위험 및 그 소재국의 정치적인 위험을 회피하고 싶은 수익자는 Silent Confirmation을 이용한다.

Silent Confirmation의 법적성질은 수익자의 신청(offer)과 통지은행의 승낙(acceptance)에 의해 성립하는 계약이다. 발행은행의 위임 없이, UCP의 적용범위 밖에서 Silent Confirmation을 추가한 통지은행의 주요한 의무는 수익자에 대한 상환청구 없는 지급확약이지만 구체적인 내용은 통지은행과 수익자 간에 결정된다.

④ 신용장 확인의 의사표시 방법

확인은행이 신용장을 확인하는 경우 그 의사표시는 아래와 같은 방식으로 표기된다.

"As requested by the Issuing Bank, we hereby add our confirmation to the Credit in accordance with the stipulation under UCP600 Article 8." 와 같은 내용이 기재된다.

"As requested by the Issuing Bank, we confirm the credit and undertake as the Confirming Bank stipulation under UCP600 Article 8."

⑤ 발행은행에 의한 확인의 지시형태

UCP600은 "은행이 신용장에 확인을 부가하도록 발행은행으로부터 수권 받거나 의뢰를 받았으나 확인을 할 의사가 없는 경우에 그 은행은 지체 없이 발행은행에게 통지해야 하며, 확인을 하지 않고 신용장을 통지하는 것이 가능하다"고 규정하고 있다(UCP600 제8조 d항). 발행은행으로부터 통지은행에게 확인의 지시는 아래와 같은 방법으로 이루어진다.

첫째, 신용장을 수익자에게 통지한 후 수익자로부터 청구가 있으면 확인을 하도록 하는 지시에 의해 확인을 부가하는 방법이다. 예를 들면, 신용장에 "You may add confirmation, if requested by the beneficiary" (수익자로부터 의뢰가 있으면 확인을 추가할 수 있다) 등의 문언이 있는 경우이다.

둘째, 확인이 된 신용장을 수익자에게 통지하도록 하는 지시에 의해서 확인을 추가하는 방법이 있으나 이 두 가지 모두 발행은행의 통지은행에 대한 위임으로 간주되고 있다.

⑥ 확인수수료

확인수수료는 원칙적으로 발행은행(의뢰인)이 부담한다. 그러나 신용장조건에 수익자부담이라는 취지가 표기되어 있는 경우에는 수익자에게 청구할 수 있으나 수익자로부터 지급을 받지 못한 경우에 발행은행이 지급책임을 부담한다(UCP600 제37조 c).

2 용도별 구분에 의한 신용장 분류

신용장은 신용장자체의 기본적 성질에 따라서 분류하기도 하지만 또한 기본적 성질에 부가된 특수한 성질이나 특수한 사용목적에 따라 구분하기도 한다. 신용장의 분류는 구분기준에 따라 다양하게 분류할 수 있으며 정해진 구분기준은 없다.

1) 부가된 성질 또는 특수조건에 따른 분류

(1) 양도가능신용장(Transferable Credit)

① 양도가능신용장의 개념 및 의의

물품매매계약에 따라 발행의뢰인(수입자)이 은행에 신용장 발행을 의뢰하는 경우 발행의뢰인은 보통 수익자(수출자)를 특정하고, 그 수익자 이외의 제3자가 매매계약 등을 이행할 것으로 생각하지 않는다. 신용장의 수익자는 신용장조건을 준수한 서류를 제시하면 그 대가를 수령할 권리를 가지고 있고, 제3자가 신용장을 이용하거나 또는 원칙적으로 신용장을 제3자에게 양도하는 것도 인정되지 않는다.

그러나 어떤 사정으로 인하여 발행의뢰인이 수익자에 대해서 수익자 이외의 제3자에게 신용장 수익자로서의 지위를 부여하는 경우가 있다. 그런 경우 발행은행은 양도가능신용장(transferable credit)을 발행한다. 양도가능신용장이 발행된다는 것은 최초의 수익자(first beneficiary)에 의해 적접적으로 수출이 이행되기보다는 제3자에 의해 수출이 대행될 수 있음을 나타낸다.

UCP600은 양도가능신용장의 개념과 취급원칙에 대해서 제38조 a항과 b항에 다음과 같이 규정하고 있다. “은행은 그 은행에 의해 명시적으로 동의된 범위 및 방식에 의한 것을 제외하고, 신용장의 양도절차를 행할 의무는 없다(제38조 a항).” “양도가능신용장이란 그 신용장이 양도가능하다는 것을 명확하게 기재하고 있는 신용장을 의미한다(제38조 b항).”

일반적으로 신용장 양도는 인정하고 있지 않은 경우가 많으나, 신용장의 수익자를 제3자(제2수익자)에게 양도할 수 있는 것은 신용장에 양도가능(transferable)으로 특별히 명시되어 있는 신용장의 경우로 한정한다. UCP에서는 신용장에 “양도가능(transferable)”이라고 특별히 기재되어 있는 신용장만을 양도가능신용장으로 인정하고 있다(제38조 b항).

수익자(first beneficiary)는 신용장을 수령한 때에 그 신용장에 “양도가능(transferable)”으로 표시되어 있는 경우에 한해서 신용장금액의 전부 또는 일부를 다른 수익자(1명 또는 복수), 즉 제2의 수익자(second beneficiary)에게 사용할 권리를 양도할 수 있다. “transferable” 이외의 “divisible”, “assignable”, “transmissible” 등의 용어가 신용장에 표시되어 있어도 그러한 표현은 양도가능신용장을 나타내는 것은 아니라는 점에 유의해야 한다.

> UCP600 제38조 b항
>
> Transferable credit means a credit that specifically states it is "transferable." A transferable credit may be made available in whole or in part to another beneficiary ("second beneficiary") at the request of the beneficiary ("first beneficiary").

② UCP에서 인정된 양도은행(Transferring Bank)

양도은행(양도를 실행할 수 있는 은행)은 신용장의 양도절차를 실행하는 지정은행을 의미하며, 임의의 은행에서 이용 가능한 신용장의 경우에는 발행은행으로부터 양도절차를 할 수 있는 권한을 받고 신용장 양도를 하는 은행이다. 일반적으로 통지은행이 양도은행으로 지정된다.

③ 제2수익자(Second Beneficiary)

신용장을 양도받은 제2수익자는 신용장 양도를 받는 부분에 대해서 제1수익자와 동등의 권리를 취득하고, 양도된 신용장에 준거하여 자기의 이름으로 선적하고, 자기를 수익자로 하는 양도신용장에 따라 양도은행에서 매입 또는 지급(honour)을 청구할 권리를 취득한다.

양도에는 '신용장금액 전부를 양도(total transfer, full transfer)'하는 경우와 '신용장금액 일부를 양도(partial transfer)'하는 경우가 있다.

전자의 경우에는 APPLICATION FOR ADVICE OF TOTAL TRANSFER 사용하고, 후자의 경우에는 APPLICATION FOR ADVICE OF PARTIAL TRANSFER를 사용한다.

신용장조건에서 일부(분할)선적이 금지된 경우에 분할양도는 가능하지 않다(UCP600 제38조 d항, 제31조 a항). 양도은행은 발행은행에 양도한 사실을 통보할 의무는 없다.

④ 제1수익자 및 제2수익자의 유의점

신용장의 제1수익자는 제2수익자에게 직접 신용장을 양도하는 것은 가능하지 않다. 즉, 신용장을 직접 전해주는 것은 '양도'로 인정되지 않는다는 의미이다.

신용장을 양도하고 싶은 수익자는 양도가능신용장(transferable credit)인 것을 확인한 후, 신용장 양도은행(발행은행에 의해 양도절차를 하도록 지정된 지정은행)에 양도를 의뢰해야 한다.

- UCP600에 준거한 신용장이고, 양도가능신용장이어야 한다.
- 양도의뢰를 하는 횟수는 1회로 한정되고, 양도가능신용장을 제2수익자로부터 제3수익자에게로 재양도는 허용되지 않는다.
- 양도금액이 신용장의 미사용잔고를 초과해서는 안 된다.
- 임의의 은행에서 이용가능한 신용장의 경우 또는 양도가능(transferable)의 표시가 있는 경우는 발행은행이 신용장을 발행하였을 때에 양도은행을 사전에 지정하였을 것이므로 그 지정은행에 양도를 의뢰해야 할 것이다.
- 신용장이 일부선적을 금지하고 있지 않은 경우에 한해 여러 명의 제2수익자에게 분할양도를 하는 것은 가능하다. 다만, 물품의 수량과 단가의 기재가 있는 신용장의 분할양도를 할 때는 양도금액과, 수량, 단가와의 비율에 모순이 없도록 주의해야 한다.
- 통지은행이 확인을 부가한 신용장을 양도하는 것은 양도가능(transferable)의 표시가 있는 한 가능하다.
- 회전신용장(revolving credit)을 양도하는 것도 가능하다. 다만 미사용잔액의 범위에서 양도가 가능하므로 양도은행에 사전에 미사용잔액을 조회하는 것이 필요하다.
- UCP600 규정에서는 타국에 양도를 금지하고 있지는 않으나 타국에 양도하는 경우 절차가 복잡하다는 이유 등으로 은행이 정책적으로

타국에의 양도업무를 하지 않은 경우도 있으므로 사전에 확인해 두는 것이 필요하다.

- 제1수익자가 제2수익자에게 신용장을 양도한 후 그 양도를 취소하고 싶은 경우에는 제2수익자는 그 취소에 합의할 필요가 있다.

⑤ 양도가능신용장이 실무적으로 활용되는 용도

신용장의 양도는 그 신용장이 양수인(transferee)에게 양도된 시점에서 신용장을 이용할 권리가 양수인(제2수익자)에게 이전된다. 양도가능신용장은 다음과 같은 거래에서 유용하게 활용된다.

A. 제1수익자가 수입자(신용장발행의뢰인)의 대리인으로 역할을 하는 경우

이 경우 제1수익자는 수입자를 위해 거래상대방을 탐색하고 계약이 가능한 때에 신용장을 상대방에게 양도함으로써 계약이 용이하게 성립할 수 있도록 하는 효과가 있다(제1수익자는 대리점수수료를 수입으로서 취득함). 예컨대, 수입자는 자기의 대리점을 수익자로 하는 신용장을 미리 개설하여 놓고 수입자가 원하는 거래상대방을 발굴한 경우 수익자의 권리를 양도함으로써 계약을 성립시키는 것이 가능하다. 양도가능신용장을 활용하여 수입자는 원하는 상품을 적절한 시기에 유리한 조건으로 수입하는 것이 가능하게 된다.

B. 제2수익자가 제1수익자가 수출해야 할 상품의 공급자(supplier)인 경우

신용장의 수익자가 국내의 공급업자(supplier)로부터 물품을 구입하여 직접 선적하는 경우 수익자는 공급업자에게 대금을 지급하여야 한다. 그러나 수익자의 신용에 문제가 있거나 또는 공급업자가 우위에 있는 경우 공급업자는 확실한 대금지급방법을 요구할 가능성이 높다. 이런 상황에서 제1수익자는 원신용장을 공급업자에게 양도함으로써 대금지급문제를

해결할 수 있고, 제1수익자는 공급업자로부터 수수료를 수취할 수 있을 것이다.

⑥ 신용장의 양도절차 및 방법

수익자는 양도가능신용장을 양도하는 경우에는 양도를 취급하는 양도은행에 신용장양도통지서에 신용장원본을 첨부하여 양도를 의뢰한다. 신용장금액전부를 양도하는 경우에는 'APPLICATION FOR ADVICE OF TOTAL TRANSFER'를 사용하고, 일부를 양도하는 경우에는 'APPLICATION FOR ADVICE OF PARTIAL TRANSFER'를 사용한다.

제1수익자로부터 양도의뢰를 받은 양도은행은 신용장양도통지신청서 및 신용장을 검토한 후 양도 가능한 것으로 판단한 경우에는 신용장양도통지서를 작성하여 제2수익자에게 통지한다. 양도를 이행할 때에 별도의 합의가 없는 한, 양도와 관련하여 부담된 모든 비용(예를 들어, 수수료, 요금, 비용, 경비)은 제1수익자가 부담하며(제38조 c항), 신용장의 양도는 아래와 같은 방법에 의해 이루어진다.

- 발행은행에 신용장 원본을 송부하고 양수인에게 재발행하는 방법
- 양도통지서를 제출하고 신용장의 원본에 배서하여 양도하는 방법

⑦ 신용장의 양도조건

A. 신용장의 양도는 원신용장에 기재되어 있는 대로 양도하는 것이 원칙이다. UCP는 다음과 같은 사항에 대해서는 변경하여 양도하는 것을 인정하고 있다(제38조 g항).

㉠ 신용장금액, 단가의 감액

㉡ 신용장의 유효기한, 선적 후 서류제시 기일, 선적기한의 단축

㉢ 적하보험부보율을 원신용장 또는 UCP에 정해진 부보금액을 만족시

키는 방법에 의해서 증가시키는 것

ⓔ 발행의뢰인 이름을 제1수익자의 이름으로 변경하는 것(단, 발행의뢰인의 이름을 송장 이외의 서류에 표시할 것을 원신용장에서 요구하고 있는 경우에는 제외)

제1수익자가 신용장금액을 감액하여 양도한 경우 제2수익자는 감액된 금액이나 단가가 표시된 송장과 서류를 제시할 것이다. 이때 제1수익자는 원신용장의 금액이나 단가로 작성된 송장으로의 대체를 통하여 차액을 수익으로 확보하는 것이 가능하다. 따라서 유효기간 등의 기간단축이나 부보율의 증가가 필요하게 된다. 그리고 제1수익자는 제2수익자와 수입자가 직접적으로 거래하는 것을 방지하기 위해 발행의뢰인(수입자)의 이름을 제1수익자의 이름으로 변경하기도 한다.

신용장양도조건 UCP 600 제38조 g항

The transferred credit must accurately reflect the terms and conditions of the credit, including confirmation, if any, with the exception of:

- the amount of the credit,
- any unit price stated therein,
- the expiry date,
- the period for presentation, or
- the latest shipment date or given period for shipment,

any or all of which may be reduced or curtailed.

The percentage for which insurance cover must be effected may be increased to provide the amount of cover stipulated in the credit or these articles.

The name of the first beneficiary may be substituted for that of the applicant in the credit.

If the name of the applicant is specifically required by the credit to

> appear in any document other than the invoice, such requirement must be reflected in the transferred credit.

B. 제2수익자에 의한 재(再)양도는 금지되어 있다(제38조 d항). 그것은 신용장발행의뢰인(수입자)을 보호하기 위한 것이다. 재재양도를 허용하게 되면, 발행의뢰인은 제1수익자와도 거래관계가 없는 제3자로부터 상품을 수취하게 될 수 있으므로 UCP에서는 신용장의 양도를 제2수익자까지로 한정하고 있다.

그러나 제2수익자로부터 제1수익자에게로의 양도는 재양도로 간주하지 않는다. 따라서 수익자가 A사에 양도한 신용장을 B사에게 양도하고 싶은 경우에는 A사가 다시 제1수익자에게 양도한 후 제1수익자가 B사에게 양도를 하는 절차를 취하면 B사에게 양도할 수 있게 된다. 제1수익자가 분할선적이 인정되고 있는 양도가능신용장을 복수의 제2수익자에게 양도하는 것은 재양도로 간주하지 않는다.

APPLICATION FOR TRANSFER OF L/C

re. ① ____________

L/C No. ② ____ d.d ③ ________

for ④ ____________

opened by ⑤ __________

⑥ ________________

Busan, ⑦ ________

Dear Sirs,

We, the undersigned, herewith transfer to

⑧ ________________

all rights, interest and privilege derived from the captioned credit, original of which is attached herewith, under the same terms and conditions in its entirety/with the following exception:

⑨

Please notify to transferees the amount, terms and conditions of credit as transferred.

It is understood that any amendments of the said letter of credit which you may receive are to be advised by directly to the transferees without our intervention and kindly send one copy of each amendment to ourselves for inspection purpose.

You are kindly requested to collect from transferees your transfer commission and in addition thereto expense that may be incurred by you in connection with this transfer.

Thank you for your kind attention to this matter, we remain,

Yours truly,

⑩ (Signed) ________________

⑪

① 거래내용 또는 거래종류 등 주제에 관한 사항 기재
② 신용장번호 ③ 신용장의 발행일
④ 수취인(First Beneficiary) ⑤ 신용장발행은행
⑥ 신용장의 양도신청문언 ⑦ 신청서발행일자
⑧ 신용장을 양도받는 사람
⑨ 양도할 수 없는 사항, 예를 들면, 상품명 또는 선적기한 등이 있는 경우에 기재한다.
⑩ Original L/C의 수취인명 ⑪ 회사의 책임자 직위 기재

⑧ 양도가능신용장에 관한 UCP 규정

A. Art.38 a의 규정의 의미:
"은행에 의해 명시적으로 동의된 범위 및 방식에 의한 것을 제외하고 은행은 신용장의 양도절차를 이행할 의무를 부담하지 않는다."

위 규정은 신용장의 양도는 양도은행에 의해서 정해진 절차에 따라 이루어진다는 것을 의미한다. 양도를 하는 은행이 양도를 거절하는 경우는 첫째, 양도은행에서 정해진 양도수수료를 지불하지 않은 경우, 둘째, 원수익자의 본인확인이 가능하지 않은 경우, 셋째, 양도은행에서 제정한 양도의뢰서를 제출하지 않은 경우 등이다.

B. Art.38 b 첫 문장의 의미
"신용장에 transferable credit의 문언이 명확히 기재되어 있지 않는 한, 신용장을 양도하는 것은 가능하지 않다."

양도가능신용장은 수익자(제1수익자)의 의뢰에 의해 신용장의 전부 또

는 일부가 제2의 수익자에게 이용할 수 있도록 하는 것이 가능한 것이다. 신용장에 UCP 적용문언이 있고, "transferable credit"의 문언이 명확히 기재되어 있는 것을 조건으로 양도를 실행하는 은행(통상, 통지은행)은 수익자로부터 신용장양도의 의뢰를 받는 것이 가능하다.

C. Art.38 b 두번째 문장의 의미

"양도은행은 신용장의 양도절차를 수행하는 지정은행을 말한다. 신용장조건이 임의의 은행에서 이용가능한 신용장(a credit available with any bank)의 경우에는 양도절차를 하도록 발행은행으로부터 명확히 권한을 받은 은행이거나 또는 신용장의 양도절차를 수행하는 은행을 말한다. 발행은행은 양도은행으로 되는 것이 가능하다.

신용장조건이 임의의 은행에서 이용가능한 신용장인 경우, 신용장의 양도를 희망하는 수익자는 미리 발행의뢰인을 통해서 발행은행이 통지은행을 신용장의 양도를 수행할 수 지정은행으로 지정하는 조건변경을 하는 것이 필요하다. 그 이유는 통지은행과 양도은행이 서로 다른 경우 수익자가 분할양도를 할 때는 수익자는 원신용장과 그에 부수하는 모든 조건변경을 양도은행에 제출해야 하지만, 양도은행이 통지은행과 서로 다른 경우에는 그 자체가 현실적이지 않고, 양도를 실행하는 은행에 곤란함이 수반될 수 있다.

D. Art.38 b 세 번째 문장의 의미

"양도된 신용장(transferred credit)은 양도은행에 의해서 제2수익자에게 이용할 수 있도록 된 신용장을 말한다."

제1수익자의 의뢰에 의해 양도절차를 하는 은행이 양도은행이고, 양도된 신용장은 제2수익자만이 이용할 수 있는 신용장이다.

E. Art.38 c의 의미

"양도에 관해서 발생하는 모든 수수료는 원칙적으로 제1수익자가 부담한다."

양도 시에 제2수익자가 부담하기로 합의한 경우에는 제2 수익자가 부담하는 경우도 있다. 양도은행은 양도에 관한 모든 수수료를 받을 때까지 양도에 응할 의무는 없다.

F. Art.38 d의 의미

"신용장조건에 일부사용 또는 일부선적이 허용되는 것을 조건으로, 신용장은 그 일부를 다수에게 양도할 수 있다. 제2의 수익자는 다수일 수 있다. 양도된 신용장은 제2수익자에 의해서 다른 자에게 재양도할 수는 없다. 다만, 제2수익자로부터 제1수익자에게 신용장을 양도하는 것은 가능하다."

분할양도의 경우 A회사(제1수익자) → B회사(제2수익자)에게 양도, A회사(제1수익자) → C회사(제2수익자)에게 양도는 가능하지만, B회사(제2수익자) → D회사, C회사(제2수익자) → F회사로의 양도는 불가능하다. 그러나 B회사(제2수익자) → A회사(제1수익자), C회사(제2수익자) → A회사(제1수익자)로의 양도는 가능하다.

제2수익자가 그 신용장을 다른 자에게 재양도를 위해서는 일단 양도은행에 양도절차를 한 후에 제2수익자가 다른 자에게 양도하게 할 수 있다. 이러한 양도를 양도은행이 수락할지는 양도은행의 재량이므로 사전에 양도은행과 상담하는 것이 필요하다.

G. Art.38 e의 의미

"양도의뢰인(제1수익자)은 양도은행(통지은행)에 대해서 제2수익자에게 양도의뢰를 할 때에 조건변경에 대해 '제2수익자에게 통지'의 여부(조건변경을 제2수익자에 그대로 통지할 것인지 통지하지 않을 것인지) 및 어떠한 조건하에 제2수익자에게 조건변경을 통지하는 것이 가능한지를 양도은행에게 제시해야 한다."

제1수익자가 양도은행에 대해 양도를 의뢰할 때에는 조건변경을 양도은행이 제2수익자에게 통지해도 좋은지 어떤지, 어떤 조건하에 조건변경을 통지하는 것이 가능한지를 양도은행에게 미리 명확하게 지시해 놓아야 한다는 것을 의미한다. 제1수익자는 조건변경에 대해서 제2수익자에게 통지할 것인지의 여부를 선택하는 것이 가능하고, 그 선택은 양도를 할 때에 사전에 양도은행에게 명확히 해 놓을 필요가 있다.

H. Art.38 f의 의미

"신용장이 복수의 제2수익자에게 양도된 경우, 1인 또는 그 이상의 많은 제2수익자(one or more second beneficiary)에 의한 조건변경의 거절은 다른 수익자의 조건변경의 승낙을 무효로 하는 것은 아니다. 양도된 신용장은 조건변경을 승낙한 제2수익자에 대해서는 조건 변경된 대로 적용되고, 조건변경을 거절한 제2수익자에게 있어서는 양도된 신용장은 조건 변경되지 않은 채로 적용된다."

예를 들면, 원신용장의 조건은 '일부선적을 허용한다.'는 내용.

양도은행은 제2수익자(A와 B)에게 '일부선적을 금지한다.' 조건변경된 것을 접수함. A는 이 조건변경을 거절하고, B는 이 조건변경을 승낙하였다.

이 경우에 A 원신용장의 조건대로 일부 선적하는 것이 가능하지만, B는 조건변경을 승낙하였으므로 일부 선적하는 것이 가능하지 않게 된다.

이처럼 A의 조건변경 거절의 결과는 B의 조건변경승낙의 결과에 영향을 미치지 않는다.

I. Art.38 g 의 의미

"양도된 신용장은 만약 확인(confirmation)을 포함하여, 신용장조건을 정확하게 반영해야 한다. 다만 다음의 사항은 예외이다."

① 신용장금액의 감액
② 신용장에 기재된 단가의 감액
③ 신용장의 유효기한, 선적 후 서류의 제시기한의 단축
④ 최종선적일의 단축
⑤ 적하보험부보율을 원신용장 또는 UCP에 정해진 부보금액을 만족시키는 방법에 의해서 증가시키는 것
⑥ 발행의뢰인 이름을 제1수익자의 이름으로 변경하는 것(단, 발행의뢰인의 이름을 송장 이외의 서류에 표시할 것을 원신용장에서 요구하고 있는 경우에는 제외)

양도된 신용장은 위의 사항을 제외하고는 원신용장조건과 동일해야 한다.

그러나 보험부보비율은 증액할 수 있다. 신용장에서 요구하는 보험최저부보금액은 CIF가액 또는 CIP가액의 110%이다(Art.28 f).

양도신용장의 금액 또는 단가가 감액되면, 제2수익자의 invoice에 표시되는 CIF가액 또는 CIP가액이 감액되므로 신용장에서 요구하는 최저부보금액의 조건을 충족하기 위해서는 부보비율을 증액시킬 수밖에 없다. 예를 들어,

원신용장조건이 CIFUS$100,000(최저부보율 부보금액 US$110,000)

양도된 신용장금액: US$80,000인 경우, 제2수익자가 부보한 금액은 US$88,000이 아니라, 최저부보율을 125%로 상승시켜 US$110,000 부보금액으로 담보해야 한다.

양도하는 신용장에 나타나는 원신용장의 발행의뢰인의 이름을 제1수익자의 이름으로 대체하는 것이 가능하다. 그렇지만 신용장에서 발행의뢰인의 이름이 송장이외의 서류에 나타나 있을 것이 요구되는 경우에는 양도되는 신용장에도 이 요건을 반영시켜야 한다.

J. UCP600 제38조 h의 의미

제1수익자는 제2수익자가 작성한 송장을 자기가 작성한 송장으로 대체할 수 있고, 만약 차액이 있으면 그 차액에 대해서 신용장에 준거하여 지급받는 것이 가능하다.

송장교체에 의한 대금지급은 다음과 같은 절차에 의해 이루어진다.

- 제1수익자는 양도은행에 양도를 의뢰할 때에는 제2수익자로부터 서류제시가 있을 때 자기의 송장과 제2수익자가 제시한 송장을 교체하고 그 송장의 차액을 수령할 것이라는 의사가 있다는 것을 양도의뢰서에 기술한다.
- 제2수익자에게 양도된 신용장의 통지에는 제1수익자에 의해 송장이 교체될 것이라는 것을 통상 기재하지 않지만 서류를 양도은행에 제시해야 한다는 사실을 기재한다.
- 제2수익자는 선적을 한 후 양도은행에 서류의 제시를 통하여 지급, 인수, 연지급 또는 매입(negotiation)을 통해 대금을 지급받는다.
- 양도은행은 제2수익자가 작성한 서류를 양도신용장에 준거하여 검토

한 후 조건이 충족되었으면 서류를 인수하고 대금을 지급하며, 제1수익자에게는 두 송장의 차액에 대해서 원신용장에 준거하여 대금을 지급한다. 양도은행은 제2수익자가 제시한 송장을 제1수익자의 송장으로 대체하여 제1수익자가 제시한 송장과 원신용장에서 요구하는 서류를 발행은행에 송부하고, 제1수익자가 작성한 송장금액을 상환받는다.

K. UCP600 제38조 k의 의미

"제2수익자에 의한 제시 또는 제2수익자를 위한 제시는 양도은행에게 해야 한다."

제2수익자의 서류를 매입한 은행이 직접 발행은행에게 서류를 제시하면 제1수익자의 '차액청구'의 권리는 손상을 입을 수 있으므로 제2수익자에 의한 제시는 반드시 양도은행에게 제시되어야 한다.

※ 차액청구, 즉 제1수익자의 송장금액과 제2수익자의 송장금액과의 차이는 제1수익자의 이익이다.

대금양도(UCP600 제39조)

UCP600 제39조에 대금양도(assignment of proceeds)에 대해 규정하고 있다. 대금양도는 신용장의 양도와는 어떤 차이점이 있는지? 대금양도의 주요한 목적 또는 유의점에 대해 알아 둘 필요가 있다.

① 대금양도의 성격

대금양도는 신용장의 양도와는 달리 각 국가의 법령에 의해서 취급된다. 대금양도는 수익자가 지정은행 또는 발행은행에 대해서 신용장조건에 충족한 제시(complying presentation)를 하고 신용장 금액의 권리를 타인에게 양도하는 것이다. 이것은 지명채권양도의 일종이지만,

수익자가 Complying Presentation을 할 때까지는 미확정, 미실현의 채권이다. 대금양도는 대금을 수취할 권리만을 양도하는 것이며, 신용장에 의한 권리를 일괄하여 양도하는 신용장의 양도와는 완전히 다르다.

② 대금양도의 주요한 목적
신용장에 assignable로 표시되지 않아도 되고, 수익자의 소재국에서 적용할 수 있는 법률에 따라서 대금양도가 행해진다. 대금양도는 다음과 같은 목적으로 이루어진다.

- 수익자가 수출지의 거래은행에 채무변제를 할 때
- 수익자가 수출상품의 공급자(supplier)에게 대금지급을 할 때에 상대방에게 일종의 '지급담보수단'의 제공으로서 신용장의 대금양도 거래가 발생한다. 미국 및 유럽국가의 일부에서 이 방식이 이용되고 있다.

대금양도계약은 수출지의 준거법에 따라 수출지의 통지은행(지정은행)과 수익자(양도인) 및 물품공급자(양수인) 간에 이루어지는 거래이므로 발행은행은 양도의 승낙을 통지은행에게 제공할 입장에 있는 것은 아니라는 점에 유의할 필요가 있다.

(2) 회전신용장(Revolving Credit)

회전신용장은 동일한 당사자 간에 동일한 물품에 대해서 장기간에 걸쳐서 계속적으로 매매거래를 하는 경우에 거래 시마다 매번 신용장을 발행할 필요 없이 한번 발행된 신용장을 갱신해서 사용할 수 있도록 되어 있는 신용장이다. 신용장을 갱신하다는 것은 신용장금액을 일정기간 자동적으로 갱신하여 반복해 사용할 수 있다는 의미이다.

매월 선적되는 분량이 대체로 동일한 경우, 1개월분 상당의 물품금액을 신용장금액으로 정해 놓으면 1개월간의 선적, 결제가 완료될 때마다 자동적으로 신용장금액이 원래의 금액으로 부활된다. 예를 들면, 매월 거래량이 10만 톤인 경우, 연간거래량 120만 톤, 한번에 120만 톤 상당의 금액으로 신용장을 개설하는 경우 수입자는 담보물이 부족할 수도 있고, 개설수수료도 고액이다. 그렇다고 매월 신용장을 개설하는 경우도 번잡하다. 이러한 문제점을 해결하기 위해 월사용 한도를 10만 톤으로 정하고 다음달에 10만 톤이 자동적으로 갱신되어 새롭게 사용할 수 있도록 하면 편리하다.

① 회전신용장의 실무적인 유용성

㉠ 매 거래마다 신용장발행절차를 거쳐야하는 복잡함을 해소할 수 있다.

㉡ 매매계약금액의 전액을 신용장금액으로 함으로써 발생할 수 있는 위험을 회피할 수 있다.

㉢ 발행할 때마다 신용장발행금액이 적어지므로 신용장발행수수료가 저렴한 이점이 있다.

② 신용장금액의 부활방법

㉠ 일정기간마다 일정금액이 자동적으로 부활하는 방법으로서, 부활하는 방식은 전(前)기간의 미사용금액이 다음 기간에 누적되는 경우(cumulative)와 누적되지 않은 경우(non-cumulative)가 있다.

ex) 1개월마다 부활하는 방법.

㉡ 신용장을 사용할 때마다 사용한 금액이 부활하는 방법 등이 있다. UCP에서는 회전신용장에 대해서 어떠한 규정도 두고 있지 않으므로 회전신용장 사용에 있어 회전방법에 대해서 오해가 발생하지 않도록 명확하게 약정해 둘 필요가 있다.

③ 신용장에 표기된 회전문언의 형태

"The amount of drawing made under this credit become automatically reinstated on payment by us. Draft drawn under this credit must not be exceeded to US$300,000 in any calendar month."

(3) 레드신용장(Red Clause Credit)

① 의미

Red Clause Credit은 발행은행이 일람지급, 연지급, 인수 및 매입을 위해 지정된 은행에 대해서 그 지정은행이 수익자에게 선적 전(pre-shipment advance)에 수출하는데 필요한 자금을 인출할 권한을 부여한다는 취지의 조항이 포함되어 있는 화환신용장이다. 이러한 취지가 붉은 글씨로 쓰여 있어서 red clause credit라고 한다. Packing Credit라고 불리는 경우도 있다. 이 신용장에 대해서는 UCP에 규정되어 있지 않다.

이러한 신용장의 발행을 의뢰받은 경우에는 통상의 신용장발행계약 이외에 red clause를 신용장에 삽입함으로써 발생하는 발행은행의 비용 및 손해를 발행의뢰인에게 부담시키는 계약을 발행의뢰인 간의 계약에서 체결하여 둘 필요가 있다.

② 배경

Red Clause Credit는 호주의 양모 무역거래에서 사용하기 시작한 것으로 알려져 있다. 호주의 수출자들은 양모(wool)를 구입하기 위해 자금이 필요하였는데 선적 전에 선불금의 인출을 허용하는 신용장을 사용하기 시작하였고, Red Clause는 지정은행의 관심을 끌기 위해 빨간 잉크가 사용되었다. 그러나 오늘날은 Red Clause와 관련된 이점은 선지급 보증(Advance Payment Guarantee)에 의해 이루어지고 있다.

(4) 녹색신용장(Green Clause Credit)

① Green Clause 신용장의 의미 및 유용성

Green Clause Credit는 Red Clause Credit의 확장된 형태의 신용장이

며, 원자재 구매, 상품 가공 및 포장뿐만 아니라 출발지 항구에서의 선적 전 창고 보관 및 보험에 필요한 자금을 선적 전에 인출을 가능하게 한다. Green Clause 신용장은 Red Clause 신용장보다는 제출해야 하는 서류의 양이 많고, Green Clause 신용장을 발행하는 은행은 지불을 선지급하기 위해 권리증권(title document)를 요구하며, 보통 화물이 창고에 입고되었음을 증명하는 창고증권을 제시한다.

Green Clause 신용장은 수출자가 원료를 구입하여 제품을 만들 수 있도록 하는 기능이 있으며, 이 조항을 나타내는 신용장에 사용된 잉크는 녹색이어서 붙여진 이름이다.

② Red Clause 신용장과 Green Clause 신용장의 주요 차이점

- 선불지급비율(advance percentage): Red Clause 신용장의 경우 선불로 이용할 수 있는 금액은 보통 총가치의 약 20-25%이지만, Green Clause 신용장의 경우는 그 비율이 훨씬 더 높아 신용장 금액의 75-80%를 이용할 수 있다.

- 안전(security): Green Clause 신용장은 권리증권(title document)을 담보로 제공받고 선불을 지급하기 때문에 수입자의 입장에서는 Green Clause 신용장을 사용하는 것이 보다 안전하다.

2) 특수사정에 따른 구분

(1) Back to Back 신용장

제1신용장의 수익자가 신용장의 통지은행에 의뢰하여 발행받은 제2의 신용장을 지칭한다. 제1신용장의 수익자가 중계무역의 중개인인 경우나 수출자인 제1신용장의 수익자가 신용장이 요구하고 있는 물품을 자신이

조달하여 선적하는 것이 가능하지 않은 경우 등에 이용된다. 제1신용장, back to back 신용장 모두 화환신용장형태이다.

Back to Back 신용장의 거래의 흐름은 다음과 같다.

㉠ 제1신용장의 수익자는 신용장을 은행에 맡기고 필요한 담보를 제공하여 제1신용장과 거의 동일한 내용의 back to back 신용장을 발행하여 받는다(원신용장을 근거로 발행된 내국신용장).

㉡ Back to Back 신용장에 명시된 서류가 도착했을 때 이 서류 –이 서류는 제1신용장에서 요구하는 서류와 일치함– 와 상환한 후 은행에 매입요청을 한다.

㉢ 위의 절차에 의해서 받은 대금으로 Back to Back 신용장을 결제하고, 제1신용장과 Back to Back 신용장 간에 차액이 있는 경우 그 차액을 수취한다. Back to Back 신용장과 같은 목적을 위해 양도가능신용장을 사용하는 것도 가능하다. Back to Back 신용장은 신용장에 Back to Back 신용장이라는 표시는 하지 않는다.

(2) 국내(내국)신용장(Domestic Credit, Local Credit)

신용장 발행의뢰인과 수익자가 동일국내에 있는 경우에 그 신용장을 국내신용장이라고도 한다. Back to Back 신용장의 수익자가 원신용장의 수익자와 동일국가에 있는 경우에 Back to Back 신용장을 국내신용장이라고도 말할 수 있다. 국토가 넓은 미국에서는 국내간의 거래에서 대금지급을 위한 방법으로서 신용장을 사용하는 경우가 있다.

3) 사용목적에 따른 구분

신용장은 사용목적, 즉 물품대금지급수단으로서 사용되는 경우와 보증용도로 사용되는 경우에 따라 화환신용장과 보증신용장으로 구분한다.

(1) 화환신용장(Documentary Letter of Credit)

화환신용장은 물품매매대금지급의 수단으로서 이용되는 신용장이며, 신용장에 의한 대금청구 시에 신용장에서 요구하는 서류를 첨부할 것을 조건으로 대금지급이 이루어진다. 오늘날 대금결제수단으로 사용되는 대부분의 신용장은 UCP에 준거하는 형태로 발행되고 있으며, UCP에 규정된 신용장은 화환신용장을 의미한다. 상업서류의 제시를 요건으로 하는 화환신용장과는 달리 대부분 금융보증용도로 사용되는 보증신용장(Standby Credit)은 상업서류를 첨부할 것을 요건으로 하지 않는다.

(2) 보증신용장(Standby Letter of Credit)

① Standby Credit의 특징

Standby Credit는 1970년대 중반에 국제거래에서 활발하게 사용되었다. 1970년대에 중동 산유국들은 막대한 외화자산을 바탕으로 서구의 회사들과 도로, 공항, 항만 등 기간산업공사 및 주택, 병원, 통신망, 발전소와 같은 공공토목공사 등 대형프로젝트에 관한 계약에서 Standby Credit을 사용하였다. Standby Credit는 무역외거래에서 다른 확약수단에 비하여 지급의 간편성, 신속성 및 거래비용의 경제성 때문에 금융서비스 또는 채무의 확약을 위한 용도로 많이 활용되어 왔다.

Standby Credit에 의한 지급요건으로서 상업서류에 해당하는 서류를 요구하는 Documentary Credit의 형태인 경우와 그러한 서류를 요구하지 않은 Clean Credit 형태가 있다. Standby Credit는 국제간의 무역거래에서 지급수단으로서 발행되기보다는 무역외거래에서 금융수단으로서 많이 이용되고 있어 선적서류가 요구되지 않는 Clean Credit의 형태가 많다. 주로 입찰보증, 계약이행보증, 선수금반환보증, 자회사의 차입금반환보증 등의 목적을 위해 사용된다.

② 국제매매거래에서 Standby Credit 활용

첫째, 상업서류(commercial documentary)를 첨부한 대금결제용도로 Standby Credit의 활용

상업서류를 첨부한 Standby Credit은 수입자가 대금지급을 이행하지 않았다는 수익자의 진술서와 화환신용장에서 요구하는 상업서류사본을 첨부하여 Standby Credit의 대금지급이 이루어지도록 되어 있는 신용장이다. Standby Credit은 수입자의 거래은행이 발행하며 송장사본, B/L사본, 보험서류 사본 및 대금지급이 이루어지지 않았다는 수출자의 진술서의 제시에 의해서 Standby Credit에 의한 대금지급이 이루어지게 된다.

둘째, 송금방식에서 수입자가 대금지급을 못하는 경우에 대비하여 Standby Credit이 이용될 수 있다.

셋째, 예정된 손해배상액의 지급용도로 활용될 수 있다.

수출자의 납기지연, 수입자의 주문지연, L/C 개설 지연 등으로 인하여 발생한 손해배상액을 사전에 예정(Liquidated Damages)하여 놓은 경우 이 금액에 대한 지급의 확약으로서 Standby Credit을 활용할 수 있다.

넷째, 선하증권의 위기를 극복하기 위한 방법으로서 Standby Credit 활용할 수 있다.

Standby Credit을 사용하는 경우 선적서류를 직접 수입자에게 송부하여 물품을 인수할 수 있도록 함으로써 선하증권의 위기를 극복할 수 있다.

③ 보증신용장(Standby Credit)과 화환신용장(documentary crdit)의 차이점

첫째, 대금지급구조가 다르다.

화환신용장은 수익자가 계약을 이행한 것에 대한 지급이지만, Standby

Credit은 계약불이행한 것에 대한 지급이다. Standby Credit는 발행의뢰인 또는 그 외의 채무자가 계약불이행한 경우 그 계약불이행으로 인하여 상대방(수익자)에게 발생한 손해에 대해 발행은행이 배상(지급)을 확약하는 것이다.

둘째, 채무의 발생시점이 다르다.

화환신용장의 경우는 수익자가 신용장에서 요구하는 서류를 제시하고 지급을 요청함으로써 은행의 채무가 발생한다. 그러나 Standby Credit은 기본적인 계약관계 성립과 함께 은행의 채무부담이 시작된다.

셋째, 제출되는 서류의 종류가 다르다.

화환신용장에서 요구하는 서류는 주로 제3자가 작성한 서류이지만, Standby Credit에서 요구되는 서류는 발행의뢰인이 계약상의 의무를 이행하지 않았다는 수익자 자신의 진술서(Statement)를 제시해야 한다. UCP는 Documentary Credit에 관한 규칙이므로(제1조) UCP를 적용하는 Standby Credit은 서류를 요구하는 경우에 한정되고, 어음만을 요구하는 Standby Credit에는 UCP는 적용되지 않는다.

④ Standby Credit 발행 시의 유의점

Standby Credit는 보증장과 같은 목적으로 발행되지만 발행은행이 주채무자로 되므로 발행은행의 지급확약은 독립하여 존속하게 된다. 그러므로 발행은행은 발행의뢰인의 상황, 수익자의 소재국의 상황, 거래내용 및 신용장조건에 대해서 신중하게 검토한 후 발행여부를 결정해야 한다.

Standby Credit에 의한 대금지급구조에서 계약불이행이 발생하였다는 수익자의 진술서(statement)가 중심적인 역할을 하므로 발행은행의 입장에서는 가능한 한 수익자가 작성한 것이 아니라 공인회계사 등의 제3자가 작성한 것을 요구하는 것이 바람직하다.

[청구불보증(Demand Guarantee)]

일반적으로 보증은 채무자의 채무불이행 사실이 은행의 보증채무이행을 위한 요건이다. 그러나 최근 발행되고 있는 국제거래에 대한 은행의 보증장의 대부분은 채무불이행 사실의 유무에 대한 입증을 요구하지 않고 보증장에 정해진 대로의 서류와 상환으로 보증채무의 이행을 요구할 수 있는 청구불보증(Demand Guarantee)형태로 이루어지고 있다. 이런 유형의 보증은 Standby Credit와 동일한 성질을 가지고 있다. ICC는 이러한 보증을 위한 규칙으로서 "청구불보증에 관한 통일규칙(Uniform Rules for Demand Guarantees, Publication No.458)"을 1992년에 제정하였다.

【Sample of Standby Letter of Credit】

****SWIFT AUTH. CORRECT****

ISSUE OF A DOCUMENTARY CREDIT

*****MESSAGE*****

MESSAGE BODY

27: Sequence of Total

1/1

40A: Form of Documentary Credit

IRREVOCABLE STANDBY

20: Documentary Credit Number

31C: Date of Issue/Transfer of The Credit

40E: Applicable Rules

UCP LATEST VERSION

31D: Date and Place of Expiry

50: Applicant

59: Beneficiary

32B: Currency Code / Amount
USD400,000.00
39A: Percentage Credit Amount Tolerance
10/10
41a: Available With … By …
ABC BANK, National Association
BY PAYMENT
42C: Drafts at..
SIGHT
42a: Drawee
ABC BANK, National Association
47A: Additional Conditions

WE HEREBY ESTABLISH OUR IRREVOCABLE STANBY LETTER OF CREDIT NO. [신용장번호 기재] IN FAVOR OF BENEFICIARY FOR THE ACCOUNT OF [개설의뢰인(수입자) 기재]. IN AN AMOUNT NOT TO EXCEED USD 700,000,00(SEVEN HUNDRED THOUSAND AND 00/100 US DOLLARS)PLUS OR MINUS TEN PERCENT, AVAILABLE FOR PAYMENT AT OUR COUNTERS AT [발행은행과 은행의 주소 기재] AVAILABLE BY BENEFICIARY'S SIGHT DRAFT DRAWN ON ABC BANK, NATIONAL ASSOCIATION, ACCOMPANIED **BY BENEFICIARY'S STATEMENT** AS FOLLOWS:
"I (INSERT NAME AND TITLE) CERTIFIED THAT I AM AN AUTHORIZED REPRESENTATIVE OF [수익자 이름 기재] AND HEREBY DEMAND PAYMENT

OF USD (INSERT AMOUNT) UNDER ABC BANK, NATIONAL ASSOCIATION LETTER OF CREDIT NO [신용장번호 기재.] I FURTHER CERTIFY THAT THE AMOUNT OF OUR DEMAND REPRESENTS THE AMOUNT DUE US [AS A RESULT OF THE FAILURE OF 개설의뢰인(수입자)이름과 주소 기재] TO PERFORM IN ACCORDANCE WITH CONTRACT [계약서 표제, 계약체결일 기재].
DRAFTS DRAWN UNDER THIS LETTER OF CREDIT MUST BE MARKED : "DRAWN UNDER ABC BANK, NATIONAL ASSOCIATION, STANDBY LETTER OF CREDIT NO : [신용장발행번호 기재] DATED [신용장발행일 기재.]

PARTIAL DRAWINGS ARE PERMITTED.

THIS LETTER OF CREDIT WILL EXPIRE AT OUR COUNTERS [발행은행명, 주소, 날짜(MAY 01,2021), 시간(5.00 PM) 기재].

THIS CREDIT IS SUBJECT TO THE UNIFORM CUSTOMS AND PRACTICE FOR DOCUMENTARY CREDITS (2007 VERSION) INTERNATIONAL CHAMBER OF COMMERCE PUBLICATION NO 600.

WE HEREBY ENGAGE WITH YOU THAT DRAWINGS PRESENTED UNDER AND IN ACCORDANCE WITH THE TERMS AND CONDITIONS OF THIS CREDIT WILL BE DULY HONORED.
71 B : CHARGES AND FEES
OTHER THAN THE ISSUING BANKS ARE FOR THE ACCOUNT OF THE BENEFICIARY. ISSUING BANK'S CHARGES ARE FOR THE ACCOUNT OF THE APPLICANT.

49 : Confirmation Instructions
Without

【Sample of Standby Letter of Credit】

ABC Bank, Ltd.
발행은행의 주소, 전화번호 기재

IRREVOCABLE STANDBY LETTER OF CREDIT

신용장발행일 기재 (April 02, 2021)

① [신용장 수익자 이름, 주소 기재]

Gentlemen:

We hereby establish our irrevocable standby letter of credit in your favor by order and for account of ② [수입자 이름과 주소 기재] for a sum or sums not exceeding in all sixty thousand and 00/100 U.S. Dollars ($60,000) available by your sight draft drawn on us accompanied by:

③ [신용장 수익자(수출자)] statement, purportedly signed by a person or persons described as "AUTHORIZED" "
reading as follows:

"We certify that ④ [수익자] invoices covering ⑤ [거래제품 기술] presented to ⑥ [수입자] according to ⑦ [수입자 구입주문서 번호(예, purchase order number PA 123)] were not paid within the terms outlined in the purchase order dated March 23, 2021 and that the invoices remain outstanding."

Drafts drawn hereunder must be marked "Drawn under ABC Bank, Ltd. Credit No. ⑧ [신용장번호] dated April, 02, 2021."

We engage with you that your draft ⑨ [첨부서류] drawn hereunder and in compliance with the terms of this credit will be duly honored by us on delivery of documents as specified, if presented at this office ⑩ [보증기한(예, on or before March, 28, 2022.]

Very truly yours,

____

Authorized signature

【신용장을 활용하여 공급자(supplier)에게 수출자의 신용을 제공하는 방법】

방 법	의의 및 특징
양도가능 신용장 (Transferable Documentary Credit) UCP600 제38조	[의 의] 수출자에게 수출상품을 집하할 수 있는 길을 열어주기 위한 목적으로 영국에서 처음 사용하기 시작하였다. 신용장의 양도는 수익자가 신용장양도조건을 준수하여 신용장에 준거하여 행사할 수 있는 권리를 양도하는 것이다. 양도가능신용장은 제1수익자가 양도은행을 통하여 신용장금액의 전부 또는 일부를 양도함으로써 제2수익자가 신용장을 이용할 수 있도록 하는 것이다. [특 징] 수출상품의 집하를 하는 수출자(제1수익자)의 신용력이 충분하지 않아도 수출상품의 공급업자(supplier)를 제2수익자로 해서 신용장을 양도하는 것으로 수출자의 신용을 보완하는 것이 가능하므로 supplier는 거래에 참여하기 용이하다. 수입자의 입장에서는 신용장이 양도됨으로써 매매계약의 당사자가 아닌 제3자로부터 제품을 인도받게 됨으로써 입을 수 있는 위험이 있으므로 UCP에서는 신용장 양도는 1회로 제한하고 있다.
대금양도 (Assignment of Proceeds) 국내법 적용, UCP600 제39조	[의 의] 대금양도는 수령하는 금액의 일부를 타인에게 양도하는 것이며 지명채권양도의 일종이다. 유럽 일부국가에서 이용되고 있다. [특징 및 활용용도] • 양도가능신용장과 동일한 경제효과를 얻고 싶을 때 이용가능하다. • 상대방이 신용장양도를 원하지 않지만 공급업자(supplier)에게 대금지급에 대한 안심을 제공하고자 할 때 유용하다. • 거래가 신용장양도에는 적합하지 않은 때에 이용된다. • 수출대금을 선불해준 거래은행에게 있어서는 변제확보의 수단으로서 이용되는 경우도 있다.
Back to Back Documentary Credit UCP600	[의 의] 수출자가 공급업자(supplier)로부터 수출상품의 공급을 받아 수출하는 경우에 수출자의 의뢰에 의해 supplier 앞으로 발행된 제2의 신용장이다. 거래은행에 원신용장을 담보로 하여 발행된다. [특 징] Back to Back신용장의 발행은 원신용장의 수익자(수출자)에 대한 발행은행의 여신으로 발행되므로 Back to Back신용장의 발행여부는 수출자의 신용상태에 좌우될 수 있다. Back to Back신용장의 수익자는 신용장조건에 부합하는 서류를 제시하면 지급을 받게 된다.

3 신용장의 취소와 조건변경

신용장의 조건변경은 신용장을 발행한 후 발행의뢰인의 신청에 의해 신용장금액의 증감, 선적기한 및 유효기간의 연장 및 그 외 원신용장의 조건을 변경하는 것으로서 UCP600 제10조에 신용장조건의 변경에 관해 규정하고 있다.

1) 신용장 조건변경의 유형

신용장의 조건변경(amendment)의 유형은 다양하지만 대체로 아래와 같은 이유로 이루어지고 있다.

- 신용장금액을 변경(증액, 감액, 취소 등)하는 경우
- 신용장의 유효기간, 선적기한을 변경(연장 또는 단축)하는 경우
- 그 외 변경사유로서는 무확인신용장을 확인신용장으로 변경하는 경우, 거래물품의 수량 또는 단가조정, 선적항 또는 목적항 변경 등이다.

신용장의 조건을 변경하는 경우 발행은행은 그 변경내용을 아래와 같은 문언으로 표기하여 통지은행을 통하여 수익자에게 통지한다.

- Amount increased by 【증액된 금액표시】 making a total L/C amount of 【증액 후의 금액표시】 covering additional shipment of 【증액하는 물품의 명세표시】
- Expiry date of the credit extended to 【연장후의 기간표시】 from 【원신용장의 유효기간표시】
- Latest date for shipment extended to 【연장후의 선적기한표시】

from 【원신용장의 선적기한표시】

위의 문언 마지막에는 "All other terms and conditions remain unchanged."(그 외의 신용장조건은 변경되지 않고 원신용장조건 그대로다)의 문언을 표기한다.

2) 신용장조건 변경 시에 발행은행의 주의사항

신용장의 조건을 변경하는 것은 발행은행의 여신내용 및 여신조건을 변경하는 것이므로, 특히 신용장금액의 증액, 신용장 유효기간의 연장 또는 거래물품을 변경하는 것과 같은 발행은행의 여신내용에 영향을 미치는 조건변경의 경우에는 아래와 같은 사항을 포함하여 유의할 필요가 있다.

- 하나의 신용장을 가지고 신용장 유효기간 연장이나 신용장금액 증감에 의해서 장기간 반복하여 사용되지 않도록 해야 한다.
- 신용장 유효기간연장의 경우에는 연장을 의뢰하는 시점이 원칙적으로 유효기간 내에 있어야 한다.
- 신용장 유효기간과 함께 선적기한도 연장하는 경우는 유효기간만을 연장해도 선적기간은 자동적으로 연장되지 않으므로 반드시 유효기간과 선적기한을 동시에 연장할 필요가 있다.
- 선적기한만을 연장하는 경우에는 연장된 선적기한이 신용장 유효기일 내에 있어야 하며 선적 후의 서류제시기한과의 정합성에도 유의할 필요가 있다.
- 원신용장발행 시에 신용장금액에 "about" 이 부기되어 있는 경우 조건변경 시에도 계속하여 "about"을 부기할지 여부에 대해 확인한 후에 조건변경 절차를 진행하는 것이 필요하다.

3) 신용장 취소와 조건변경절차(UCP600 제10조 c)

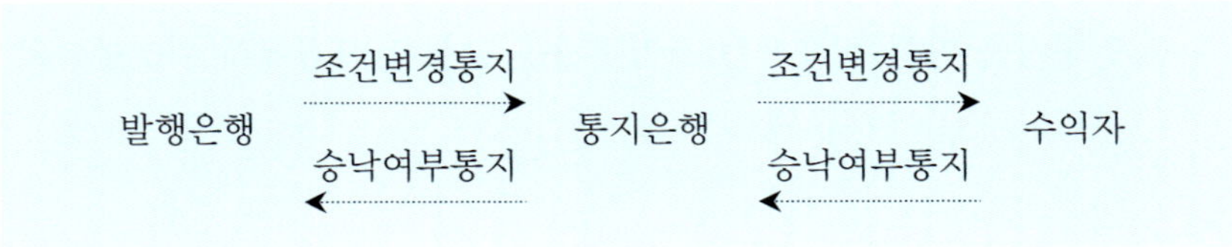

- UCP600에 있는 신용장은 모두 취소불능신용장이므로 한번 발행되면 취소 및 조건변경이 가능하지 않다.
- 신용장발행 후 계약변경 등으로 인하여 취소 또는 조건변경을 해야 하는 경우에는 UCP600 제38조(양도가능신용장)에 규정되어 있는 경우를 제외하고 발행은행, 수익자 및 확인은행(만약 있으면)의 동의를 얻으면 가능하다(UCP600 제10조 a).
  여기서 양도가능신용장을 제외하는 이유는 UCP600 제38조 f에서 복수의 제2수익자가 있을 경우 모든 제2수익자의 합의가 반드시 필요한 것은 아니라고 규정하고 있기 때문이다.
- 발행의뢰인은 발행은행에 「수입신용장조건변경신청서」(Application for Amendment to Irrevocable Documentary Credit) 제출을 통해 조건변경을 의뢰한다.

4) 신용장 조건변경에 관한 효력이 발생하는 시점(제10조 b항)

① 발행은행에 있어서 조건변경의 발효시기(UCP600 제10조 b)

발행은행은 발신주의의 관점에서 신용장발행과 마찬가지로 조건변경을 발행한 때부터 조건변경에 관계되는 철회불능의 의무를 부담하게 된다. (An issuing bank is irrevocably bound by an amendment as of the time it issues the amendment.)

발행은행이 신용장을 발행한 때에는 신용장을 발행한 시점에서 지급(honour)에 대한 취소불능의무의 효력이 발생하고(UCP600 제7조 b), 조건변경을 발행한 때에는 조건변경을 발행한 시점에서 취소불능의 의무를 부담한다.(UCP600 제10조 b)

② 확인은행에 있어서 조건변경의 발효시기(UCP600 제10조 b)

확인은행은 조건변경을 통지(advise)한 때부터 조건변경에 관계되는 철회불능의 의무를 부담하게 된다. 확인은행은 신용장의 조건변경에 대해 확인을 하지 않고 통지하는 것이 가능하며 이 경우에는 그러한 취지를 지체 없이 발행은행 및 수익자에게 통지하도록 되어 있다. 수익자는 확인은행으로부터 조건변경에 확인을 하지 않는다는 취지의 통보를 받은 경우 그리고 조건변경에 동의하지 않은 경우에는 원신용장을 확인신용장으로서 존속시키는 것이 가능하다.

예를 들어, 원신용장금액이 US$100,000이었으나 US$130,000으로 신용장금액변경을 통지받은 경우 확인은행이 조건변경에 동의를 하지 않으면 증가액 US$30,000에 대해서는 지급(honour)할 의무는 없다. 이 경우 확인은행은 US$100,000에 대해 without recourse 조건으로 지급하고, 나머지 US$30,000에 대해서는 with recourse 조건으로 지급하거나 또는 발행은행으로부터 입금 받은 후에 수익자에게 지급할 수도 있다.

③ 수익자에 있어서 조건변경의 발효시기(UCP600 제10조 c, e, f)

- 수익자가 조건변경의 통지를 받은 통지은행에게 그 조건변경에 동의한다는 것을 통지할 때까지는 조건변경은 유효하지 않다.

- UCP600에서는 수익자는 조건변경을 승낙할지 여부를 통지해야 할 것으로 규정하면서도 조건변경에 대해서 승낙여부를 통지하지 않은 수익자가 조건변경에 적합한 서류를 지정은행 또는 발행은행에 제시

한 경우에는 조건변경에 대한 승낙이 통고된 것으로 간주되어 그 시점에서 조건변경이 성립하는 것으로 간주한다(제10조 c).
이 규정은 의무가 아니라 계몽 또는 권고의 성질을 가진다. 그렇지만 이러한 규정 때문에 발행은행이나 발행의뢰인은 서류의 제시를 받을 때까지는 조건변경의 성립여부를 확인할 수 없어 관리상 문제가 발생할 수 있으므로 신용장금액의 감액이나 유효기간의 단축 등 수익자에게 있어서 불리하게 되는 조건변경의 경우에는 신속하게 수익자의 답변을 얻을 수 있도록 통지은행에게 의뢰하고 있다.

> 수익자에게 불리한 신용장 조건변경의 사례
> 신용장취소, 신용장금액 감액, 신용장유효기간 및 선적기한의 단축, 물품 및 품질변경, 제품단가 인하, 요구서류 증가, 환어음지급기한 연장, 신용장통화 변경, 매입은행제한, 그외 신용장조건의 강화 등

- 수익자의 행위에 의한 신용장조건변경 승낙여부 판단

  수익자가 조건변경의 승낙여부에 대해 통지를 하지 않은 상태에서 조건변경을 충족한 서류를 제시한 경우에는 그 시점에서 조건변경에 대한 승낙이 통지된 것으로 간주된다(UCP600 제10조 c).
  그렇지만 만약 수익자가 원신용장의 조건을 충족한 서류를 제시한 경우에는 조건변경은 거절된 것으로 통지되어, 그 시점에서 조건변경은 거절된 것으로 간주된다.

- 신용장조건변경에 대한 수익자의 일부승낙

  하나의 통지 중에 복수의 조건변경을 포함하고 있는 경우에 그 중 일부만을 승낙하는 것은 인정되지 않고 거절로 간주된다(UCP600 제10조 e).

> UCP600 제10조 e
>
> Partial acceptance of an amendment is not allowed and will be deemed to be rejection of the amendment, and the bank that advised the amendment must so inform the bank from which it received the amendment.

- 조건이 첨부된 조건변경

  일정기간 내에 수익자의 거절이 없으면 자동적으로 효력이 발생한다는 취지를 포함한 신용장의 조건변경규정은 무효이다. 수익자의 승낙이 없는 상태에서 조건변경이 유효하게 되는 것은 신용장원칙에 반하기 때문이다(UCP600 제10조 f). 이 경우에는 원신용장의 조건이 계속해서 유효하게 된다.

> UCP600 제10조 f항
>
> A provision in an amendment containing wording to the effect that the amendment shall become valid unless rejected by the beneficiary within a certain time shall be disregarded.

CHAPTER

5

신용장에 의해 대금지급 받기 위한 요건과 수입금융

신용장에 의한 대금지급방식은 신용장조건을 준수할 것을 조건으로 하고 있으므로 신용장거래관계자는 신용장조건에 관해 숙지해 두는 것이 중요하고 필요하다. 신용장조건 준수여부는 신용장자체에 표기된 문언, UCP 규정, ISBP 규정을 준거하여 판단하게 된다. UCP와 ISBP 규정을 중심으로 하여 대금을 지급받기 위한 요건을 분석하여 제시한다.

5 신용장에 의해 대금지급받기 위한 요건과 수입금융

신용장통일규칙(UCP)에 준거하는 신용장은 상업(선적)서류를 신용장 유효기한 내에 제시될 것을 조건으로, 신용장에 정해진 금액을 일람지급, 연지급, 인수 또는 매입의 방법에 의해 지급할 것을 확약하는 발행은행의 약속이 기술되어 있다.

신용장에 의한 대금지급은 조건부지급방식이므로 신용장조건의 준수를 전제로 하여 지급이 이루어지며, 지급을 받기 위한 요건은 아래와 같은 세 가지로 정리된다.

첫째, 신용장에 정해진 (유효)기일까지 서류를 제시해야 한다.

둘째, 신용장조건을 준수한 서류를 제시해야 한다.

셋째, 대금지급을 요구하는 금액은 신용장에 정해진 금액과 일치해야 한다.

위의 세 가지 요건의 충족을 전제로 수익자는 발행은행에게 급부를 요구할 권리를 취득하게 된다.

1 신용장거래에 사용되는 용어 정의(UCP600)

제시 (Presentation) (제2조)	신용장에 의한 서류를 발행은행 또는 지정은행에 인도하는 행위 또는 이와 같이 인도된 서류를 의미한다.

일치하는 제시 (Complying Presentation) (제2조)	UCP600에서의 일치하는 제시는 신용장조건, 신용장통일규칙 및 국제표준은행관행(international standard banking practice: ISBP)의 규정을 준수한 제시를 말한다. 신용장에 기재된 조건뿐만이 아니라 서류 상호간에 모순이 없다는 것도 포함된 의미이다.
신용장 (Credit) (제2조)	신용장이란 그 명칭이나 기술(description)에 관계없이 취소불능이며, 일치하는 제시에 대해 지급이행할 발행은행의 확약을 구성하는 모든 약정을 말한다(UCP600 제2조). 신용장은 취소불능의 표시가 없는 경우에도 취소불능이다(제3조). ※취소불능신용장은 발행은행, 확인은행(있는 경우) 및 수익자의 합의가 없으면 조건변경도 취소도 할 수 없는 신용장이다
지급이행* (Honour) (제2조)	UCP600에서 Honour라는 용어가 신설되었다. a. 신용장이 일람지급(sight payment)에 의해 사용될 수 있는 경우 일람 후 지급하는 것, b. 신용장이 연지급(deferred payment)에 의해 사용될 수 있는 경우 연지급확약의무(deferred payment undertaking)를 부담하고 만기일에 지급하는 것, c. 신용장이 인수(acceptance)에 의해 사용될 수 있는 경우 수익자에 의하여 발행된 환어음을 인수하고 만기일에 지급하는 것.
매입 (Negotiation) 제2조**	매입은 상환(reimbursement)이 지정은행(nominated bank)에 행해져야 할 은행영업일에 또는 그 이전에 수익자에게 대금을 선지급하거나 또는 선지급하기로 약정함으로써, 지정은행(보통 매입은행이라 함)이 일치하는 제시에 따른 환어음(지정은행이 아닌 은행을 지급인으로 하여 발행된 환어음) 및 또는 서류를 구매(purchase)하는 것이다.

* Honour의 의미는 세 개의 의무(일람지급, 연지급, 인수)를 포괄하는 개념이며, 기본적으로 발행은행에 적용되지만 발행은행의 지정(위임)에 의해서 확인은행을 포함한 지정은행에도 적용된다. 지정은행이 Honour를 행하지 않으면 신용장조건을 충족한 서류에 대해서 발행은행 및 확인은행이 Honour할 의무를 부담하고 있다.

  Honour의 용어는 발행은행과 확인은행의 의무, 또는 발행은행의 이행보조자로서 지정은행이 신용장금액 지급과 관련하여 이행할 행위를 규정하고 있다. UCP600에서는 Honour라는 용어를 채택함으로써 발행은행과 확인은행의 의무 및 지정은행의 행위에 대한 내용을 한마디로 표현하는 것이 가능하게 되어 UCP 조문을 간결하면서도 알기 쉽게 규정하고 있다.

※※ 1994.1.1 은행실무위원회의 Position Paper(실무지침) No.2에서 매입(negotiation)의 범위는 즉시지급 이외에 지급의무의 약속(연지급, 인수를 제외)(undertaking an obligation to make payment other than giving a deferred payment undertaking or accepting a draft)을 포함한다고 서술하고 있고, UCP500에서도 매입에 선불의 합의가 포함되어 있었다. 이것을 수용하여 UCP600에서는 매입에는 즉시지급이외에 선불하겠다는 합의(agreeing to advance)를 포함하는 것을 명시함과 동시에 합의한 선불의 시기는 상환기일이전으로 한다는 것을 추가하였다. 또한 환어음 또는 서류 금액의 일부를 매입하고 나머지 금액을 추심하는 경우도 UCP에서는 매입으로 취급된다.

2 신용장금액 지급요건

1) 신용장 유효기간과 서류 제시기한

서류는 신용장 유효기간 내 또는 서류 제시기한 내에 지정은행(확인은행) 또는 발행은행에 제시되어야 한다.

(1) 신용장 유효기간(제6조)

① 신용장 유효기간인가 서류제시를 위한 기간인가

신용장에는 서류제시를 위한 유효기간(expiry date for presentation)을 표시해야 한다. 대금지급이행 또는 환어음 매입을 위해 표시된 유효기간은 서류제시를 위한 유효기간으로 본다.

유효기간은 신용장의 효력이 소멸하고 발행은행의 채무가 소멸하는 날을 의미하는 것이 아니라, 발행은행의 채무를 확정시키기 위해 서류제시가 이루어져야 할 기간을 의미한다(제6조 d항 I호).

신용장에 Expiry Date for Negotiation으로 기재되어 매입(negotiation)을 위한 유효기간을 정하고 있어도, Honour 또는 매입을 위해 기재되어 있는 유효기간은 서류제시를 위한 유효기간으로 간주한다(제6조 d항 I호).

② 서류 제시지와 지정은행

㉠ 신용장이 발행은행에서만 사용되도록 되어 있는 경우

이 경우에는 제시지로서 신용장발행은행이 소재하고 있는 도시가 지정된다.

㉡ 임의의 은행에서 이용 가능한 신용장의 경우

어느 은행에도 제시를 인정하고 있는 신용장의 경우에는 특정의 국가 또는 도시를 지정하지 않는 것이 당연하지만 만약 지정을 인정하고 있는 경우에는 지정된 국가는 도시를 제시지로서 명시해야 한다.

㉢ 특정의 지정은행이 있는 경우

신용장의 통지은행, 확인은행 등 특정 은행을 지정은행으로 지정하고 있는 신용장의 경우에는 수익자의 희망에 따라 제시장소를 지정하게 될 것이다. 예를 들어, 우리나라 서울의 어느 지점이 신용장의 통지은행이지만, 제시는 창원이나 부산에서 행해질 가능성이 있는 경우에는 제시장소는 서울이 아니라 대한민국으로 해야 할 것이다.

③ 유효기간에 서류를 수리한 은행의 입장

- 유효기간의 의미: 유효기간은 수익자가 지정은행 또는 발행은행에 서류를 제시할 수 있는 마지막 기일을 의미하며, 서류를 수취한 은행이 일람지급, 연지급, 인수 또는 매입을 해야 할 최후의 날짜를 의미하는 것은 아니다. 따라서 예를 들어 지정은행이 유효기간에 서류를 수취한 경우에는 UCP600 제14조 b에 의해서 서류제시 다음날부터 기산하여 최장 5 은행영업일 이내에 서류를 검토하여 일람지급, 연지급, 인수 또는 매입을 하면 된다.
- 5 은행영업일: 발행은행의 지정에 따라 행동하는 지정은행, 확인은행(있는 경우)과 발행은행은 제시가 일치하는지 여부를 결정하기 위해 제시일의 다음날부터 최대 제5은행영업일을 각각 가진다. 이 기간은 제시를 위한 모든 유효기간 또는 최종일의 제시일에 또는 그 이후의 사건에 의하여 단축되거나 또는 별도로 영향을 받지 아니한다(제14조 b항).

  은행은 영업시간 이외에 제시를 수리해야 할 의무를 부담하지 않는다(제33조).

(2) 서류제시기한

[Default Rule]

선적 후 21일 경과 후에 제시한 서류는 수리되지 않는다(제14조 c항).

하나 또는 그 이상의 운송증권의 원본을 포함한 서류 제시는 UCP에 기술된 대로 선적일 이후 21일보다 늦지 않게 수익자 또는 그의 대리인에 의해 이행되어야 한다. 그러나 어떠한 경우에도, 신용장의 유효기간보다 늦지 않아야 한다.

신용장에 서류제시 기간이 정해져 있지 않을 때 적용하는 서류제시기준이다.

① 운송증권을 요구하고 있는 신용장이란?

선하증권이나 항공운송증권 등 서류원본 제시를 요구하고 있는 신용장을 의미한다. 따라서 운송증권의 사본을 요구하거나 수익자가 작성한 진술서(statement) 만을 요구하고 있는 Standby 신용장에는 Default Rule 규정은 적용되지 않는다. 이런 신용장의 경우 서류 제시기한은 신용장 유효기간이다.

② 선적일(Date of Shipment)이란?

UCP에서 의미하는 선적일은 물품이 선적된 일을 의미하는 것은 아니다. 신용장이 요구하고 있는 운송증권의 종류에 따라서 다르다. 예컨대, 선하증권을 요구하고 있는 경우에는 선하증권 발행일 또는 선적일이 기재되어 있는 경우에는 기재된 그 날이 선적일이고, 복합운송증권을 요구하고 있는 경우에는 물품이 선적된 날이 아니라 선적을 위해 수령한 것을 증명하고 있는 복합운송증권의 발행일이 선적일로 간주되고 있다. 즉, UCP에 있는 선적일(Date of Shipment)은 서류의 제시기간의 기산기준 및 선적기일과의 관계에서 설정된 기호와 같은 것이다.

"Stale B/L Acceptable"이란?

- Stale B/L(기간경과 선하증권) Acceptable의 문언은 서류제시를 위한 특정의 제시기일이 없는 신용장을 사용하고 있는 경우에, 선적일 후 21일이 경과한 후에 제시된 운송증권도 수리할 수 있다는 의미로 해석해야 할 것이다.
- UCP에서는 "Stale B/L Acceptable"에 대해 정의하고 있지 않으므로 UCP에 준거하는 신용장에는 이러한 불명확한 문언을 사용해서는 안 될 것이다.

(3) 은행휴업일 및 서류제시일

- 신용장의 유효기간 또는 제시를 위한 최종일이 UCP600 제36조에 언급된 사유(천재, 폭동, 소요, 반란, 전쟁, 테러행위, 동맹파업 또는 직장폐쇄) 이외의 사유(일요일, 기념일)로 제시를 받아야 하는 은행의 휴업일에 해당하는 경우에는, 그 유효기간 또는 제시를 위한 최종일은 경우에 따라 최초의 다음 은행영업일까지 연장된다(제29조 a항).
- 신용장에 선적기한에 관한 규정이 없는 경우에는 선적은 신용장의 유효기간까지 하면 된다. 서류제시의 유효기간은 연장되지만 선적을 위한 최종일은 제29조 a항의 결과로서 연장되지 않는다. 은행휴업일이어도 항만업무는 행해지고 선적은 가능하기 때문이다.

(4) 서류제시시간 5 days rules

- 은행은 은행영업시간(banking hours) 이외의 제시를 수리할 의무가 없다(제33조).
- UCP600 제33조는 서류제시기간 당일이어도 영업시간경과 후에 서류가 제시되었을 때는 발행은행 또는 확인은행은 서류 수리를 거절하는 것이 가능하다는 것을 정한 규정이다.
- 은행이 영업시간 외에 서류 제시를 받은 경우에는 영업시간 외이어도 그 날에 서류를 수령한 것으로 간주한다.
- UCP600에서는 서류검토기한이 5은행영업일로 단축되므로 영업시간 외에 서류를 수령하면 서류심사기간이 1일 단축되므로 은행은 주의가 필요하다.

2) 신용장 사용금액

(1) 신용장금액, 수량, 단가의 허용범위

① 신용장사용금액에 대한 원칙(제30조)

신용장에서 분할선적을 허용하고 있는지의 여부는 중요한 의미를 가진다.

㉠ 신용장이 일부선적(분할선적)을 금지하고 있는 경우
사용금액=신용장금액(short drawing은 불가)

㉡ 신용장이 일부선적(분할선적)을 허용하고 있는 경우
사용금액≦신용장금액(short drawing 가능)

【예외】: 신용장 금액, 수량, 단가에 about 또는 approximately 단어가 사용되고 있으면, 금액, 수량, 단가에 10%의 과부족이 인정된다.

② "about" 등의 단어가 부기된 신용장금액

- 신용장에 명기된 신용장 금액, 수량 또는 단가와 관련하여 사용된 "약(about)" 또는 "대략(approximately)"의 단어는 이에 언급된 금액, 수량 또는 단가의 10%를 초과하지 않는 과부족을 허용하는 것으로 해석된다(제30조 a항).

  예) about US$10,000: US$9,000~US$11,000의 금액이 사용금액으로 인정된다.

- 신용장금액, 수량, 단가 중 "about"이 부기되어 있는 것에만 과부족 혹은 증감이 인정된다. 만약 수량에만 "about"이 부기되어 있고, 신용장금액에는 부기되어 있지 않은 경우에는 신용장기재의 수량보다 10% 과적되었다 해도 10%에 해당하는 금액을 추가로 요구할 수 없

다. 초과수량에 대한 금액을 요구하기 위해서는 신용장금액에도 "about"이라는 단어를 부기해야 할 것이다.

L/C 금액: US$50,000 수량: about 1,000PCS 단가: @L/C 금액: US$50	이 신용장에서는 금액의 10% 과부족은 인정되지 않는다.	INVOICE 금액: US$55,000.00 수량: 1,100PCS 이 송장은 Over Drawing의 이유로 Discrepancy로 인정됨

(2) Short Drawing

- 의미: 신용장 사용금액이 신용장금액 이하인 경우를 일반적으로 Short Drawing이라 한다.
- Short Drawing이 발생하는 경우: 분할선적이 금지되어 있는 경우에는 원칙적으로 Short Drawing을 인정하지 않으나 아래와 같은 예외의 경우는 인정한다.

① "about"과 같은 단어가 신용장금액에 부기되어 있는 경우(제30조 a항) "about US$10,000"로 표기되어 있는 경우 US$1,000 범위에서 Short Drawing이 인정된다.

② 물품의 수량부족이 허용되는 특례를 인정: 신용장에 상품의 수량이 포장단위의 수 또는 개개품목의 수를 정하고 있지 않을 것을 조건으로 한다.

- 5% 과부족 허용되는 경우: 할부선적을 금지하고 있는 경우에는 정해진 수량이 선적되어야 하지만 ㉠ 신용장이 포장단위의 수 또는 개개의 품목의 개수로 수량을 명기하지 아니하고 ㉡ 어음발행의 총액이 신용장의 금액을 초과하지 않는 경우에, 물품수량이 5%를 초과하지 아니하는 과부족은 허용된다(제30조 b항).
- 제30조 b항의 실무적인 적용예시: ㉡의 사용금액이 신용장금액을 초

과하지 않는다는 것은 두 가지로 해석된다. 첫째, 정해진 수량 이상의 선적을 한 경우에 초과수량분의 대금을 신용장에 의해서 청구할 수 없다고 하는 의미이다. 둘째, 정해진 수량 이하의 선적을 한 경우에는 사용금액이 신용장금액 이하 즉 Short Drawing을 인정하는 것으로 해석한다.

- ㉠은 신용장이 물품의 수량을 예컨대 알코올 1리터가 들어 있는 병 100개와 같이 포장단위의 수로 정해져 있는 경우나 연필 1,000 다스처럼 물품의 수로 정해져 있는 경우에는 수량의 과부족은 인정되지 않는다는 것을 의미한다. 그러나 신용장에 알코올 1,000리터로 기재되어 있는 경우에는 5%의 과부족이 인정된다.

【5% 이내의 수량 과부족이 인정되는 경우】

• 아르간오일 500리터 • 끈 1000미터	이 두 가지 경우 모두 5% 이내의 수량 과부족이 인정된다.

【5% 이내의 수량 과부족이 인정되지 않은 경우】

아래와 같은 경우는 상품의 수량이 포장단위의 수 또는 개개 품목의 수를 정하고 있으므로 인정되지 않는다.
• 아르간오일을 1리터 병으로 500병 • 2미터 끈 500개 • 볼펜 200다스

③ 그 이외에 Short Drawing이 발생하는 경우: 계약체결 시에 신용장금액에 대해서만 합의하고 수량, 단가에 대해서는 추후에 결정하기로 합의한 상태에서 실제로 신용장금액 이하의 수량을 선적한 경우에 Short Drawing이 발생할 수 있다.

【수량, 단가의 결정과 제30조 c항】

수량결정	단가결정	제30조 c항 적용여부
無	無	적용(Short Drawing 발생가능)
無	有	적용(Short Drawing 발생가능)
有	無	적용(Short Drawing 발생가능)
有	有	부적용(Short Drawing 발생불가능)

㉠ 신용장에 물품의 수량이 정해져 있는 경우에는 그 전량이 선적되고,

㉡ 신용장에 단가를 정하고 있는 경우에는 그 단가를 감액하지 않는 것을 전제로 하여 신용장의 사용금액에 대해서 5% 이내의 부족, 즉 5% 이내의 short drawing이 허용된다.

* 5%의 과부족이 인정되는 경우는 물품의 수량이 중량(g, kg), 길이(m), 넓이(m^2) 등으로 정해져 있는 경우이다. 곡물, 광석, 액화물, 기화물은 수분의 증발이나 온도변화에 의해 오차가 발생하기 쉽고 중량이나 길이 등은 계측방법이나 계측시점에 의해서 오차가 발생할 가능성이 있기 때문에 그 오차에 대해서는 ±5%까지는 허용한다. 계측할 때마다 미묘한 차이가 발생하고 이것을 가지고 서류불일치(discrepancy)로 하는 것은 신용장거래가 원활하게 이루어지지 않을 수 있어 이러한 규정을 설정하게 되었다. '포장단위의 수'와 같이 수량이 정해져 있는 경우에는 이러한 오차는 발생하지 않으므로 5%의 과부족은 허용되지 않는다.

3 상업(선적)서류수리요건

서류를 수취한 은행은 UCP600 제14조에 규정하고 있는 서류심사 기준에 따라 제시된 서류가 신용장조건에 충족하고 있는지의 여부를 심

사해야 한다.

1) 은행에 의한 서류심사

UCP600 제14조(서류심사의 기준)에 서류심사의 기본 사항이 명시되어 있다.

(1) 은행에 의한 서류점검

서류심사의 의무를 지는 은행은 지정은행, 발행은행, 확인은행이다.

[서류심사의 의미]

① 발행은행과 발행의뢰인 간의 관계(제14조 a항)

- 이 조항은 발행은행의 수임자로서의 의무를 규정하고 있다.
- 발행은행과 발행의뢰인과의 관계에서 발행은행의 서류심사 의무는 발행의뢰인으로부터 상환(상환)을 받기 위해서는 제시된 서류의 신용장 조건과의 일치여부가 전제로 되어 있다.
- 지정에 따라 행동하는 지정은행, 확인은행(있는 경우) 및 발행은행은 서류가 문면상 일치하는 제시를 구성하는지 여부("일치성")를 결정하기 위해 서류만을 기초로 하여 그 제시를 심사해야 한다(제14조 a항).

② 지정은행과 발행은행 간의 관계

- 지정은행의 수임자로서의 의무를 규정하고 있다.
- 지정은행은 발행은행으로부터 위임을 받아서 서류를 확인하므로 발행은행에 대한 의무로서 서류를 심사하는 것이지 수익자에 대한 의무로서 행하는 것은 아니다.
- 지정은행이 발행은행으로부터 상환을 받기 위해서는 제시된 서류의

신용장조건과의 일치여부를 확인해야 하므로 서류심사를 한다.

(2) 서류의 신용장조건충족의 실무적인 의미

- UCP600 제14조 a항에 규정된 서류심사의 의미는 서류가 문면상 신용장조건을 충족하고 있는지 여부를 확인하기 위한 심사이다.

- 신용장조건이란 신용장에 있는 사항뿐만이 아니라 UCP의 여러 규정 및 국제표준은행관행(ISBP)도 포함한다.

- 문면상 충족이란 서류내용이 신용장조건에 형식적으로 합치하고 있는 것을 의미한다. 따라서 매매계약과의 관계라든지 신용장 기재사항이 사실을 기재하고 있는가 하는 사실적인 사항에 대한 심사는 필요하지 않다.

- 서류심사 시 은행면책: 제34조는 은행이 면책되는 실질적 예시를 열거하고 있다.
  예) 은행은 모든 서류에 대해 서류형식, 충분성, 정확성, 진정성, 위조성, 법적 효력, 서류에 명시되거나 또는 이에 부가된 일반조건(general conditions)과 특별조건 (particular conditions)에 대해 어떠한 의무, 책임도 부담하지 않는다.

예) 은행은 모든 서류에 표시되어 있는 물품, 용역 또는 기타 이행의 명세, 수량, 중량, 품질, 상태, 포장, 인도, 가치 또는 존재에 대해 의무, 책임을 부담하지 않는다. 또한 은행은 물품의 송화인, 운송인, 운송주선인, 수화인, 보험자, 기타 당사자의 성실성, 작위, 부작위, 지급능력, 이행능력, 신용상태에 대하여 어떠한 의무, 책임도 부담하지 않는다.

- 서류 상호 간의 불일치문제: 신용장조건으로서 정해져 있는 사항에 대해서만 심사하면 된다고 하는 경우에는 제시된 서류의 기재사항이 서류마다 차이가 있는 경우의 서류처리문제에 직면하게 된다. 예를 들면, 신용장에는 물품의 수량에 대한 기재가 없었으나, 제시된 상업송장에 수량이 1,000pieces로 기재되어 있고 포장명세서에는 500pieces로 기재되어 있는 경우, 신용장조건과 불일치가 없는 서류를 거절할 수 없는 불합리한 상황이 발생한다.

  이러한 불합리한 결과를 피하기 위해 제14조 d항에는 서류는 서로 문면상 모순되어서는 안 된다는 취지를 규정하고 있다. 즉, 서류상호 간에 모순이 있으면 그 모순이 신용장조건과는 관계가 없는 사항에 대한 것이어도 신용장조건과 불일치한 것으로 간주한다.

(3) 국제표준은행관행

- ISBP의 목적: ISBP는 신용장거래에 관계되는 실무자가 UCP의 규정을 어떻게 적용할지를 결정할 때 참고하기 위한 것이고, UCP의 일반원칙과 실무가의 일상 업무 간에 발생하는 괴리를 메우기 위한 것이다. 서류점검 시에 ISBP를 참조함으로써 모든 국가에서 서류심사에 통일성을 구비하고 서류불일치의 건수를 감소시키는 역할을 한다. 신용장에 규정된 서류를 어떻게 준비하고 점검할지에 대해서 의문이 발생할 때에는 ISBP를 참조하는 것이 중요하다.

- ISBP의 기능: ISBP는 UCP를 보충하고, 실무상의 해석지침을 제공하는데 목적이 있으며 UCP를 변경하는 것은 아니다. 신용장에 UCP 준거문언이 기재되어 있으면 당연히 ISBP가 적용되기 때문에 신용

장에는 UCP에 준거한다는 것만을 기재하고 있고 ISBP에 준거한다는 취지의 기재는 하지 않는다.

예) ISBP745[1)]에는 원산지증명서(L1~L8)에 대해 규정하고 있으나, UCP에는 이 서류에 대해서 어떠한 규정도 없다.

국제표준은행관행은 협의의 국제표준은행관행(출판물 ISBP)과 광의의 국제표준은행관행(ISBP : international standard banking practice)이 있다. 광의의 국제표준은행관행에는 UCP600과 동시에 시행된 출판물의 「국제표준은행관행」(ISBP745)에 규정된 내용 외에 ICC Opinion이나 DOCDEX 감정에 나타나 있는 국제표준으로 되는 신용장실무 혹은 일부의 지역에서 관습으로 되어 있는 국제간거래에 관한 신용장실무도 포함된다. 신용장조건을 충족하는 서류는 UCP와 광의의 국제표준은행관행(ISBP)을 충족해야 한다.

※ DOCDEX 감정: 무역실무 전문가에 의한 간편한 분쟁해결수단을 도입한 것이다. 화환신용장에 관계되는 분쟁해결을 공정하고 신속하고 저렴하게 해결하기 위한 방법으로서 ICC의 국제전문가센터에서 선정된 3명의 전문가(Appointed Experts)에 의해 분쟁내용을 판단한다. ICC가 제정한 DOCDEX 규칙(ICC Rules for Documentary Instruments

1) ISBP는 2002년 화환신용장통일규칙(UCP 500) 하에서 ISBP645가 처음 발간된 이래, 2007년 화환신용장통일규칙이 UCP600으로 개정되자 이에 맞춰 ISBP681로 개정되었고, 다시 2013년 ISBP745가 발간되었다. 따라서 ISBP745는 ISBP의 세 번째 버전이자, 두 번째 개정이 되는 셈이다. ISBP의 두 번째 버전인 ISBP681은 UCP의 개정에 따른 것이나, ISBP745는 기존의 ISBP681이 시간 제약에 따라 개정보다는 업데이트 수준에 머물러 국제표준은행관행을 제대로 반영하지 못한다는 지적과 UCP600이 시행된 이후 상당한 기간이 경과되어 새로운 관행을 반영해야 한다는 등의 개정 필요성이 제기됨에 따라 UCP600 하에서 다시 개정된 것이다. 신용장 거래에서 요구하는 서류는 매우 다양하며 ISBP745는 이와 같은 현실을 반영하여 ISBP681에서 규정한 원산지 증명서와 선적전 검사증명서, 분석증명서, 검사증명서 이외에 추가적인 서류에 대하여 언급하고 이에 대한 판단근거를 제시하는 등의 추가적인 개정이 이루어졌다. 특히 수익자증명서, 포장명세서, 중량증명서, 분석증명서 등 새롭게 추가된 서류의 심사기준과 실무적 적용을 명시하고 있다.

Dispute Resolution Expertise)은 신용장통일규칙(UCP), 화환신용장에 따른 은행 간 상환에 관한 통일규칙(URR), 추심통일규칙(URC)의 적용에 관한 분쟁을 해결하기 위해 ICC가 독립적이고 공평하게 신속한 감정판단(DOCDEX감정)을 제공하기 위한 Rule이다. DOCDEX 감정에 대한 합의가 이루어지지 않는 한 당사자를 구속하는 것은 아니다. DOCDEX를 이용할 때의 비용은 '표준수수료'와 '추가수수료'로 구성되어 있다. 분쟁내용이 복잡할 때는 추가수수료가 발생한다.

(4) 서류조건이 아닌 신용장조건

신용장이 어떤 조건(condition)과의 일치성을 표시하기 위해 서류를 명시하지 않고 그 조건을 포함하고 있는 경우, 은행은 그러한 조건이 명시되지 않은 것으로 간주하여 이를 무시해도 된다(제14조 h항).

예를 들어, "수익자는 선적 직후 바로 선적일과 선명을 신용장발행의뢰인에게 통지"할 것을 규정하고 있는 신용장조건은 심사 시에 고려하지 않아도 된다. 만약 이러한 조건을 유효한 것으로 하고 싶은 경우에는 이러한 통지를 하였다는 취지를 기재한 수익자의 진술서(statement) 또는 통지를 입증할 수 있는 사본과 같은 서류제출을 요구하는 신용장조건으로 해야 할 것이다.

(5) 서류심사기간

발행은행의 지정에 따라 행동하는 지정은행, 확인은행(있는 경우)과 발행은행은 제시가 일치하는지 여부를 결정하기 위해 서류를 제시한 다음 날부터 최대 제5은행영업일을 각각 가진다(제14조 b항).

① 서류제시 다음날부터 기산하여 최장 5은행영업일

서류를 심사하는 은행은 최장 5은행영업일(five banking days) 한도에서 신속하게 검토해야한다는 것을 의미한다.

그러나 극단적인 예로서 Standby 신용장에 의해 제시된 수익자가 작성한 진술서(statement) 1장을 검토하는데 5은행영업일을 소비한 경우 과연 신속하게 점검이 이루어졌다고 말할 수 있는가 하는 점은 생각해 볼 필요가 있다.

② 서류를 심사하는 은행의 각각 서류심사기간

최장 5은행영업일의 표준은 지정은행, 확인은행(있는 경우), 발행은행에 적용한다.

그러나 일람지급, 연지급, 인수 또는 매입에 대해서 발행은행의 수권이 없는 은행은 이 규정의 대상으로 되지 않으므로 다음의 ③에 기재된 사항에 주의할 필요가 있다.

③ 서류제시일과 매입일

신용장의 유효기간(expiry date of the credit)은 일람지급, 연지급, 인수 또는 매입을 위한 기한이 아니라, 수익자의 서류제시를 위한 기한이다. 따라서 수익자가 서류를 유효기간에 지정은행에 제시한 경우, 지정은행은 제5은행영업일 이내에 그 서류를 신속하게 검토한 후 일람지급, 연지급, 인수 또는 매입을 하면 된다.

그러나 수익자가 유효기간 내에 발행은행으로부터 수권되지 않은 거래은행에 서류를 제출하면 그것은 유효한 서류제시로 인정되지 않는다. 이런 경우에 수익자의 거래은행이 유효기간 내에 지정은행 또는 발행은행에 서류가 도착하도록 송부하지 않으면 수익자는 일람지급, 연지급, 인수 또는 매입을 요구할 권리를 상실하게 된다.

④ 발행은행 또는 확인은행에 의한 일람지급의 결제기일

일람지급의 결제기일: 발행은행 또는 확인은행(있는 경우)이 제시된 서류가 신용장조건을 충족한 것으로 결정하였다면 신속하게 일람지급, 연지급, 인수를 해야 한다. 서류심사 후 수리하기로 결정하였다면 제5은행영업일까지 기다릴 필요는 없다. 일람지급의 경우 결제는 서류제시 다음 은행영업일부터 최장 5은행영업일 이내에 결제하도록 해야 할 것이며, 만약 서류심사가 5은행영업일 그날에 종료되어 그날에 결제할 수 없게 된 경우에는 그 다음 은행영업일에 결제해야 할 것이다.

(6) 서류거절 방법(UCP60 제16조 c항 iii)

① 거절통지 기한(제16조 d항)

은행이 서류 수리를 거절하기로 결정한 경우에는 그 취지를 신속한 방법에 의해 지체 없이 적어도 서류제시를 받은 다음 날부터 기산하여 최장 5은행영업일의 종료 시까지 서류를 송부하여 온 은행 또는 수익자에게 통지해야 한다. 만약 발행은행, 확인은행(있는 경우)은 이 기한까지 거절통지를 하지 않으면, 서류가 신용장조건을 충족하지 않는다고 주장할 권리를 상실한다. 이것을 배제의 원칙(Preclusion Rule)이라 한다.

* 제16조 f항: 발행은행 또는 확인은행이 이 조의 규정에 따라 행동하지 않으면 은행은 서류가 일치하는 제시를 구성하지 않았다고 주장할 수 없다). 다만, 지정은행에 대해서는 이 원칙이 적용되지 않는다.

② 거절통지원칙과 방법

거절통지는 거절한다는 취지를 명시함과 동시에 한 번에 모든 불일치사항을 명시하여 통지하는 것이 필요하다. 한번 거절통지를 하면 추가로 다른 불일치 거절통지를 해도 두 번째의 거절통지는 인정되지 않는다. 거절통지에 모든 불일치사항을 기재해도 거절문언이 없는 통지는 유효한 거절로 인정되지 않는다.

③ 서류거절의 절차

지정은행, 확인은행(있는 경우), 발행은행이 매입 또는 지급을 거절하기로 결정했을 때는 그 취지를 신속한 방법으로 제시인(presenter)에게 통지해야 한다.

매입, 지급의 거절에 관한 통지에는 다음의 사항을 기재해야 한다.

[서류 거절 절차]

㉠ Honour 할 것을 거절한다는 취지;

㉡ 거절하게 된 불일치내용의 모두 표시;

㉢ 제시된 서류의 취급방법을 표시해야 한다(제16조 C항 iii).

서류는 다음의 a~d 중에서 선택할 수 있다.

a. 은행이 제시인으로부터 추가지시를 받을 때까지 서류를 보관하고 있다는 것; 또는

b. 발행은행이 발행의뢰인으로부터 권리포기를 수령하고 서류를 수리하기로 합의할 때까지, 또는 권리포기를 승낙하기로 합의하기 전에 서류제시인으로부터 추가지시를 수령할 때까지 발행은행이 서류를 보관하고 있다는 것; 또는

c. 은행이 서류를 반송하고 있다는 것; 또는

d. 은행이 제시인으로부터 이전에 수령한 지시에 따라 행동하고 있다는 것.

발행은행 또는 확인은행(있는 경우)이 위의 규정에 따라 행동하지 않으

면, 은행은 서류가 일치하는 제시를 구성하지 않는다고 주장할 수 없다(제16조 f항).

발행은행은 불일치내용이 구체적으로 기재되어 있는 서류를 수취한 경우에도 발행은행으로서의 의무가 면제되는 것은 아니므로 서류의 인수를 거절할 때에는 위의 절차를 준수하여 행해야 한다.

2) UCP의 서류에 관한 규정

서류에 관한 규정의 취지: 신용장은 여러 가지 서류를 요구하고 있으나, 서류마다 요구방법, 서류명칭, 발행자, 발행부수, 서류에 기재되어야 하는 사항 등이 모두 다르다. 개개의 신용장에 서류에 관한 세부사항을 규정할 수 없어 UCP는 서류에 관한 신용장조건을 보충하기 위해 많은 규정을 두고 있다. 서류검토를 위해서는 이들 규정도 신용장조건의 일부로서 취급할 필요가 있다.

[제3조 7]

"prompt, immediately, as soon as possible" 등의 표현

UCP600 제3조에 있는 "신속한(prompt)", "즉시(immediately)", "가능한 한 빨리(as soon as possible)"와 같은 단어는 서류에 사용될 것이 요구되지 않는 한 고려하지 않아도 된다. 예를 들어, 즉시(immediately)송부했음을 증명하는 수익자의 선적증명서(Beneficiary's Certificate)를 요구하고 있을 때 증명서에 있는 immediately의 단어는 사용할 필요는 있지만 실제로 즉시 송부했는지 여부는 묻지 않는다.

[제3조 10]

"지급기일을 결정하는 "from", "after"

UCP600 제3조에서는 만기일을 결정하기 위해 사용된 "부터(from)" 및

"이후(after)"라는 단어는 언급된 당해 일자를 제외한다(The words "from" and "after" when used to determine a maturity date exclude the date mentioned).

[제31조]

「분할어음발행 또는 선적」

신용장의 분할사용 또는 분할선적은 신용장이 금하고 있지 않는 한 허용하는 것을 원칙으로 한다는 취지를 규정하고 있으며 또한 복수의 운송증권이 제시되어도 분할선적이 이루어진 것으로는 간주하지 않는 특례에 대해서 정하고 있다.

예를 들어, 두 종류의 물품을 동일선박에 별도의 항구에서 각각 서로 다른 날에 적재한 경우 운송증권은 두 종류로 나누어진다. 그러나 이러한 경우에도 각각의 물품이 동일선박이고 도착지가 동일하다면 그 선적은 분할선적에 해당하지 않는다.

그러나 이와 유사한 경우로서 운송증권이 동일한 날에 발행되고 도착지가 동일하지만 다른 선박에 적재하는 것은 분할선적을 구성하는 것으로 보아야 할 것이다.

동일한 택배 또는 동일한 우편서비스에 의한 stamp 또는 서명이 있고 동일 또는 동일 도착지로 향한 복수의 택배수령서 또는 우편증명서에 대해서는 분할선적으로 간주되지 않는다.

3) 각종 서류에 관한 공통적인 수리요건

UCP600 제3조(해석) 및 제17조(원본서류 및 사본)는 각종 서류에 공통적으로 적용되는 사항을 규정하고 있다.

[서류발행인에 대한 애매한 표시(제3조)]

서류의 발행인을 지칭하기 위해 사용되는 "일류의(first class)", "저명한(well known)", "자격있는(qualified)", "독립적인(independent)", "공인된(official)", "유능한(competent)" 또는 "국내의(local)"와 같은 용어는 수익자 이외의 모든 서류발행인이 서류를 발행하는 것을 허용한다. 예를 들면, 신용장에 "first class"의 선박회사가 발행한 선하증권을 요구해도 그 외 신용장조건을 충족하면 선박회사가 first class인지의 여부에 대한 판단은 하지 않고 제시된 대로의 선하증권을 은행은 수리한다.

[서류원본의 표시와 서명](제17조 a항)

신용장에서 요구된 서류는 적어도 명시된 각 서류의 1통은 원본(original)을 제시할 것을 규정하고 있다. 제17조 b, c항에서는 원본으로 인정될 수 있는 서류의 형태에 대해 명시하고 있고, 원본으로 되는 서류의 원칙적 취급과 예외적 취급으로 나누어 설명하고 있다.

① 원칙적 취급(제17조 b항): 서류 그 자체가 원본이 아니라고 표시하고 있지 않는 한, 명백히 서류발행인의 원본 서명, 표기, 스탬프 또는 라벨(label)을 기재하고 있는 서류를 원본으로서 취급한다.

② 예외적 취급(c항 ⅰ, ⅱ, ⅲ호): 제17조 b항에서 정해진 것 이외에 다음과 같은 형태의 서류는 원본으로서 취급된다.

- 서류발행인에 의해 수기, 타이프, 천공 또는 스탬프된 것으로 보이는 경우,
- 서류발행인의 원본용지에 기재된 것으로 보이는 경우,
- 서류에 원본이라고 기재되어 있는 경우이다.

[서류원본으로 간주되지 않은 서류]

- 원본이 아니라고 표시되어 있는 서류

- 원본을 복사한 서류
- "다른 종류의 copy임"이란 기재가 있는 서류
- 다른 서류가 유일한 원본이라는 취지의 기재가 있는 서류

위의 요건은 일반적인 서류에 대해 '원본으로 인정할 수 있는 요건'을 규정하고 있으며, 운송증권나 보험증권처럼 그 서류의 소지자가 권리행사를 하는 경우에 발행자의 서명이 중요한 의미를 가지는 서류에 대해서는 별도의 서명요건을 정하고 있다. 운송증권(제19조~제25조), 보험증권(제27조).

- UCP에서 별도의 서명을 정하는 경우,

"signed commercial invoice"처럼 신용장이 서명을 요구하고 있는 경우, 혹은 서류의 성질상 당연히 서명되어야 할 서류의 경우에는 당연히 서명되어 있는 것이 수리의 요건으로 된다.

[서명방법]

UCP600 제3조 3에는「서류는 수기, 모사서명(facsimile signature), 천공서명(perforated signature), 스탬프, 상징(symbol) 또는 기타 모든 기계적 또는 전자적 인증방법에 의해 서명될 수 있다」고 규정하고 있다. UCP는 이러한 종류의 서명을 인정하고 있으나 서명자는 서류가 작성되는 국가의 법률적 제약을 받게 됨으로써 UCP에서 인정하고 있는 서명방법이어도 서류발행국가에서 인정하지 않는 서명은 사용할 수 없다.

[서류에 기재된 날짜(제14조 i항)]

'서류는 신용장의 발행일보다 이전의 일자(prior to the issuance date of the credit)는 기재될 수 있으나, 그 서류의 제시일보다 늦은 일자

(later than its date of presentation)가 기재되어서는 안 된다.'고 규정하고 있다. 거래당사자의 사정으로 선적을 서두르는 경우에는 신용장발행전에 선적을 하는 경우도 있기 때문에 이러한 실무적인 관행을 반영한 것이다. 후반부의 「서류제시일보다 늦은(later than its date of presentation) 날짜가 기재되어서는 안 된다.」의 문언은 UCP600에서 신설된 규정이다.

【Multiple Documents】

- "in three copies"의 표현에서 copy는 「복사」라고 하는 의미가 아니라 「통수」로 해석해야 한다. "invoice in three copies"와 같은 신용장조건은 상업송장 3통을 요구하고 있을 뿐 원본인지 복사본인지에 대해서는 언급하고 있지 않다.
- UCP600에서는 「적어도 신용장에 명시된 각 서류는 1통의 원본이 제시되어야 한다.」(제17조 a항)고 규정하고 있고, 제17조 e항에는 「신용장이 "2통(in duplicate)", "2부(in two fold)", "2통(in two copies)"과 같은 용어를 사용함으로써 수통의 서류 제시를 요구하는 경우, 이것은 서류자체에 별도의 표시가 있는 경우를 제외하고는 적어도 원본 1통과 사본으로 된 나머지 통수의 제시에 의하여 충족된다. 다만 서류자체가 특단의 기재를 하고 있는 경우는 제외한다.」로 규정되어 있다. 따라서 "invoice in three copies"와 같은 표현에 의해 복수(multiple document)의 서류를 요구하고 있는 신용장에서는 3통 중 1통은 원본이어야 한다.
- 「서류자체가 특단의 기재를 하고 있는 경우」란 선하증권처럼 발행된 원본의 통수가 서류에 기재되어 있는 경우를 말한다. 원본 3통이 발행된 것으로 선하증권에 기재되어 있으면 "in three copies"는 원본3통을 제시해야 한다.

운송증권, 보험증권, 상업송장 이외의 서류에 대한 발행자 및 기재내용에 관한 사항(제14조 f)

신용장에서 서류의 발행자 및 서류의 내용을 특정하지 않고, 운송증권, 보험증권 또는 상업송장 이외의 서류의 제시를 요구하는 경우에, 은행은 서류의 내용이 요구된 서류의 기능(function of the required documents)을 이행한 것이라면 제시된 대로 수령하면 된다. 예를 들면, 포장명세서, 검사증명서 등이 요구되고 있지만 발행자를 누구로 해야 할 것이며, 서류에는 어떠한 문언이 기재되어 있어야 할 것이며, 또한 어떠한 기재내용(data contents)이어야 할 것인지 등에 대해 정해져 있지 않은 경우에는 서류의 기재내용이 당해서류의 기능을 한 것으로 간주되고 또한 서류의 내용, 그 외의 서류의 내용 및 신용장의 내용과 모순되지 않는다면 제시된 대로 서류가 수리된다.

□ 신용장에 서류의 기재내용이 정해져 있지 않은 서류의 취급

신용장에 기재내용이 정해져 있지 않은 경우에는 은행은 서류가 제시된 대로 수리하면 된다. 그렇지만 분석에 관한 data를 전혀 기재하고 있지 않은 Certificate of Analysis는 서류의 기능을 갖춘 것으로 인정하기 어려워 수리될 수 없을 것이다.

또한 다른 서류 간에 data가 상호 모순이 없는지에 대해서도 확인해야 한다.

□ 신용장에서 요구되지 않는 서류의 취급(UCP600 제14조 g)

제시인이 제시하였으나 신용장에 의해 요구되지 않은 서류는 고려하지 않고 제시인에게 반환될 수 있다(A documents presented but not required by the credit will be disregarded and may be returned to the presenter). 이러한 상황에 있는 서류는 은행이 자체적으로 판단하여 취급할 수 있다는 것을 의미한다. 은행은 불필요한 오해를 피하기 위해 신용장에서 요구하고 있는 서류만을 발행은행에 송부하고, 신용장에서 요구하지 않는 서류는 수익자가 직접 발행의뢰인(수입자)에게 송부하는 것이 바람직하다.

【서류의 진정성, 원본 확인 가능성】

□ 서류 원본의 판단과 결정기준

- UCP600 제17조에 원본으로 인정되는 서류의 형태를 제시하고 있다. 원본으로 인정될 수 있는 형식: 「원본이라는 표시, 발행자의 서명, 부호(mark), Stamp, 라벨이 표시되어 있는 서류」
  ex) 선하증권의 경우 Original, Duplicate, Triplicate
- 원본으로 표시되어 문면상 원본인 것에 의심이 없어 원본으로서 취급하였으나 실제는 원본이 아니었던 경우에는 위조에 관한 법률이 적용되고 UCP의 대상으로는 되지 않는다.

□ 전자서명과 인증기관

- 서류에 서명이 있다고 해도 그 발행기관이 실제로 존재하는가? 서명자는 유자격자인가? 확실히 본인인가? 서류는 발행 후에 변조되지 않았는가? 등을 확인할 수 없으면 안전한 거래를 이행할 수 없다. 안전한 전자거래를 이행하기 위해 「공인전자서명」, 「공인인증기관」, 「상호인증」 협정을 체결하는 방법에 의해서 안전을 확보하고 있다. 향후 신뢰할 수 있는 「글로벌인증기관」의 출현이 기대되고 있다.

4) 환어음 수리요건

환어음은 발행인이 지급인에 대해서 증권의 정당한 소지인의 청구에 따라 혹은 특정일에 일정금액(수표금액)을 지급할 것을 위탁하는 형식의 금전위탁증권이다.

수표는 요식의 유가증권이고, 신용장에 의해 발행되는 환어음은 법률, 관습을 달리하는 국가 간의 거래에 관한 것이므로, 환어음이 정당한 요건을 구비하고 있는지에 대해 주의할 필요가 있다.

(1) 환어음의 요건

[법정기재사항(우리나라 어음법 제1조 - 어음의 요건)]

환어음(換어음)에는 다음 각 호의 사항을 적어야 한다.

① 증권의 본문 중에 그 증권을 작성할 때 사용하는 국어로 환어음임을 표시하는 글자

② 조건 없이 일정한 금액을 지급할 것을 위탁하는 뜻

③ 지급인의 명칭

④ 만기

⑤ 지급지

⑥ 지급받을 자 또는 지급받을 자를 지시할 자의 명칭

⑦ 발행일과 발행지

⑧ 발행인의 기명날인 또는 서명

[임의기재사항]

- 수표번호
- 대가수령문언
- 신용장발행의뢰인
- 신용장의 명세(발행은행명, 신용장번호, 발행일 등)

UCP에는 환어음에 관한 규정은 없다. 환어음은 각국의 법률에 준거해야 할 것이다. 환어음이 우리나라에서 발행된 경우 발행행위에 대해서는 우리나라의 어음법이 적용되고, 환어음의 인수, 지급이 외국에서 이루어질 때는 인수, 지급행위에 대해서는 외국의 법률이 적용된다.

이것을 「행위지법의 원칙」이라 하다.

(2) 신용장에 의한 환어음

신용장거래에서 이용되는 환어음은 매입은행을 수취인으로 하고 발행은행이나 지정은행을 지급인으로 하여 수익자가 발행한다. 신용장거래에서는 환어음을 요구하는 경우와 요구하지 않는 경우가 있으나 환어음을 요구하는 경우 다음과 같은 사항에 주의해야 할 필요가 있다.

□ 발행인: 환어음은 수익자가 발행해야 하며 발행일을 표시해야 한다 (ISBP B8).

□ 지급인(UCP600 제6조 c항)

- 발행의뢰인(수입자)을 지급인으로 하여 발행된 환어음에 의해 사용될 수 있는 신용장은 발행되어서는 안 된다.
- 환어음은 필요하다면 신용장에 명시된 은행을 지급인으로 해서 발행되어야 한다. (ISBP B1) ⇒ 신용장에서 요구된 환어음은 신용장에 명시된 지급인 앞으로 발행되어야 한다.

□ 수표만기일(tenor)(ISBP B2)

1. 환어음은 신용장에 명시된 기한에 관한 조건에 따라 작성되어야 한다.
2. 일람불(at sight) 환어음이 아닌 기한부 환어음(usance draft; time draft)은 그 자체 내에서 만기를 결정할 수 있도록 발행되어야 한다. 예를 들어, 신용장에 환어음 만기에 관한 조건이 선하증권발행일 후 60일 지급조건으로 되어 있는 경우, 선하증권발행일이 2022년 7월 12일이면 아래와 같이 표시하는 것이 가능하다.
   - "60 days after bill of lading date 12 July 2022"
   - "60 days after 12 July 2022"
   - "60 days after bill of lading date" 별도의 공간에 bill of lading date July 12, 2022으로 기재한다.

- "60 days after(draft) date", 선하증권발행일과 동일한 날을 어음 발행일로 한다.
- "September 10, 2022"

3. 만기일을 결정하는 경우의 선하증권 발행일
   만기일이 선하증권 발행 후 XXX일(XXX days after bill of lading)로 되어 있는 경우는 선적일(on board date)이 선하증권 발행일 전후이어도 선적일이 선하증권의 발행일로 된다.
4. 만기일을 결정하는 경우의 용어 "after", "from"
   "after", "from"이 사용된 경우 기재된 일은 제외된다.
   예, "10days after or from May 1"의 경우, 만기일은 5월 11일이다.
5. 복수로 선하증권이 제시된 경우
   신용장이 예를 들면 "60 days after or from bill of lading date"의 조건이고, 하나의 환어음에 의해 복수의 선하증권이 제시되었을 때는 마지막 선하증권의 날짜가 만기일의 계산에 사용된다.
6. 지급은행이 만기일을 결정하는 방법(ISBP B5)
   일람후 일정기간 후에 지급(at XXX days after sight)으로 발행된 환어음의 경우에, 만기일의 계산기준일은 다음과 같다.
   Ⓐ 어음 지급은행이 서류 거절을 하고 있지 않을 때는 지급은행의 서류수령일로 된다.
   Ⓑ 거절통지를 한 후에 승낙한 경우에는 지급은행의 인수일이 된다.
   Ⓒ 위의 Ⓐ와 Ⓑ의 경우는 신용장이 후지급을 정하고 있는 경우의 만기일의 계산에도 적용된다.

□ 배서(ISBP B14): 환어음은 필요한 경우 배서를 한다.
통상의 경우, 어음의 수취인인 매입은행에 의해서 배서가 이루어진다.

- □ 금액(ISBP B13): 환어음은 제시할 때 청구하는 금액과 동일한 액수로 발행되어야 한다.
- □ 정정 및 변경(ISBP B16): 환어음상 정보의 정정은 수익자의 서명이나 약식서명의 추가에 의하여 인증된 것으로 간주한다.
  환어음에 나타난 정정과 변경은 환어음을 발행하는 수익자에 의해 인증(authentication)되어야 하며, 그 인증에는 수익자의 정식서명 또는 약식서명이 포함되어야 한다. 수익자가 작성한 서류에 나타난 정정과 변경은 인증이 필요 없으나, 환어음은 발행자인 수익자에 의한 인증이 필요하다.

4 운송증권 및 보험증권의 수리요건

신용장거래에서 대금지급을 청구하기 위해 제시된 운송증권은 어떠한 요건을 충족하면 수리될 수 있는가에 관한 이해가 필요하다.

1) 운송증권의 역할과 신용장조건

(1) 신용장거래에서 운송증권의 역할

신용장거래에서 물품이 운송인에게 인도되고 운송계약이 성립하였다는 것을 증명하는 운송증권은 신용장거래 관계당사자 모두에게 중요한 서류이다. 신용장발행은행 및 지정은행과의 관계에서 운송증권은 선적화물에 대한 담보권 확보를 위한 수단으로서의 특별한 의미를 가지고 있다.

(2) 운송증권에 관한 신용장조건

신용장조건은 매매계약조건 및 신용장통일규칙의 규정을 감안하여 결정하게 된다. 운송증권에 관한 신용장조건의 여러 항목 중에서 특히 수하인(consignee)을 어떻게 선정할지에 관한 것은 물품에 대한 은행의 담보로서의 실효성과 관계가 있는 중요한 사항이다.

① 상환증권성 있는 운송증권의 경우

선하증권처럼 증권과 상환하지 않으면 물품의 인도가 이루어지지 않는 서류는 매입은행이나 발행은행이 해당 서류를 소지하고 있으면 물품을 확보하게 된다(운송증권에 수하인을 잘못 설정하게 되면 은행은 물품에 대해 관리할 수 없게 될 수도 있다).

[은행에게 유리한 수하인 결정방법]

첫째, 송하인의 지시식으로 정하고, 백지배서를 요구하는 방식

이러한 결정방법이 가장 일반적이다.

"Bills of Lading made out to order of shipper and blank endorsed"

둘째, 발행은행의 지시식으로 지정한다.

"Bills of Lading made out to order of issuing bank"

이 방식은 발행은행의 입장에서는 첫 번째의 경우만큼 유리하지만, 지정은행의 입장에서는 운송증권을 점유하고 있는 동안에는 일단 물품을 점유하고 있는 것으로 되지만 발행은행의 이서를 받지 못하면 물품을 인도받을 수 없는 문제점이 있다.

셋째, 발행은행의 기명식으로 지정한다.

"Bills of Lading consigned to the issuing bank."

이 방식은 발행은행에게 있어서는 위의 두 가지 경우처럼 유리하지만, 지정은행의 입장에서는 물품이 기명식선하증권의 유통(배서양도)을 인정하지 않는 국가로 수출되는 경우에는 선하증권의 제시 없이 물품이 수하인에게 인도되므로 선하증권을 소지하고 있어도 물품을 점유하고 있는

것으로는 되지 않을 수 있다.

[은행에게 불리한 수하인 결정방법]
첫째, 수하인을 발행의뢰인(수입자)의 지시식으로 지정하는 경우이다.
둘째, 수하인을 발행의뢰인의 기명식으로 지정하는 경우이다.

② 상환증권성 없는 운송증권의 경우

Air Waybill, Non-Negotiable Sea Waybill처럼 상환증권의 성질이 없는 운송증권을 발행하는 경우에는 운송인은 증권과 상환하지 않고 운송물을 수하인에게 인도하므로 발행은행이 물품을 관리하고자 하는 경우에는 발행은행 자신을 수하인으로 지정해야 할 것이다. 그러나 지정은행이 물품을 관리할 수 있는 입장이 되도록 하는 수하인의 결정방법은 없다.

2) 운송증권에 관한 신용장통일규칙의 규정

UCP600은 제19조에서 제27조까지 9개의 조항에서 운송증권에 관해 규정하고 있다.

제19~제25조: 신용장거래에 사용할 수 있는 운송증권을 8종류로 구분하고, 각 운송증권별로 구비해야 할 요건에 대해서 규정하고 있다.

제26~제27조: 각종 운송증권에 공통적으로 적용되는 요건에 대해서 규정하고 있다.

UCP에 규정된 운송증권	적어도 두 가지 다른 운송방식을 표시하는 운송증권	선하 증권	비유통 해상화물 운송장	용선계약 선하증권	항공 운송 증권	도로, 철도 또는 내수로 운송증권	특송 화물 수령증	우편 수령증 또는 우편 증명서
적용 조항 / 규정사항	제19조	제 20조	제21조	제22조	제 23조	제24조	제 25조	제25조
기본 수리요건								
운송인 이름표시	a, i	a, i	a, i	–	a, i	a, i	a, i	–
서명자	a, i	a, i	a, i	a, i	a, i	a, i	a, i	c
선적완료증명	a, ii	a, ii	a, ii	a, ii	a, ii, iii	a, ii	a, ii	c
선적항/양륙항	a, iii	a, iii	a, iii	a, iii	a, iv	a, iii	a, i	c
원본의 수	a, iv	a, iv	a, iv	a, iv	a, v	b, c	–	–
운송조건	a, v	a, v	a, v	b	a, vi	–	–	–
용선계약조항	a, vi	a, vi	a, vi	a	–	–	–	–
환적에 관한 규정								
환적에 관한 정의	b	b	b	–	b	d	–	–
환적여부에 관한 원칙	c, i	c, i	c, i	–	c, i	e, i	–	–
환적금지에 관한 L/C조건	c, ii	c, ii	c, ii	–	c, ii	e, ii	–	–
권리유보조항	–	d	d	–	–	–	–	–

자료: 「貿易と信用狀」 2009, p. 123.

UCP600에서는 누가 운송증권에 서명해야 할 것인가에 대해서 운송증권의 정류별로 정하고 있다.

【UCP에 규정되어 있는 운송증권의 서명자】

운송증권 \ 서명자	운송인 또는 운송인의 대리인	선장 또는 선장의 대리인	그 외
복합운송증권 (제19조)	○	○	
선하증권 (제20조)	○	○	
해상운송장 (제21조)	○	○	
용선계약선하증권 (제22조)		○	선박소유자 또는 그 대리인, 용선자 또는 그 대리인
항공운송증권 (제23조)	○		
도로, 철도, 내수로 운송증권 (제24조)	○		

자료: :「貿易と信用狀」 2009, p. 133.

3) 신용장통일규칙이 취급하고 있는 운송증권

① 복합운송증권(Multimodal Transport Document, 제19조)는 무엇인가?

복합운송은 물품을 발송지에서 최종목적지까지 2개 이상의 운송수단을 사용하여 운송되는 거래형태이다. 이 경우에 발행되는 운송증권은 복합운송증권이다. 복합운송증권은 적어도 두 가지 다른 운송형태를 대상으로 하는 운송증권이지만, 하주와의 관계에서 복합운송인은 전 구간에 대한 책임을 부담한다. UCP에서는 복합운송증권의 명칭에 대해서는 별도의 규정을 두고 있지 않다. 그러나 실무에서는 복합운송을 나타내는 다양한 용어를 사용하여 아래와 같은 명칭으로 복합운송증권을 표현하고 있다.

"Multimodal Transport Document";

"Combined Transport Document";

"Multimodal Transport Bill of Lading";

"Combined Transport Bill of Lading";

"International Transport Bill of Lading" 등이다.

복합운송증권에는 상환증권성이 있는 것과 없는 것이 있으나 명칭에 "Bill of Lading"의 용어가 포함되어 있는 서류는 상환증권성이 있으나 "Multimodal Transport Document"와 같은 명칭이 붙은 서류의 경우에는 "Negotiable"(유통가능)의 표시가 있으면 상환증권성이 있고 "Non-negotiable"(유통불능)의 표시가 있으면 상환증권성은 없는 것으로 해석하기도 한다.

복합운송증권의 수리요건은 다음과 같다(제19조).

㉠ 운송인의 이름, 서명

㉡ 물품 발송(dispatched), 수취(taken in charge), 선적(shipped on board)되었다는 사실표기

㉢ 발송지, 수취지, 선적지 및 최종목적지

㉣ 운송증권의 원본: 발행된 원본 전통(full sets)을 표시해야 한다.

㉤ 운송약관

㉥ 용선계약이 아니라는 표시: 용선계약하에서 발행된 운송증권이 아니라는 표시

② 선하증권(Bill of Lading, 제20조)

선하증권은 국제무역에서 첫째, 물품의 수령증, 둘째, 해상운송계약체

결을 나타내는 증거증권, 셋째, 선하증권에 기재된 물품을 체화한 유기증권의 기능을 한다.

선하증권은 항구에서 항구까지의 해상운송을 하는 경우에 발행되는 상환증권성을 가지는 운송증권이다.

신용장에는 "Marine Bill of Lading", "Ocean Bill of Lading", "On board Bill of Lading" 등 다양한 명칭이 사용되고 있으나 해상운송을 위한 선하증권을 요구하고 있다고 판단되는 경우에는 제20조의 규정이 적용된다.

선하증권의 수리요건은 다음과 같다(제20조).

㉠ 운송인의 이름 표시와 서명자

선하증권의 가장 중요한 수리요건으로서 운송인의 이름표시와 서명이 되어 있어야 한다.

"ABC Co. Ltd, the carrier", 서명란에 "For ABC Co. Ltd, as carrier"로 표시해도 된다. 그러나 선하증권의 발행자명(예, ABC Shipping Lines)만을 기재하여 발행된 선하증권은 그 자가 운송인으로서 선하증권을 발행하였는지 여부가 불분명하고 carrier의 표시가 없는 한 충분히 알 수 없다.

[두 가지 요건에 대한 보충규정]

첫째, 운송인, 선장 또는 지정대리인에 의한 서명은 운송인, 선장 또는 지정대리인의 서명으로서 특정되어 있어야 하고,

둘째, 지정대리인에 의한 서명은 그 지정대리인이 운송인을 대리하여 서명하였는지 아니면 선장을 대리하여 서명하였는지에 대해서 표시해야 한다.

㉡ 선적완료의 표시(제20조 a항 ii호)

선적선하증권은 선적이 이루어졌음을 나타내는 표시가 있는 선하증권

이다.

수취선하증권은 on board notation이 없는 선하증권으로서 선적되었다는 표시가 없는 선하증권이다.

㉢ 신용장에 정해진 선적항에서 양륙항까지의 선적을 나타낼 것

선적이 완료되었음을 나타내기 위해서는 선적일, 선적항 또는 선박명이 세 가지 내용을 기입해야 한다.

㉣ 원본의 수: 원본으로서 발행된 선하증권의 발행부수

㉤ 운송조건 표시

㉥ 용선계약

- 용선계약에 따른다는 어떠한 표시도 포함하고 있지 않은 것을 수리요건으로서 정하고 있다(제20조 a항 vi호).
- 신용장이 용선계약선하증권을 요구 또는 허용하고 있는 경우에 대해서 제22조(용선계약선하증권)에 규정을 두고 있다.

[환적 표시가 있는 선하증권이 수리되는 두 가지 특례]

첫 번째 특례: 선하증권에는 물품이 환적될 것이라거나 또는 될 수 있다(the goods will or may be transhipped)고 표시될 수 있다. 다만 전 운송이 동일한 선하증권에 의하여 커버되어야 한다(제20조 c항 i호).

신용장이 환적을 금지하고 있는 경우에도 물품이 선하증권에 의해 입증된 대로 컨테이너, 트레일러 또는 래쉬선에 선적된 경우에는 환적이 행해질 것이다 또는 행해질 수 있다(transshipment will or may take place)고 표시하고 있는 선하증권은 수리될 수 있다(제20조 c항 ii호).

따라서 물품이 컨테이너 등에 적입되어 있는 경우에 신용장이 단지 "환적을 금지함"으로만 정하고 있는 경우에는 환적금지의 효과는 없게 된다. 그러나 환적금지를 정하고 있는 신용장이 제20조 c항 ii호 규정의 적용을 배제하는 취지를 명시하고 있는 경우에는 환적금지의 효과가 있다.

두 번째 특례는 운송인이 환적할 권리를 유보한다고 명기하고 있는 선하증권상의 조항은 고려하지 않아도 된다(제20조 d항).

③ 비유통 해상화물운송장(Non-Negotiable Sea Waybill)

해상화물운송장은 항구에서 항구까지의 해상운송을 하는 경우 발행되는 운송증권이며, 유통성이 없고 상환증권성이 없는 운송증권이다. 해상화물운송장은 유통성 없고 상환증권성이 없다는 점을 제외하고는 기재사항, 계약조항 등은 기본적으로 선하증권과 동일하다. 선하증권의 법적성질인 상환증권 특성으로 인해 발생하는 문제 해결책으로서 고안된 것이 유통성 없고 상환증권성 없는 해상화물운송장이다. 신용장방식에 의해 대금지급이 이루어지는 경우에는 화물에 대한 담보권을 가질 수 있는 선하증권을 일반적으로 이용한다.

④ 용선계약선하증권(Charter Party Bill of Lading)

용선계약선하증권은 그 명칭에 관계없이 용선계약에 따른다는 표시를 포함하고 있는 선하증권(A bill of lading, however named, containing an indication that it is subject to a charter party)이다(UCP600 제22조 a항). 운송조건에 대해서 "as per charter party"와 같은 문언이 운송증권에 표시되고 상세한 기재를 생략하는 이른바 short form 형식으로 발행되는 선하증권의 형태인 경우가 대부분이다.

용선계약선하증권에는 일반 선하증권에 비해서 하주에게 불리한 약관이 포함되어 있을 가능성이 있어 UCP600은 신용장이 특히 인정하고 있지 않는 한 용선계약선하증권은 거절한다는 취지를 규정하고 있다(제19조, 제20조, 제21조 a항 ⅳ호).

그러나 UCP600에서는 실무적으로 신용장이 용선계약선하증권을 요구하고 있고 또한 허용하고 있는 경우에 대해 제22조에 규정하고 있다.

용선계약선하증권의 형태는 다양하다. 운송증권에 용선계약에 대한 언급이 직접적으로 기술되어 있지 않았어도 아래와 같은 형식을 갖춘 운송증권은 일반적으로 용선계약선하증권으로 인정된다.

㉠ 용선계약이 적용된다는 표시가 있는 선하증권(subject to a charter party)

㉡ 선하증권에 용선계약서에 대한 언급이 있으나 일자가 기재되지 않은 경우는 용선계약선하증권으로 간주한다.

㉢ 운임이 용선계약에 따라 지급된다는 표시가 있는 선하증권(freight payable as per charter party dated)

㉣ 용선계약이 사용될 수 있다는 표시가 있는 선하증권(to be used with Charter Parties)

㉤ 신용장에서 탱커선하증권을 요구하였다면 용선계약이 언급된 선하증권은 수리될 수 있다는 것이 ICC의 공식의견이다. 탱커선박은 주로 용선된 선박이 대부분이기 때문에 이렇게 결정을 내린 것으로 보인다.

㉥ 운송증권에 용선계약이 적용된다는 표시가 수정되어 삭제되었고, 운임이 용선계약에 따라 지불될 수 있다는 표시에서 용선계약일자 기재난이 공란인 경우에도 용선계약선하증권으로 간주된다.

ICC 공식의견(official opinion)에 의하면 운송증권표제에 "Charter Party Bill of Lading"로 기재되어 있어도 선하증권 본문에 용선계약에 대해 전혀 언급이 없으면 신용장거래에서 용선계약선하증권으로 간주하지 않는다. 이러한 ICC의 공식의견은 서류제목보다는 내용을 중요시하는 신용장통일규칙의 기본원칙이 반영된 것으로 보인다.

> 선하증권 이면에 용선계약이 인쇄약관으로 기재된 경우에는 신용장거래에서 용선계약선하증권으로 간주하지 않는다. 그것은 UCP600 제34조에 따라 은행은 선하증권의 이면약관을 심사할 의무가 없기 때문이다.

용선계약선하증권의 수리요건은 아래와 같다(제22조).

신용장에서 용선계약선하증권을 허용하여 용선계약선하증권이 제시된 경우 은행은 신용장조건, UCP600 제22조, 제14조 및 ISBP 등을 적용하여 서류의 일치성여부를 심사해야 한다.

㉠ 서명권자 및 명칭 표시

a. 서명권자: 선장, 선주, 용선자(UCP600에서 추가로 선정됨) 또는 지정대리인이 서명해야 한다.

b. 서명권자의 명칭 표시: 선장, 선주, 용선자 또는 대리인에 의한 모든 서명은 선장, 선주, 용선자 또는 대리인의 것이라는 것을 확인하고 있어야 한다. 대리인에 의한 모든 서명은 그 대리인이 선장, 선주 또는 용선자 중 누구를 대리하여 서명하였는지를 표시해야 한다.

단, 선장의 대리인이 서명하는 경우에는 선장의 이름을 기재할 필요는 없다(UCP600에서 개정된 내용 - 선하증권을 발행하는 시점에서 선장이 정해져 있지 않아 선장의 이름을 모르는 경우가 많기 때문에) (UCP600 제22조 a항 i).

㉡ 원본전통 제시

단일의 용선계약선하증권 원본 또는 2통 이상의 원본이 발행된 경우에는 용선계약선하증권상에 표시된 대로 전통(full set)이 제시되어야 한다(UCP600 제22조 a항 iv).

㉢ 본선적재 표시 및 선적일

a. 본선적재 표시: 본선에 선적되었다는 표시가 있어야 한다.

b. 선적일: 용선계약선하증권의 발행일은 선적일로 간주한다. 그렇지만, 용선계약선하증권이 선적일을 표시하고 있는 본선적재표기를 포함하고 있는 경우에는 본선적재표기상에 명기된 일자를 선적일로 간주한다. (UCP600 제22조 a항 ii).

㉣ 선적항과 양륙항 표시

㉤ 상품명세와 수하인 기재 및 배서

- 서류상의 자료는 신용장 그 서류자체 및 국제표준은행관행의 관점에서 검토하는 경우 그 서류 기타 모든 명시된 서류 또는 신용장상의 자료와 동일할 필요는 없지만 이와 상충되어서는 안 된다(UCP600 제14조 d항).
- 선하증권에 표시된 수하인에 관한 정보는 신용장에 표시된 수하인과 일치해야 한다. 원산지증명서의 수하인 정보가 선하증권의 수하인 정보와 다르더라도 서로 저촉하는 것으로 간주하지 않는다. 즉, 선하증권의 수하인은 발행은행으로 기재될 수 있으나(담보권부여를 위해) 원산지증명서의 목적은 수입통관용이므로 발행의뢰인이 수하인으로 기재될 수 있다. 수하인을 지시식(to order)으로 기재할 것을 요구하였다면 반드시 지시식으로 기재해야 한다.

⑤ 항공운송증권(Air Transport Document, 제23조)

- 항공운송증권은 물품을 항공기에 의해서 운송하는 경우에 발행되고, 항공운송계약을 증명하는 서류이다. 신용장이 항공운송증권을 요구하는 경우 UCP600 제23조의 규정이 적용된다. 수하인란에 은행으로

기재되어 있는 경우 수하인은 은행이므로 은행이 인지하지 못한 상태에서 수입업자가 물품을 수령할 위험은 없다.

- 송하인용원본의 발행부수는 Warsaw 조약에 의해 1통이므로 제23조 a항 ⅴ호에 "a full set of originals"와 같은 요구를 해도 1통의 송하인용 원본(original for consignor or shipper)이 제시되면 수리된다는 취지를 규정하고 있다.

- 항공운송증권의 수리요건은 복합운송증권 및 선하증권과 거의 동일하지만 다음과 같은 차이가 있다.

첫째, 항공운송증권에는 물품이 운송을 위해 수령되었다는 것(the goods have been accepted for carriage)이 표시되어 있어야 한다.

둘째, 항공운송증권의 발행일이 표시되어 있어야 한다. 항공운송증권의 발행일은 선적일로 간주된다. 다만 항공운송증권에 실제의 선적일이 특별 부기되어 있는 경우에는 그 날을 선적일로 간주한다.

셋째, 신용장에 정해진 출발공항, 도착공항이 표시되어 있어야 한다.

넷째, 신용장이 원본전통을 요구하고 있어도 송하인용의 원본(the original for consignor or shipper)을 제시하면 된다.

※ 항공운송증권은 운송인용 원본, 수하인용 원본, 송하인용 원본으로 구성되어 있지만 송하인용 원본(original 3 for shipper)을 제시하면 된다.

⑥ 도로, 철도 또는 내륙수로의 운송증권(Road, Rail, or Inland Waterway Transport Document, 제24조)

우리나라와 거래하는 경우에 이러한 서류가 요구될 가능성은 없다.

⑦ 우편수령서(Post Receipt) 또는 우편증명서(Certificate of Posting)

UCP600 제25조 c항에 규정되어 있으나 이 증권이 발행되는 물품은 보통 물품이 바로 수하인에게 배달되므로 이런 형태의 증권은 상환증권성의 성질은 없다.

⑧ Courier 수령서

UCP600 제25조 a항 및 b항에 택배업자(a courier service)가 발행한 운송을 위한 물품수령을 증명하는 서류가 요구되는 경우에 대해서 정하고 있다.

4) 운송증권에 적용되는 공통 규정

① 운송주선인(Freight Forwarder)이 발행한 운송증권

- UCP600에서는 운송주선인이 발행한 운송증권이어도 제19조~제24조의 조건을 충족하면 수리된다는 취지가 규정되어 있다(제14조 l항 : 운송증권이 이 규칙의 제19조, 제20조, 제21조, 제22조, 제23조, 제24의 요건을 충족하는 한 그 운송증권은 운송인, 선주 또는 용선자 이외의 모든 당사자에 의하여 발행될 수 있다.)

- "Freight Forwarder's Bill of Lading acceptable"의 신용장조건
  위의 문언이 있는 선하증권에서 운송주선업자는 운송인 또는 운송인의 대리인이 아니라 운송주선업자의 자격으로서 서명하는 것이 가능하고 운송인의 이름을 표시할 필요는 없다.

- Freight Forwarder에 의해서 발행되는 경우가 있는 Forwarder's Cargo Receipt(FCR)은 운송계약을 반영하고 있지 않고, UCP600 제19조~제25조에 규정된 운송증권이 아니므로 제14조 f항의 "운송증

권, 보험증권 및 송장 이외의 증권이 요구되는 경우"의 규정이 적용된다. 증권의 발행자나 기재내용이 신용장에 기재되어 있지 않을 때는 증권의 내용이 요구되고 있는 증권의 기능을 한 것으로 간주되고 또한 제14조 d항을 충족한 것으로 간주되는 경우에는 제시된 대로 증권이 수리된다.

② 갑판적(On Deck)

운송증권에는 물품이 갑판에 적재되었거나 또는 적재될 것으로 표시(the goods are or will be loaded on deck)해서는 안 된다. 물품이 갑판에 적재될 수 있다(갑판적의 가능성)고 기재하고 있는 운송증권상의 조항은 수리될 수 있다(the goods may be loaded on deck is acceptable)(제26조 a항). 물품이 갑판에 적재되어 있는 경우에는 운송증권에 "on deck"의 표시가 있지만 신용장에서 특별히 허용하고 있지 않는 한 수리되지 않는다.

③ 송화인의 적재 및 수량 확인(Shipper's Load and Count)

운송증권에 "Shipper's Load and Count", "Said by Shipper to Contain" 또는 이 문언과 같은 취지의 문구가 기재되어 있어도 그 운송증권은 수리된다는 취지가 정해져 있다(제26조 b항). 운송증권에 표시된 위의 문구는 운송인이 컨테이너 내부의 운송물의 상태 및 명세(품명, 수량, 품질, 중량, 용적, 성질, 가치 등)에 대해서는 알지 못하므로 운송증권에 표시된 상태와 실제 적재된 상태 간에 차이가 있어도 그 차이에 대해 책임을 부담하지 않는다는 의미로서 표시하며, 이러한 조항을 「부지약관(unknown clause)」이라 한다.

이 규정은 FCL(full container load) Cargo를 대상으로 하고 있는 것으로 합리적으로 추론되지만 그 적용범위를 한정하는 문언이 규정에는 포함되어 있지 않으므로 bulk cargo 등 FCL cargo 이외의 경우에도 적용되는 것으로 해석할 수 있다.

④ 수익자 이외의 송하인

발행은행 중에는 Third Party Documents를 수익자 이외의 송하인이 표시된 운송증권의 의미로 사용되는 경우가 있다(Third Party B/L로 칭하며 다른 증권과 구별하는 경우도 있음). 일반적으로 Third Party B/L acceptable의 조건은 수익자 이외의 송하인이 표시된 운송증권을 수리한다고 하는 의미로 추측될 수 있지만 UCP600 제14조 k항에는 "모든 증권상에 표시된 물품의 송화인(shipper) 또는 탁송인(consignor)은 신용장의 수익자일 필요는 없다."고 정하고 있다. 따라서 수익자 이외의 송하인이 표시되어 있는 B/L은 원래 수리되므로, Third Party B/L acceptable의 조건을 신용장에 넣을 필요는 없다.

예컨대, 중개무역의 중개인을 수익자로 하고 있는 신용장의 경우에는 수출업자를 송하인으로 하는 운송증권을 중개인에게 보내 이 증권을 중재인이 은행에 제시하는 경우도 있을 수 있다.

⑤ 무고장 운송증권(Clean Transport Document) (UCP 第27조)

무고장 운송증권이란 "물품 또는 물품의 포장에 하자 있는 상태를 명시적으로 표시하는 조항이나 단서가 기재되어 있지 않은(clause or notation expressly declaring a defective condition of the goods or their packaging)증권이다. 신용장에서 명확히 인정하고 있지 않은 한 물품의 하자상태나 파손된 포장과 같은 단서 조항이 포함된 운송증권은 수리되지 않는다.

5) 보험증권에 관한 수리요건

① 보험증권(Insurance Document)이란?

보험증권이란 보험계약의 성립을 증명하고 있는 증권을 의미한다. 보험증권(Insurance Policy) 및 보험증명서(Insurance Certificate)가 대표적인 증권의 형태이다. 보험승인서(cover note)는 수리되지 않는다.

※ Cover Note: 보험중개인이 보험회사 또는 보험업자(underwriter)에게 보험을 중개하였다는 것을 증명하는 증권으로서 보험계약의 성립을 증명하는 것은 아니다.

② 보험증권을 요구하는 신용장과 무역거래조건

- FOB, CFR 거래조건으로 거래하는 경우에 적하보험은 수입자의 필요에 의해 부보되므로 신용장거래에서는 보험증권을 요구할 수 없게 된다.
- CIF 또는 CIP조건으로 거래하는 경우는 수출자가 보험계약체결 의무자이므로 수입자는 그러한 보험계약체결을 증명하는 보험증권을 신용장에서 요구하게 된다.

③ 보험증권의 수리요건

신용장통일규칙이 정하고 있는 보험증권의 수리요건(제28조)은 아래와 같다.

㉠ 발행자 및 서명자(제28조 a 항)

㉡ 제시되어야 할 원본의 수(제28조 b 항): 발행된 원본 모두 제시해야 함

㉢ 보험 브로커가 발행하는 cover note(제28조 c 항)는 수리되지 않는다.

㉣ 보험증명서 또는 통지서를 대신한 보험증권의 수리(제28조 d 항)

㉤ 보험증권의 발행일(제28조 e항): 보험증권에 선적일부터 효력이 발생되는 경우를 제외하고, 선적일보다 늦어서는 안 된다.

ex) 선적일이 2021. 9. 30:

수리되는 보험증권: 일자가 2021.9.30. or 2021.9.29.(9월 30일 이전)

수리되지 않은 보험증권: 일자가 2021.10.1. or 10.2(10월 1일 이후)

ⓑ 보험증권의 통화(제28조 f항 i 호): 신용장과 동일한 통화로 표시해야 한다.

ⓢ 최소담보금액(제28조 f항 ii 호): 요구되는 담보범위에 대해 신용장에서 정하고 있지 않은 경우 적어도 CIF 가액 또는 CIP 가액의 110%로 부보해야 한다.

ⓞ 보험담보구간(제28조 f항 iii호): 신용장에서 정해진 수령지 또는 선적지~양륙지 또는 최종목적지까지 담보되었음이 표시되어야 한다. 보험증권에 보험기간으로서 "Warehouse to Warehouse Clause"이 있다.

ⓙ 보험담보의 종류(제28조 g, j항)

ⓒ 전위험(All Risk)의 보험담보(제28조 h항)

ⓚ 면책조항(제28조 i항)

위 규정 중 보험증권의 수리요건에 해당되는 조항: ㉠㉡㉤ⓑⓢⓞ이고, 그 외는 보충적 규정이다.

④ 보험확인서(insurance certificate) 또는 보험통지서(insurance declaration)

신용장에서 보험증권(insurance policy)을 요구하고 있는 경우에는 보험증권 이외의 증권은 수리되지 않는다. 보험확인서(insurance certificate) 또는 보험통지서(insurance declaration)는 신용장에서 이러한 증권을 요구하고 있는 경우 또는 증권의 형식 또는 종류를 한정하지 않고 보험서류를 요구하고 있는 경우에 수리될 수 있다. 그렇지만 포괄예정보험(open policy)의 경우를 고려하여 보험확인서 또는 보험통지서도 수리될 수 있음을 규정하고 있다(제28조 a항).

※ 포괄예정보험계약은 일정의 항로, 화물의 종류, 보험조건의 개요, 예정액을 보험금액으로 해서 일괄하여 보험회사와 계약을 체결하고, 선적이 이루어질 때마다 구체적인 사항을 보험회사에 통지하여 예정보험금액에 도달할 때까지 포괄적으로 보상되는 보험이다.

⑤ 최저부보금액(minimum amount of insurance coverage)

최소부보금액에 대해서 물품의 CIF 가액 또는 CIP 가액이 증권상에서 확정할 수 있는 경우와 확정할 수 없는 경우로 나누어서 규정하고 있다(제28조 f항 ii호).

첫째, CIF 가액 또는 CIP 가액을 확정할 수 있는 경우: CIF 가액 또는 CIP 가액 + 10%의 금액이 최저부보금액으로 된다.

둘째, CIF 가액 또는 CIP 가액을 확정할 수 없는 경우: 증권에 CIF 또는 CIP 가액이 명시되어 있지 않고 그 가액을 산출하기 위한 단서로 되는 사항도 기재되어 있지 않은 경우에는 일람지급, 연지급, 인수 또는 매입금액의 110%, 또는 송장총액의 110% 중 큰 금액을 최저부보금액으로 한다.

⑥ 보험담보구간(제28조 f항 iii호)

보험증권에는 보험자의 책임기간을 나타내는 보험기간(위험기간)이 특정되어 있어야 한다. UCP600는 보험증권은 위험이 적어도 신용장에 표기된 대로 수령(taking in charge) 또는 선적된(shipped) 장소와 양륙(discharge) 또는 최종목적지(final destination) 간에 담보되었다는 것을 표시해야 한다고 규정하고 있다(제28조 f항 iii호).

신용장통일규칙에서 "적어도(at least)"라는 표현을 사용한 것은 반드시 신용장에 정해진 수령지/선적지와 양륙지/최종목적지와 일치해야 한다는 것이 아니라 신용장에서 정해진 구간이 담보되어 있으면 위의 구간

이외의 지점이 기재되어 있어도 증권불일치로는 되지 않는다는 것을 의미한다.

※ Warehouse to Warehouse Clause: 피보험화물이 출발지의 창고에서 반출된 시점부터 개시하여 ㉠목적지의 수하인창고, 영업창고 등의 최종창고에 반입된 때, ㉡양륙 후 중간의 distribution point(화물을 분리하는 중간창고)에 반입된 때 또는 ㉢본선에서 양륙 후 60일이 경과한 때 중에서 가장 먼저 도달된 시기에 종료한다고 규정된 약관이다. 즉, 위의 세 가지 조건 중에서 먼저 도달한 시점에서 보험기간은 종료된다.

⑦ 보험에 부보 해야 할 위험

신용장은 필요로 하는 보험의 종류(type of Insurance)를 표시해야 하고, 만일 부보되어야 하는 부가위험(additional risks)이 있다면 이것도 표시해야 한다(제28조 g항).

보험계약은 소손해면책(franchise) 또는 초과(공제)면책[excess(deductible)]을 조건으로 하여 체결할 수 있으며, 이러한 표시가 있는 보험증권은 수리가능하다(제28조 j항). 신용장에서 ICC(W.A.)를 요구하고 있는 경우에는 ICC(B) 조건으로 부보된 보험증권은 수리되지 않는다. 반대의 경우도 마찬가지이다.

【담보위험의 종류】	
【1963년 ICC 약관】 • All Risks 담보 • 분손담보 (With Particular Average; W.A.) • 분손부담보 (Free from Particular Average; F.P.A.)	【1982년 신약관】 • Institute Cargo Clauses(A): ICC(A) • Institute Cargo Clauses(B): ICC(B) • Institute Cargo Clauses(C): ICC(C)

적하보험약관은 1963년에 제정된 것이지만 1982년에 신약관이 제정되었고, 신약관은 2009년 1월 1일에 개정되었다. 현재는 구신약관이 병존하여 사용되고 있다.

【추가위험의 종류】

신용장 발행의뢰인이 추가위험을 담보위험으로 하고자 하는 경우 그 취지를 신용장에 명시해야 한다.

- 전쟁위험, 스트라이크위험, 그 외의 추가위험 – 물품의 성질, 운송 경로 등에 따라서 추가위험을 선택하고 신용장에 명시해야 한다.

- 전쟁, 스트라이크위험 이외에 최근에 Institute Radioactive Contamination, Chemical, Biological, Bio-Chemical and Electromagnetic Weapons Exclusion Clause(협회방사능오염, 화학무기, 생물병기 및 전자병기면책약관), Institute Cyber attack Exclusion Clause(협회사이버공격면책조항), Termination of Transit Clause(Terrorism)(피보험수송종료조항(테러리즘)) 등의 면책조항이 추가되었다.
  원자력, 생물화학무기, 전자기병기에 의한 위험은 손해가 광범위하게 미칠 우려가 있고 테러위험은 전쟁위험에 필적할 정도의 거대위험이어서 민간보험에서 담보할 범위를 넘는다는 인식하에 보험증권에는 이러한 위험을 면책위험으로 기재하기 시작하였다.

⑧ 소손해면책

담보위험으로 인해 손해가 발생하였으나 손해의 금액이 보험금액의 일정비율미만에 해당하는 소손해에 대해서는 보험금을 지급하지 않는다는 것이 소손해면책이다. 보험증권은 소손해면책비율(franchise), 또는 소손해공제비율(excess(deductible))의 적용을 받는다는 것을 표시할 수 있고, 소손해면책의 적용을 받는다고 기술되어 있는 보험증권은 수리된다.

- 소손해면책(franchise)과 소손해공제비율[excess(deductible)]의 차이
  소손해면책(franchise)은 손해가 발생한 경우 소손해를 포함하여 전체 손해액을 보상하는 경우에 해당되고, 소손해공제비율(excess(de-

ductible))은 소손해에 해당하는 부분은 공제하고 소손해 이상의 손해부분에 대해서만 보상 하는 점에 차이가 있다.

5 상업송장의 수리요건

상업송장(Commercial Invoice)은 수출자에 의해서 작성된 선적의 명세를 기재한 서류이며, 선적한 물품의 명세서, 계산서, 대금의 청구서 등의 역할을 한다. 즉, 명세서겸청구서 역할을 한다.

상업송장에 기재되어야 하는 사항은 물품명, 수량, 단가, 금액, 거래조건 등이다.

상업송장 수리요건은 아래와 같다.

㉠ 발행자, 수신인, 서명: 상업송장은 수익자에 의해서 발행되어야 하고, 신용장 발행의뢰인(수입자) 앞으로 발행되어야 한다. Signed Commercial Invoice처럼 서명을 요구하는 경우에는 서명된 송장을 제시해야 하지만, 그렇지 않은 경우에는 서명될 필요는 없다.

㉡ 상업송장의 통화표시: 상업송장은 신용장과 동일한 통화(same currency)로 작성해야 한다(18조 a항 iii호). 상업송장의 통화와 신용장의 통화가 다르면 금액의 일치를 확인할 수 없기 때문이다.

㉢ 신용장금액을 초과하는 금액으로 표시된 상업송장

지정은행, 확인은행(있는 경우) 또는 발행은행은 신용장에 의해 허용된 금액을 초과한 금액으로 발행된 상업송장을 수리할 수 있으며, 그러한 결정은 모든 당사자를 구속한다(제18조 b항). 신용장금액 초과하는 송장의 수리여부에 대한 선택권은 은행이 가지고 있다. 예를 들면, 지정은행이 이러한 송장을 수리한 경우에는 발행은행도 발행의뢰인도

이에 대해 이의를 제기할 수 없다. 단, 일람지급, 연지급, 인수 또는 매입한 금액은 신용장금액을 초과할 수 없다.

실무적으로 신용장금액을 초과한 송장이 발행되는 경우는 거래대금의 일부가 선불로 지급된 경우, 어떤 사정으로 인해 수량이 많이 선적된 경우, 가격변경이 있었던 경우 등으로 인해 발생할 수 있다. 그러나 어떠한 경우에도 신용장에 수량이 정해져 있으면 그 수량을 초과한 선적을 해서는 안 되며, 신용장에 정해진 물품 이외의 물품이 포함되어 있어서도 안 된다.

㉣ 상업송장 등에 기재된 수익자나 발행의뢰인의 주소
신용장에 기재된 이들의 주소와 다른 서류에 제시된 주소가 일치하지 않아도 된다.

㉤ 물품, 서비스 또는 행위(performance)의 표시
송장의 물품, 서비스 또는 이행에 대한 표시는 신용장에 기재되어 있는 것과 일치해야 한다. 그 외의 모든 서류는 검사증명서, 운송증권, 보험증권 등에 있는 물품, 서비스, 이행에 대한 기술은 신용장에 있는 기술과 모순되지 않는 일반적인 용어를 사용하여 표시할 수 있다.

【신용장금액과 송장가액 간의 차이】

【예외- 사례1】
신용장금액: 수량×단가
신용장에서 정해진 수량은 5% more or less가 인정되는 경우에 수량이 5% more로 선적된 때에는 상업송장의 금액은 신용장금액을 초과한다.

–수량:10,000 tons, 5% more or less is allowed
–단가: US$10.00

-신용장금액: US$100,000.00

수량을 10,000 tons 혹은 5% less인 9,500 tons 선적하면, 상업송장 금액은 신용장금액의 범위에 있다. 그러나 수량을 5% more인 10,500 tons 선적하면 송장금액은 US$ 105,000.00으로 되어 신용장금액을 초과하게 된다. 이러한 사태가 발생하지 않도록 신용장금액에 대해서도 more or less 조건으로 해야 할 것이다.

[실무적인 처리]

송장금액이 신용장금액을 초과하는 경우는 초과분에 대해서 인하하여 기재를 하고 서류에 송장금액을 신용장금액에 일치시킴으로써 'drafts drawn for full invoice cost'의 조건을 충족시키는 것이 가능하다. 다만, 신용장에서 정하고 있지 않은 인하된 가격을 표시하는 것이 인정되는지의 여부는 신용장발행소재국의 법규제 등에 의해 허용되지 않은 경우도 있으므로 주의가 필요하다.

【사례2】

신용장금액은 US$10,000이지만, 수출대금이 US$12,000이고, 이 중에서 US$2,000는 선불로 지급받은 경우에 송장금액은 US$12,000로 표시해야 하므로 신용장금액을 초과하게 된다. 이때 어음금액은 US$10,000로 발행하면 해결되지만, 신용장에 "drafts drawn for full invoice cost"의 조건이 있으면 신용장조건을 충족할 수 없게 된다.

[실무적인 처리]

수출대금의 일부를 선불로 지급받은 경우는 신용장금액을 초과하는 금액으로 발행된 상업송장을 허용하는 취지의 조건을 신용장에 명시적으로 기재함으로써 문제의 발생을 사전에 방지할 수 있다.

6 신용장조건을 충족하지 않는 경우의 실무적 처리: Discrepancy

Discrepancy(불일치)란 수익자에 의해 제시된 선적(상업)서류가 신용장조건과 불일치하거나 또는 선적서류 상호 간에 모순이 있는 경우이며,

신용장발행은행은 불일치한 서류를 첨부한 환어음에 대해서는 지급을 거절할 수 있다. 신용장거래에서 불일치를 발견한 경우 실무적으로 어떻게 처리할 것인가? 상업송장은 수출자가 발행하므로 쉽게 정정할 수 있으나, 신용장조건이나 계약조건에 불일치한 항목에 대해서는 수입자나 신용장발행은행의 승낙이 필요하게 된다. 이런 경우 신용장조건을 변경할 수도 있으나 선적기한에 여유가 없는 경우에는 불일치상태로 환어음의 매입을 의뢰하는 경우도 있다. 불일치가 발생한 경우 실무적으로 어떻게 처리할 수 있는 것일까?

1) 신용장조건 불일치 형태

신용장거래에서의 불일치는 수익자에 의해 제시된 선적서류가 신용장통일규칙에 부합하지 않거나 또는 신용장에서 요구하는 조건과 일치하지 않는 경우에 발생하는 경우가 많다. 이하에서 불일치한 것으로 인정된 사례를 소개한다.

Discrepancy 사례	Discrepancy로 인정된 사유
Stale Bill of Lading	UCP600에서는 운송서류의 원본을 포함하는 제시는 선적한 날(date of shipment)로부터 21일 이내에 제시할 것을 요구하고 있으며, 선적 후 21일 지나서 제시된 선하증권을 Stale Bill of Lading이라 한다. 그렇지만 운송서류의 원본을 포함하지 않는 경우는 선적일 후 21일이라는 제한은 요구하지 않는다. UCP 제14조 c 조항: 하나 또는 그 이상의 운송서류 원본(original transport documents)을 포함하는 제시는 선적일로부터 21일보다 늦어서는 안 되고, 수익자에 의해 또는 수익자를 위해 이루어져야 하지만, 어쨌든 신용장 유효기간보다도 늦게 이루어져서는 안 된다.

Time	• Credit Expired: 신용장에 표시된 유효기간 지나서 매입의뢰를 하는 경우 • Late Presentation: 신용장에서 제시를 요구하는 기간보다 늦게 제시된 경우 예) "Drafts and documents must be presented within 10days after the date of issuance of the bill of lading but within the credit validity" 신용장에 위의 문구가 있는 경우 신용장발행일로부터 10일 이상 늦게 제시된 경우 discrepancy에 해당된다. • Late Shipment: 신용장에 표시된 선적기일보다 늦게 화물이 선적된 것으로 표시된 선하증권은 discrepancy에 해당된다.
Over Drawing	신용장에서 허용하고 있는 금액 이상으로 환어음이 발생된 경우 discrepancy에 해당된다.
Documents	• 서류에 표시된 정보가 서류 간에 불일치하는 경우 (UCP 제14조 d 위반) • 신용장에서 서명된 서류를 요구하고 있으나 서명되지 않은 서류를 제시한 경우 • 원본서류를 요구하고 있으나 원본서류가 제시되지 않은 경우
Commercial Invoice	• 대금지급조건 또는 통화가 불명확한 경우 • 신용장에서 "signed invoice"를 요구하였으나 제시된 송장에 서명이 없는 경우 • 신용장에 기술된 물품 명세와 송장에 기술된 물품 명세에 차이가 있는 경우 • 운송증권에 표시된 하인(shipping marks)과 송장에 표시된 하인에 차이가 있는 경우
Bill of Lading	• 운송인의 이름이 표시되어 있지 않은 경우 • "consignee", "shipper", "notify party"가 명확하게 특정되어 있지 않은 경우 • 화물의 용적, 중량이 다른 서류에 표시된 것과 차이가 있는 경우 • unclean B/L이 발행된 경우 • 화물이 갑판(on deck)에 적재되었음을 나타낸 표시가 있는 경우

Insurance	• 보험증권의 제시를 요구하였으나 certificate를 제시한 경우 • 보험에 부보된 보험금액이 충분하지 않은 경우 • 담보위험이 누락된 경우 • "negotiable form" 형태로 발행되지 않은 경우

자료: Documentary Credits, issued by Mid and Bank plc, HSBC Trade services, 1996.

2) Discrepancy에 대한 실무적인 처리방법

수출자가 은행에 제시한 환어음이나 선적서류의 내용이 신용장에 기재되어 있는 조건과 다른 경우 서류불일치(discrepancy)로 간주되어 대금지급을 받을 수 없게 된다. 이 경우에 가장 좋은 해결방법은 수입자에게 신용장조건의 변경을 요청하는 것이다. 그러나 선적서류를 은행에 제시한 후에 발견된 discrepancy의 경우는 신용장조건을 변경할 시간적인 여유가 없다.

수익자는 계약조건을 준수하여 계약을 이행하였다면 실무적으로는 아래와 같은 방법에 의해서 대금을 지급받을 수 있다. 첫 번째와 두 번째 방법은 discrepancy 상태로 매입을 의뢰하는 경우에 해당되고, 세 번째 방법은 서류를 매입하지 않고 추심방식에 의해 대금지급을 받는 방법이다.

첫째, Cable Nego에 의한 매입(Cable Negotiation)이다.

수익자는 매입은행과 상담하여 매입은행이 전신(cable)으로 발행은행에게 Discrepancy의 내용을 모두 전달하여 발행은행으로부터 "매입해도 좋다"는 대답이 있으면 매입하는 방법이다. 이것을 "Cable Nego"라고도 한다. Cable Nego를 요청받은 발행은행은 수입자에게 이러한 상황을 전달하고 수입자의 동의를 얻어야 한다. 발행은행의 매입승인은 신용장조건과 불일치 부분에 대해서 신용장조건의 정정이 있었던 것으로 간주한다.

Cable Nego 시 발행은행에게 통지하는 문언의 형태

YOUR DOCUMENTARY CREDIT(신용장번호)
APPLICATION(발행의뢰인명)
OUR REF(참조번호)
MAY WE NEGOTIATE DOCUMENTS FOR(금액)
WITH(운송서류명과 날짜) PRESENTED(서류의 제시일)
DESPITE(서류불일치의 내용)
PLEASE REPLY BY TESTED CABLE

둘째, L/G(Letter of Guarantee)에 의한 매입이다.

L/G에 의한 매입은 Discrepancy의 내용이 사소한 경우에 수익자(수출자)는 은행에 보증장(L/G)을 제출하고 매입하여 대금을 지급받는 방법이다.

L/G는 "만약 발행은행이 Discrepancy를 이유로 하여 매입을 거절한 경우에는 수출자는 매입은행에게 매입대금을 다시 상환해야 한다."는 내용이 기재되어 있는 수출자의 '상환보증서' 역할을 한다.

Cable Nego 또는 L/G에 의해 매입을 해도 Discrepancy를 이유로 수입자가 지급을 거절하는 경우도 있다. 신용장에 의한 대금지급은 조건부 지급조건으로서 신용장조건을 준수한 경우에 대금지급을 확약하고 있으므로 Discrepancy가 있으면 신용장의 지급확약은 없어진다. 가격변동이 심한 제품의 가격이 하락되는 추세에 있으면 수입자는 상품의 대금지급을 거절하기 위한 핑계로 삼을 수 있다.

셋째, 환어음을 매입하지 않고 신용장부추심(Collection)에 의해 서류를 발행은행에 보내 대금을 수령한 후에 수익자에게 지급하는 방법이다. 신용장조건의 불일치를 정정할 수 없거나 또는 Discrepancy 내용이 중대한

경우에는 매입은행은 환어음을 매입하지 않고 추심방식으로 진행하고, 수입자가 대금을 지급하면 수익자에게 전달하는 방법으로서 실제는 신용장거래와는 다른 거래로 된다.

신용장거래는 서류에 의한 거래이기 때문에 실제 선적된 제품의 상태에 관계없이 신용장조건(대금지급조건) 준수여부만을 심사하여 대금지급 여부를 결정한다. 이러한 원칙으로 인하여 실제로는 계약조건을 준수하여 계약을 이행하였음에도 불구하고 대금지급조건에 문제가 있는 경우 대금지급을 받을 수 없는 경우도 있을 수 있다. 따라서 수익자는 신용장을 수취한 경우에 자세하게 신용장조건을 확인하여 세밀하게 파악하여 놓는 것이 중요하다. 만약 계약조건과 다른 조건이 포함되어 있거나 수익자가 준수할 수 없는 조건이 포함되어 있는 경우에는 즉시 신용장조건의 정정을 요청해야 할 것이다.

7 수입금융

1) 신용장조건과 수입담보물품대도

(1) 대도제도의 실무적 유용성

신용장대금지급방식에서 대금청구를 위해 제시된 상업(선적)서류나 물품은 신용장발행의뢰계약에 의해서 발행은행이 대금지급에 대한 담보(security)로서 소유권을 가지고 있지만 발행의뢰인(수입자)이 발행은행에 대금을 상환하기 전에 발행은행이 서류나 물품을 발행의뢰인에게 인도하기로 동의한 것을 수입화물대도(Trust Receipt : T/R)라 한다.

이 제도는 환어음이 일람불로 발행된 경우에 주로 이용되는 제도이다.

일람불어음이 발행된 경우 수입자는 선적서류를 인수하기 위해 대금을 발행은행에게 상환해야 하지만 자금이 여유롭지 못한 경우 T/R 제도를 이용하여 선적서류를 인수하여 물품을 처분한 후에 회수된 금액으로 발행은행에게 상환할 수 있다. 이 대도에 관한 특약이 「수입담보물품보관에 관한 약정서」이고, 이 약정서는 은행이 독자적으로 제정한 양식이 사용되고 있다.

(2) 대도의 세 가지 방식

① 갑호 T/R(발행의뢰인의 이름과 비용부담으로 발행의뢰인이 발행은행을 대신하여 물품의 양륙, 통관, 부보, 운반, 창고운반, 보관 및 매매를 인정하는 것). 발행은행이 발행의뢰인에게 물품의 인수부터 매각까지 인정하는 것을 말한다.

② 을호 T/R(발행은행의 이름과 발행의뢰인의 비용부담으로 발행의뢰인이 발행은행의 대리인으로서 물품의 양륙, 통관, 부보, 운반 및 발행은행이 지정하는 창고에의 반입까지를 인정하지만 매매는 인정하지 않는 것) 발행은행이 발행의뢰인에게 물품의 인수부터 지정한 창고에 반입까지 인정하는 것을 말한다. 이 방식은 발행의뢰인에게 신용불안이 있는 경우에 이용될 수 있다.

③ 병호 T/R ; Airway T/R이라고도 한다. 신용장에서 요구하고 있는 항공운송장(Airwaybill) 등의 항공운송증권의 수하인이 발행은행으로 되어 있는 경우에 물품이 도착하였으나 서류가 도착하지 않은 때에 사용되는 T/R이다. 발행은행은 항공운송인에게 「항공물품인도지시서」(Release Order)를 발행하여 발행의뢰인에게 교부한다.

(3) 물품대도의 유의점

발행은행은 물품대도 시 다음과 같은 점에 주의할 필요 있다.

① 발행은행의 담보권은 선의의 제3자에게는 영향을 미치지 않는다.

발행은행이 물품의 처분까지 인정한 갑호 T/R을 실행한 경우 물품에 대한 발행은행의 담보권이 어디까지 미치는가 하는 점이다. 발행의뢰인의 수중에 물품이 있는 경우는 「수입담보물품보관에 관한 약정서」에 "보관물품은 발행은행의 사정에 따라서 언제라도 발행은행에게 상환해야 한다."고 기재되어 있는 대로 발행은행은 물품을 상환하여 받을 수 있다.

그러나 물품이 선의의 무과실인 제3자에게 매각된 경우 발행은행의 담보권은 선의의 제3자에게는 미치지 않기 때문에 물품을 상환 받는 것은 불가능하다. 따라서 물품대도의 실행에서는 실질적으로 담보권해제에 가까운 성질을 가지고 있고 담보력이 약하게 되므로 대도를 실행할 때에는 채권을 보전하는데 있어 문제가 없는 것인지 확인하는 것이 필요하다.

② 신용장조건과 불일치가 있어도 서류의 인수를 거절하는 것은 곤란하다.

병호 T/R에 의해서 발행의뢰인이 물품을 인수한 후에 도착한 서류의 내용이 신용장조건과 상이해도 발행은행은 서류의 인수를 거절하는 것은 곤란하다는 점에 유의할 필요가 있다. 이 때문에 신용장거래약정서에는 "나 또는 수하인이 물품거래보증에 의해 인도하고 그 외의 거래방법을 불문하고 물품을 인도 받은 경우에는 환어음 및 서류가 신용장조건과 불일치해도" 상환채무를 부담한다고 하는 취지가 기재되어 있다.

따라서 발행은행은 물품대도를 실행할 때에 발행의뢰인으로부터 제시된 서류에 의해서 물품이 자기은행에서 발행된 신용장에 의한 것인가? 신용장금액과 모순은 없는가? 등 이런 문제에 대해 신중하게 검토해야 할 것이다.

발행은행이 서류불일치를 이유로 서류의 인수를 거절하여 항공운송증권을 수출자(수익자)에게 반환해도 수하인인 발행은행이 항공물품인도지시서(Release Order)를 발행하여 수입자는 이미 물품을 인도받았으므로 수출자는 역시 물품의 처분권을 행사할 수 없게 된다. 그로 인해 수출자는 발행은행을 상대로 물품의 반환 또는 대금지급청구 혹은 부당이득반환청구를 할 가능성이 높다.

2) 신용장대금지급과 L/G에 의한 화물인도

(1) L/G(Letter of Guarantee) 제도의 실무적인 유용성

국제간의 거래에서 근거리(예, 한국과 일본 또는 중국 간의 운송)를 해상운송으로 하는 경우, 수입화물은 도착되었음에도 불구하고 선하증권이 도착하지 않아 수입자는 물품을 신속하게 인수할 수 없게 되는 상황이 발생할 수 있다. 이런 상황은 수입자에게 불필요한 비용(예, 창고보관비용, 보험료 등)을 발생시키거나 화물이 위험에 노출될 우려가 있어 이 문제를 해결하기 위한 방안으로서 수하인과 은행이 연대 보증한 L/G를 선박회사에 제출하여 화물을 인도받을 수 있는 L/G 제도가 관행적으로 이용되고 있다.

L/G에는 선박회사가 선하증권과 상환하지 않고 화물을 인도함으로써 입게 될지도 모르는 손해를 수하인과 은행이 책임지겠다는 것과 선하증권이 도착하면 곧바로 선박회사에 제출하겠다는 것 등의 내용이 기재되어 있다. L/G는 수입자가 선하증권을 소지하고 있지 않은 상황에서 운송인으로부터 물품을 인수받기 위해 이용되는 서류이며, 그 서류를 운송인에게 제출하고 물품을 인수받을 수 있다.

(2) L/G를 발행하는 발행은행의 주의사항

L/G에는 선하증권과 상환하지 않고 물품을 인도함으로써 운송인이 입을 수 있는 손해를 수입자와 L/G발행은행이 부담한다는 내용이 기술되어 있다. 보통 L/G는 발행은행이 발행하는 것이 일반적이지만 수입자가 발행하는 L/G를 이용하는 경우도 있다. 수입자가 발행하는 L/G를 이용하는 경우 만약 수입자의 신용에 문제가 있는 경우 그 피해는 운송인이 입을 수 있으므로 주의해야 한다. 수입자가 물품을 인수할 수 있도록 발행은행이 수입자에게 L/G를 발행할 때 발행은행의 입장에서는 다음과 같은 점에 주의해야 할 것이다.

① L/G를 이용한 보증의 성격은 운송인에 대해 금액, 기간에 제한이 없는 보증이다.

운송인에 대한 보증채무의 범위는 물품가액에 한정되지 않고 실제로 운송인이 입은 손해액이고, 이 보증에는 보증기한이 없다. 즉, L/G에 의한 보증은 금액 및 기간에 제한이 없는 보증이라는 점에 유의할 필요 있다.

② 신용장조건과 불일치가 있는 서류의 인수를 거절하는 것이 곤란할 수 있다.

신용장 발행의뢰인(수입자)이 물품을 인수한 후에 도착한 선적서류는 신용장조건과 불일치해도 발행은행이 불일치한 서류의 인수를 거절하는 것은 곤란하고 발행의뢰인은 상환채무를 부담하게 된다. 이 점에 대해서 「신용장거래약정서」에는 발행의뢰인은 L/G에 의해 화물인도를 받은 경우에는 환어음 및 선적서류가 신용장조건과 차이가 있어도 상환채무를 부담한다는 취지가 기재되어 있다.

【L/G를 발행한 보증인의 책임범위】

은행이 발행한 L/G를 받고 화물을 인도한 후 L/G를 발행한 은행에 보증금을 청구한 사건에서 법원은 보증 책임의 범위는 송장가액으로 한정되지 않는다고 판결하였다. 비록 L/G에 송장가액이 기술되어 있다 하더라고 그 송장가액은 보증인의 책임한도액을 나타내는 것은 아니며 또한 화물의 멸실(선하증권과 상환하지 않고 화물을 인도함으로 인해 발생한 멸실)로 인해 발생한 손해의 크기는 송장가액으로 제한되지는 않는다는 것이다.

L/G를 받고 화물을 인도한 경우의 손해액은 운송물의 멸실 당시의 가액과 이에 대한 지연손해금을 포함한 금액이며(대법원 1993.10.8 선고 92다12674판결, 대법원 2007.6.28 선고 2007다16113판결 등 참조), 비록 상업송장에 화물가액이 기재되어 있다고 하더라도, 그러한 사정만으로는 송장가액으로 제한된다고 단정할 수 없다고 판결하였다.

(대법원 2009.5.28. 선고 2007다24008 판결)

부 록

1. UCP600
2. eUCP-2.0

UCP 600

UCP 600 are the latest revision of the Uniform Customs and Practice that govern the operation of letters of credit.

UCP 600 comes into effect on 01 July 2007

The 39 articles of UCP 600 are a comprehensive and practical working aid to bankers, lawyers, importers, and exporters, transport executives, educators, and everyone involved in letter of credit transactions worldwide.

ICC Uniform Customs and Practice for Documentary Credits (UCP 600)

Foreword

This revision of the Uniform Customs and Practice for Documentary Credits (commonly called "UCP") is the sixth revision of the rules since they were first promulgated in 1933. It is the fruit of more than three years of work by the International Chamber of Commerce's (ICC) Commission on Banking Technique and Practice.

ICC, which was established in 1919, had as its primary objective facilitating the flow of international trade at a time when nationalism and protectionism posed serious threats to the world trading system. It was in that spirit that the UCP were first introduced - to alleviate the confusion caused by individual countries' promoting their own national rules on letter of credit practice. The objective, since attained, was to create a set of contractual rules that would establish uniformity in that practice, so that practitioners would not have to cope with a plethora of often conflicting national regulations. The universal acceptance of the UCP by practitioners in countries with widely divergent economic and judicial systems is a testament to the rules' success.

It is important to recall that the UCP represent the work of a private international organization, not a governmental body. Since its inception, ICC has insisted on the central role of self-regulation in business practice. These rules, formulated entirely by experts in the private sector, have validated that approach. The UCP remain the most successful set of private rules for trade ever developed.

A range of individuals and groups contributed to the current revision, which is entitled UCP 600. These include the UCP Drafting Group, which sifted through more than 5000 individual comments before arriving at this consensus text; the UCP Consulting Group, consisting of members from more than 25 countries, which served as the advisory body reacting to and proposing changes to the various drafts; the more than 400 members of the ICC Commission on Banking Technique and Practice who made pertinent suggestions for changes in the text; and ICC national committees worldwide which took an active role in consolidating comments from their members. ICC also expresses its gratitude to practitioners in the transport and insurance industries, whose perceptive suggestions honed the final draft.

Guy Sebban
Secretary General
International Chamber of Commerce

Introduction

In May 2003, the International Chamber of Commerce authorized the ICC Commission on Banking Technique and Practice (Banking Commission) to begin a revision of the Uniform Customs and Practice for Documentary Credits, ICC Publication 500.

As with other revisions, the general objective was to address developments in the banking, transport and insurance industries. Additionally, there was a need to look at the language and style used in the UCP to remove wording that could lead to inconsistent application and interpretation.

When work on the revision started, a number of global surveys indicated that, because of discrepancies, approximately 70% of documents presented under letters of credit were being rejected on first presentation. This obviously had, and continues to have, a negative effect on the letter of credit being seen as a means of payment and, if unchecked, could have serious implications for maintaining or increasing its market share as a recognized means of settlement in international trade. The introduction by banks of a discrepancy fee has highlighted the importance of this issue, especially when the underlying discrepancies have been found to be dubious or unsound. Whilst the number of cases involving litigation has not grown during the lifetime of UCP 500, the introduction of the ICC's Documentary Credit Dispute Resolution Expertise Rules (DOCDEX) in October 1997 (subsequently revised in March 2002) has resulted in more than 60 cases being decided.

To address these and other concerns, the Banking Commission established a Drafting Group to revise UCP 500. It was also decided to create a second group, known as the Consulting Group, to review and advise on early drafts submitted by the Drafting Group. The Consulting Group, made up of over 40 individuals from 26 countries, consisted of banking and transport industry experts. Ably co-chaired by John Turnbull, Deputy General Manager, Sumitomo Mitsui Banking Corporation Europe Ltd, London and Carlo Di Ninni, Adviser, Italian Bankers Association, Rome, the Consulting Group provided valuable input to the Drafting Group prior to release of draft texts to ICC national committees.

The Drafting Group began the review process by analyzing the content of the official Opinions issued by the Banking Commission under UCP 500. Some 500 Opinions were reviewed to assess whether the issues involved warranted a change in, an addition to or a deletion of any UCP article. In addition, consideration was given to the content of the four Position Papers issued by the Commission in September 1994, the two Decisions issued by the Commission (concerning the introduction of the euro and the determination of what constituted an original document under UCP 500 sub-article 20(b) and the decisions issued in DOCDEX cases.

During the revision process, notice was taken of the considerable work that had been completed in creating the International Standard Banking Practice for the Examination of Documents under Documentary Credits (ISBP), ICC Publication 645. This publication has evolved into a necessary companion to the UCP for determining compliance of documents with the terms of letters of credit. It is the expectation of the Drafting Group and the Banking Commission that the application of the principles contained in the ISBP, including subsequent revisions thereof, will continue during the time UCP 600 is in force. At the time UCP 600 is implemented, there will be an updated version of the ISBP to bring its contents in line with the substance and style of the new rules.

The four Position Papers issued in September 1994 were issued subject to their application under UCP 500; therefore, they will not be applicable under UCP 600. The essence of the Decision covering the determination of an original document has been incorporated into the text of UCP 600. The outcome of the DOCDEX cases were invariably based on existing ICC Banking Commission Opinions and therefore contained no specific issues that required addressing in these rules.

One of the structural changes to the UCP is the introduction of articles covering definitions (article 2) and interpretations (article 3). In providing definitions of roles played by banks and the meaning of specific terms and events, UCP 600 avoids the necessity of repetitive text to explain their interpretation and application. Similarly, the article covering interpretations aims to take the ambiguity out of vague or unclear language that appears in letters of credit and to provide a definitive elucidation of other characteristics of the UCP or the credit.

During the course of the last three years, ICC national committees were canvassed on a range of issues to determine their preferences on alternative texts submitted by the Drafting Group. The results of this exercise and the considerable input from national committees on individual items in the text is reflected in the content of UCP 600. The Drafting Group considered, not only the current practice relative to the documentary credit, but also tried to envisage the future evolution of that practice.

This revision of the UCP represents the culmination of over three years of extensive analysis, review, debate and compromise amongst the various members of the Drafting Group, the members of the Banking Commission and the respective ICC national committees. Valuable comment has also been received from the ICC Commission on Transport and Logistics, the Commission on Commercial Law and Practice and the Committee on Insurance.

It is not appropriate for this publication to provide an explanation as to why an article has been worded in such a way or what is intended by its incorporation into the rules. For those interested in understanding the rationale and interpretation of the articles of UCP 600, this information will be found in the Commentary to the rules, ICC Publication 601, which represents the Drafting Group's views.

On behalf of the Drafting Group I would like to extend our deep appreciation to the members of the Consulting Group, ICC national committees and members of the Banking Commission for their professional comments and their constructive participation in this process.

Special thanks are due to the members of the Drafting Group and their institutions, who are listed below in alphabetical order.

Nicole Keller – Vice President, Service International Products, Dresdner Bank AG, Frankfurt, Germany; Representative to the ICC Commission on Banking Technique and Practice;

Laurence Kooy - Legal Adviser, BNP Paribas, Paris, France; Representative to the ICC Commission on Banking Technique and Practice.

Katja Lehr - Business Manager, Trade Services Standards, SWIFT, La Hulpe, Belgium, then Vice President, Membership Representation, International Financial Services Association, New Jersey, USA; Representative to the ICC Commission on Banking Technique and Practice;

Ole Malmqvist - Vice President, Danske Bank, Copenhagen, Denmark; Representative to the ICC Commission on Banking Technique and Practice;

Paul Miserez - Head of Trade Finance Standards, SWIFT, La Hulpe, Belgium; Representative to the ICC Commission on Banking Technique and Practice;

René Mueller - Director, Credit Suisse, Zurich, Switzerland; Representative to the ICC Commission on Banking Technique and Practice;

Chee Seng Soh - Consultant, Association of Banks in Singapore, Singapore; Representative to the ICC Commission on Banking Technique and Practice;

Dan Taylor - President and CEO, International Financial Services Association., New Jersey USA; Vice Chairman, ICC Commission on Banking Technique and Practice;

Alexander Zelenov - Director, Vnesheconombank, Moscow, Russia; Vice Chairman, ICC Commission on Banking Technique and Practice;

Ron Katz - Policy Manager, ICC Commission on Banking Technique and Practice, International Chamber of Commerce, Paris, France.

The undersigned had the pleasure of chairing the Drafting Group.

It was through the generous giving of their knowledge, time and energy that this revision was accomplished so successfully. As Chair of the Drafting Group, I would like to extend to them and to their institutions my gratitude for their contribution, for a job well done and for their friendship. I would also like to extend my sincere thanks to the management of ABN AMRO Bank N.V., for their understanding, patience and support during the course of this revision process.

Gary Collyer
Corporate Director,
ABN AMRO Bank N.V., London, England
and Technical Adviser to the ICC Commission on Banking Technique and Practice
November 2006

UCP 600 - Article 1

Application of UCP

The Uniform Customs and Practice for Documentary Credits, 2007 Revision, ICC Publication no. 600 ("UCP") are rules that apply to any documentary credit ("credit") (including, to the extent to which they may be applicable, any standby letter of credit) when the text of the credit expressly indicates that it is subject to these rules. They are binding on all parties thereto unless expressly modified or excluded by the credit.

UCP 600 - Article 2

Definitions

For the purpose of these rules:

Advising bank means the bank that advises the credit at the request of the issuing bank.

Applicant means the party on whose request the credit is issued.

Banking day means a day on which a bank is regularly open at the place at which an act subject to these rules is to be performed.

Beneficiary means the party in whose favour a credit is issued.

Complying presentation means a presentation that is in accordance with the terms and conditions of the credit, the applicable provisions of these rules and international standard banking practice.

Confirmation means a definite undertaking of the confirming bank, in addition to that of the issuing bank, to honour or negotiate a complying presentation.

Confirming bank means the bank that adds its confirmation to a credit upon the issuing bank's authorization or request.

Credit means any arrangement, however named or described, that is irrevocable and thereby constitutes a definite undertaking of the issuing bank to honour a complying presentation.

Honour means:

a. to pay at sight if the credit is available by sight payment.

b. to incur a deferred payment undertaking and pay at maturity if the credit is available by deferred payment.

c. to accept a bill of exchange ("draft") drawn by the beneficiary and pay at maturity if the credit is available by acceptance.

Issuing bank means the bank that issues a credit at the request of an applicant or on its own behalf.

Negotiation means the purchase by the nominated bank of drafts (drawn on a bank other than the nominated bank) and/or documents under a complying presentation, by advancing or agreeing to advance funds to the beneficiary on or before the banking day on which reimbursement is due to the nominated bank.

Nominated Bank means the bank with which the credit is available or any bank in the case of a credit available with any bank.

Presentation means either the delivery of documents under a credit to the issuing bank or nominated bank or the documents so delivered.

Presenter means a beneficiary, bank or other party that makes a presentation.

UCP 600 - Article 3

Interpretations

For the purpose of these rules:

Where applicable, words in the singular include the plural and in the plural include the singular.

A credit is irrevocable even if there is no indication to that effect.

A document may be signed by handwriting, facsimile signature, perforated signature, stamp, symbol or any other mechanical or electronic method of authentication.

A requirement for a document to be legalized, visaed, certified or similar will be satisfied by any signature, mark, stamp or label on the document which appears to satisfy that requirement.

Branches of a bank in different countries are considered to be separate banks.

Terms such as "first class", "well known", "qualified", "independent", "official", "competent" or "local" used to describe the issuer of a document allow any issuer except the beneficiary to issue that document.

Unless required to be used in a document, words such as "prompt", "immediately" or "as soon as possible" will be disregarded.

The expression "on or about" or similar will be interpreted as a stipulation that an event is to occur during a period of five calendar days before until five calendar days after the specified date, both start and end dates included.

The words "to", "until", "till", "from" and "between" when used to determine a period of shipment include the date or dates mentioned, and the words "before" and "after" exclude the date mentioned.

The words "from" and "after" when used to determine a maturity date exclude the date mentioned.

The terms "first half" and "second half" of a month shall be construed respectively as the 1st to the 15th and the 16th to the last day of the month, all dates inclusive.

The terms "beginning", "middle" and "end" of a month shall be construed respectively as the 1st to the 10th, the 11th to the 20th and the 21st to the last day of the month, all dates inclusive.

UCP 600 - Article 4

Credits v. Contracts

a. A credit by its nature is a separate transaction from the sale or other contract on which it may be based. Banks are in no way concerned with or bound by such contract, even if any reference whatsoever to it is included in the credit. Consequently, the undertaking of a bank to honour, to negotiate or to fulfil any other obligation under the credit is not subject to claims or defences by the applicant resulting from its relationships with the issuing bank or the beneficiary.

A beneficiary can in no case avail itself of the contractual relationships existing between banks or between the applicant and the issuing bank.

b. An issuing bank should discourage any attempt by the applicant to include, as an integral part of the credit, copies of the underlying contract, proforma invoice and the like.

UCP 600 - Article 5

Documents v. Goods, Services or Performance

Banks deal with documents and not with goods, services or performance to which the documents may relate.

UCP 600 - Article 6

Availability, Expiry Date and Place for Presentation

a. A credit must state the bank with which it is available or whether it is available with any bank. A credit available with a nominated bank is also available with the issuing bank.

b. A credit must state whether it is available by sight payment, deferred payment, acceptance or negotiation.

c. A credit must not be issued available by a draft drawn on the applicant.

d.

i. A credit must state an expiry date for presentation. An expiry date stated for honour or negotiation will be deemed to be an expiry date for presentation.

ii. The place of the bank with which the credit is available is the place for presentation. The place for presentation under a credit available with any bank is that of any bank. A place for presentation other than that of the issuing bank is in addition to the place of the issuing bank.

e. Except as provided in sub-article 29 (a), a presentation by or on behalf of the beneficiary must be made on or before the expiry date.

UCP 600 - Article 7

Issuing Bank Undertaking

a. Provided that the stipulated documents are presented to the nominated bank or to the issuing bank and that they constitute a complying presentation, the issuing bank must honour if the credit is available by:

i. sight payment, deferred payment or acceptance with the issuing bank;

ii. sight payment with a nominated bank and that nominated bank does not pay;

iii. deferred payment with a nominated bank and that nominated bank does not incur its deferred payment undertaking or, having incurred its deferred payment undertaking, does not pay at maturity;

iv. acceptance with a nominated bank and that nominated bank does not accept a draft drawn on it or, having accepted a draft drawn on it, does not pay at maturity;

v. negotiation with a nominated bank and that nominated bank does not negotiate.

b. An issuing bank is irrevocably bound to honour as of the time it issues the credit.

c. An issuing bank undertakes to reimburse a nominated bank that has honoured or negotiated a complying presentation and forwarded the documents to the issuing bank. Reimbursement for the amount of a complying presentation under a credit available by acceptance or deferred payment is due at maturity, whether or not the nominated bank prepaid or purchased before maturity. An issuing bank's undertaking to reimburse a nominated bank is independent of the issuing bank's undertaking to the beneficiary.

UCP 600 - Article 8

Confirming Bank Undertaking

a. Provided that the stipulated documents are presented to the confirming bank or to any other nominated bank and that they constitute a complying presentation, the confirming bank must:

i. honour, if the credit is available by

a. sight payment, deferred payment or acceptance with the confirming bank;

b. sight payment with another nominated bank and that nominated bank does not pay;

c. deferred payment with another nominated bank and that nominated bank does not incur its deferred payment undertaking or, having incurred its deferred payment undertaking, does not pay at maturity;

d. acceptance with another nominated bank and that nominated bank does not accept a draft drawn on it or, having accepted a draft drawn on it, does not pay at maturity;

e. negotiation with another nominated bank and that nominated bank does not negotiate.

ii. negotiate, without recourse, if the credit is available by negotiation with the confirming bank.

b. A confirming bank is irrevocably bound to honour or negotiate as of the time it adds its confirmation to the credit.

c. A confirming bank undertakes to reimburse another nominated bank that has honoured or negotiated a complying presentation and forwarded the documents to the confirming bank. Reimbursement for the amount of a complying presentation under a credit available by acceptance or deferred payment is due at maturity, whether or not another nominated bank prepaid or purchased before maturity. A confirming bank's undertaking to reimburse another nominated bank is independent of the confirming bank's undertaking to the beneficiary.

d. If a bank is authorized or requested by the issuing bank to confirm a credit but is not prepared to do so, it must inform the issuing bank without delay and may advise the credit without confirmation.

UCP 600 - Article 9

Advising of Credits and Amendments

a. A credit and any amendment may be advised to a beneficiary through an advising bank. An advising bank that is not a confirming bank advises the credit and any amendment without any undertaking to honour or negotiate.

b. By advising the credit or amendment, the advising bank signifies that it has satisfied itself as to the apparent authenticity of the credit or amendment and that the advice accurately reflects the terms and conditions of the credit or amendment received.

c. An advising bank may utilize the services of another bank ("second advising bank") to advise the credit and any amendment to the beneficiary. By advising the credit or amendment, the second advising bank signifies that it has satisfied itself as to the apparent authenticity of the advice it has received and that the advice accurately reflects the terms and conditions of the credit or amendment received.

d. A bank utilizing the services of an advising bank or second advising bank to advise a credit must use the same bank to advise any amendment thereto.

e. If a bank is requested to advise a credit or amendment but elects not to do so, it must so inform, without delay, the bank from which the credit, amendment or advice has been received.

f. If a bank is requested to advise a credit or amendment but cannot satisfy itself as to the apparent authenticity of the credit, the amendment or the advice, it must so inform, without delay, the bank from which the instructions appear to have been received. If the advising bank or second advising bank elects nonetheless to advise the credit or amendment, it must inform the beneficiary or second advising bank that it has not been able to satisfy itself as to the apparent authenticity of the credit, the amendment or the advice.

UCP 600 - Article 10

Amendments

a. Except as otherwise provided by article 38, a credit can neither be amended nor cancelled without the agreement of the issuing bank, the confirming bank, if any, and the beneficiary.

b. An issuing bank is irrevocably bound by an amendment as of the time it issues the amendment. A confirming bank may extend its confirmation to an amendment and will be irrevocably bound as of the time it advises the amendment. A confirming bank may, however, choose to advise an amendment without extending its confirmation and, if so, it must inform the issuing bank without delay and inform the beneficiary in its advice.

c. The terms and conditions of the original credit (or a credit incorporating previously accepted amendments) will remain in force for the beneficiary until the beneficiary communicates its acceptance of the amendment to the bank that advised such amendment. The beneficiary should give notification of acceptance or rejection of an amendment. If the beneficiary fails to give such notification, a presentation that complies with the credit and to any not yet accepted amendment will be deemed to be notification of acceptance by the beneficiary of such amendment. As of that moment the credit will be amended.

d. A bank that advises an amendment should inform the bank from which it received the amendment of any notification of acceptance or rejection.

e. Partial acceptance of an amendment is not allowed and will be deemed to be notification of rejection of the amendment.

f. A provision in an amendment to the effect that the amendment shall enter into force unless rejected by the beneficiary within a certain time shall be disregarded.

UCP 600 - Article 11

Teletransmitted and Pre-Advised Credits and Amendments

a. An authenticated teletransmission of a credit or amendment will be deemed to be the operative credit or amendment, and any subsequent mail confirmation shall be disregarded.

If a teletransmission states "full details to follow" (or words of similar effect), or states that the mail confirmation is to be the operative credit or amendment, then the teletransmission will not be deemed to be the operative credit or amendment. The issuing bank must then issue the operative credit or amendment without delay in terms not inconsistent with the teletransmission.

b. A preliminary advice of the issuance of a credit or amendment ("pre-advice") shall only be sent if the issuing bank is prepared to issue the operative credit or amendment. An issuing bank that sends a pre-advice is irrevocably committed to issue the operative credit or amendment, without delay, in terms not inconsistent with the pre-advice.

UCP 600 - Article 12

Nomination

a. Unless a nominated bank is the confirming bank, an authorization to honour or negotiate does not impose any obligation on that nominated bank to honour or negotiate, except when expressly agreed to by that nominated bank and so communicated to the beneficiary.

b. By nominating a bank to accept a draft or incur a deferred payment undertaking, an issuing bank authorizes that nominated bank to prepay or purchase a draft accepted or a deferred payment undertaking incurred by that nominated bank.

c. Receipt or examination and forwarding of documents by a nominated bank that is not a confirming bank does not make that nominated bank liable to honour or negotiate, nor does it constitute honour or negotiation.

UCP 600 - Article 13

Bank-to-Bank Reimbursement Arrangements

a. If a credit states that reimbursement is to be obtained by a nominated bank ("claiming bank") claiming on another party ("reimbursing bank"), the credit must state if the reimbursement is subject to the ICC rules for bank-to-bank reimbursements in effect on the date of issuance of the credit.

b. If a credit does not state that reimbursement is subject to the ICC rules for bank-to-bank reimbursements, the following apply:

i.An issuing bank must provide a reimbursing bank with a reimbursement authorization that conforms with the availability stated in the credit. The reimbursement authorization should not be subject to an expiry date.

ii.A claiming bank shall not be required to supply a reimbursing bank with a certificate of compliance with the terms and conditions of the credit.

iii. An issuing bank will be responsible for any loss of interest, together with any expenses incurred, if reimbursement is not provided on first demand by a reimbursing bank in accordance with the terms and conditions of the credit.

iv.A reimbursing bank's charges are for the account of the issuing bank. However, if the charges are for the account of the beneficiary, it is the responsibility of an issuing bank to so indicate in the credit and in the reimbursement authorization. If a reimbursing bank's charges are for the account of the beneficiary, they shall be deducted from the amount due to a claiming bank when reimbursement is made. If no reimbursement is made, the reimbursing bank's charges remain the obligation of the issuing bank.

c. An issuing bank is not relieved of any of its obligations to provide reimbursement if reimbursement is not made by a reimbursing bank on first demand.

UCP 600 - Article 14

Standard for Examination of Documents

a. A nominated bank acting on its nomination, a confirming bank, if any, and the issuing bank must examine a presentation to determine, on the basis of the documents alone, whether or not the documents appear on their face to constitute a complying presentation.

b. A nominated bank acting on its nomination, a confirming bank, if any, and the issuing bank shall each have a maximum of five banking days following the day of presentation to determine if a presentation is complying. This period is not curtailed or otherwise affected by the occurrence on or after the date of presentation of any expiry date or last day for presentation.

c. A presentation including one or more original transport documents subject to articles 19, 20, 21, 22, 23, 24 or 25 must be made by or on behalf of the beneficiary not later than 21 calendar days after the date of shipment as described in these rules, but in any event not later than the expiry date of the credit.

d. Data in a document, when read in context with the credit, the document itself and international standard banking practice, need not be identical to, but must not conflict with, data in that document, any other stipulated document or the credit.

e. In documents other than the commercial invoice, the description of the goods, services or performance, if stated, may be in general terms not conflicting with their description in the credit.

f. If a credit requires presentation of a document other than a transport document, insurance document or commercial invoice, without stipulating by whom the document is to be issued or its data content, banks will accept the document as presented if its content appears to fulfil the function of the required document and otherwise complies with sub-article 14 (d).

g. A document presented but not required by the credit will be disregarded and may be returned to the presenter.

h. If a credit contains a condition without stipulating the document to indicate compliance with the condition, banks will deem such condition as not stated and will disregard it.

i. A document may be dated prior to the issuance date of the credit, but must not be dated later than its date of presentation.

j. When the addresses of the beneficiary and the applicant appear in any stipulated document, they need not be the same as those stated in the credit or in any other stipulated document, but must be within the same country as the respective addresses mentioned in the credit. Contact details (telefax, telephone, email and the like) stated as part of the beneficiary's and the applicant's address will be disregarded. However, when the address and contact details of the applicant appear as part of the consignee or notify party details on a transport document subject to articles 19, 20, 21, 22, 23, 24 or 25, they must be as stated in the credit.

k. The shipper or consignor of the goods indicated on any document need not be the beneficiary of the credit.

l. A transport document may be issued by any party other than a carrier, owner, master or charterer provided that the transport document meets the requirements of articles 19, 20, 21, 22, 23 or 24 of these rules.

UCP 600 - Article 15

Complying Presentation

a. When an issuing bank determines that a presentation is complying, it must honour.

b. When a confirming bank determines that a presentation is complying, it must honour or negotiate and forward the documents to the issuing bank.

c. When a nominated bank determines that a presentation is complying and honours or negotiates, it must forward the documents to the confirming bank or issuing bank.

UCP 600 - Article 16

Discrepant Documents, Waiver and Notice

a. When a nominated bank acting on its nomination, a confirming bank, if any, or the issuing bank determines that a presentation does not comply, it may refuse to honour or negotiate.

b. When an issuing bank determines that a presentation does not comply, it may in its sole judgement approach the applicant for a waiver of the discrepancies. This does not, however, extend the period mentioned in sub-article 14 (b).

c. When a nominated bank acting on its nomination, a confirming bank, if any, or the issuing bank decides to refuse to honour or negotiate, it must give a single notice to that effect to the presenter.

The notice must state:

i. that the bank is refusing to honour or negotiate; and

ii. each discrepancy in respect of which the bank refuses to honour or negotiate; and

iii.

a) that the bank is holding the documents pending further instructions from the presenter; or

b) that the issuing bank is holding the documents until it receives a waiver from the applicant and agrees to accept it, or receives further instructions from the presenter prior to agreeing to accept a waiver; or

c) that the bank is returning the documents; or

d) that the bank is acting in accordance with instructions previously received from the presenter.

d. The notice required in sub-article 16 (c) must be given by telecommunication or, if that is not possible, by other expeditious means no later than the close of the fifth banking day following the day of presentation.

e. A nominated bank acting on its nomination, a confirming bank, if any, or the issuing bank may, after providing notice required by sub-article 16 (c) (iii) (a) or (b), return the documents to the presenter at any time.

f. If an issuing bank or a confirming bank fails to act in accordance with the provisions of this article, it shall be precluded from claiming that the documents do not constitute a complying presentation.

g. When an issuing bank refuses to honour or a confirming bank refuses to honour or negotiate and has given notice to that effect in accordance with this article, it shall then be entitled to claim a refund, with interest, of any reimbursement made.

UCP 600 - Article 17

Original Documents and Copies

a. At least one original of each document stipulated in the credit must be presented.

b. A bank shall treat as an original any document bearing an apparently original signature, mark, stamp, or label of the issuer of the document, unless the document itself indicates that it is not an original.

c. Unless a document indicates otherwise, a bank will also accept a document as original if it:

i. appears to be written, typed, perforated or stamped by the document issuer's hand; or

ii. appears to be on the document issuer's original stationery; or

iii. states that it is original, unless the statement appears not to apply to the document presented.

d. If a credit requires presentation of copies of documents, presentation of either originals or copies is permitted.

e. If a credit requires presentation of multiple documents by using terms such as "in duplicate", "in two fold" or "in two copies", this will be satisfied by the presentation of at least one original and the remaining number in copies, except when the document itself indicates otherwise.

UCP 600 - Article 18

Commercial Invoice

a. A commercial invoice:

i. must appear to have been issued by the beneficiary (except as provided in article 38);

ii. must be made out in the name of the applicant (except as provided in sub-article 38 (g));

iii. must be made out in the same currency as the credit; and

iv. need not be signed.

b. A nominated bank acting on its nomination, a confirming bank, if any, or the issuing bank may accept a commercial invoice issued for an amount in excess of the amount permitted by the credit, and its decision will be binding upon all parties, provided the bank in question has not honoured or negotiated for an amount in excess of that permitted by the credit.

c. The description of the goods, services or performance in a commercial invoice must correspond with that appearing in the credit.

UCP 600 - Article 19

Transport Document Covering at Least Two Different Modes of Transport

a. A transport document covering at least two different modes of transport (multimodal or combined transport document), however named, must appear to:

i. indicate the name of the carrier and be signed by:

- the carrier or a named agent for or on behalf of the carrier, or

- the master or a named agent for or on behalf of the master.

Any signature by the carrier, master or agent must be identified as that of the carrier, master or agent.

Any signature by an agent must indicate whether the agent has signed for or on behalf of the carrier or for or on behalf of the master.

ii. indicate that the goods have been dispatched, taken in charge or shipped on board at the place stated in the credit, by:

- pre-printed wording, or

- a stamp or notation indicating the date on which the goods have been dispatched, taken in charge or shipped on board.

The date of issuance of the transport document will be deemed to be the date of dispatch, taking in charge or shipped on board, and the date of shipment. However, if the transport document indicates, by stamp or notation, a date of dispatch, taking in charge or shipped on board, this date will be deemed to be the date of shipment.

iii. indicate the place of dispatch, taking in charge or shipment and the place of final destination stated in the credit, even if:

a. the transport document states, in addition, a different place of dispatch, taking in charge or shipment or place of final destination,

or

b. the transport document contains the indication "intended" or similar qualification in relation to the vessel, port of loading or port of discharge.

iv. be the sole original transport document or, if issued in more than one original, be the full set as indicated on the transport document.

v. contain terms and conditions of carriage or make reference to another source containing the terms and conditions of carriage (short form or blank back transport document). Contents of terms and conditions of carriage will not be examined.

vi. contain no indication that it is subject to a charter party.

b. For the purpose of this article, transhipment means unloading from one means of conveyance and reloading to another means of conveyance (whether or not in different modes of transport) during the carriage from the place of dispatch, taking in charge or shipment to the place of final destination stated in the credit.

c.

i. A transport document may indicate that the goods will or may be transhipped provided that the entire carriage is covered by one and the same transport document.

ii. A transport document indicating that transhipment will or may take place is acceptable, even if the credit prohibits transhipment.

UCP 600 - Article 20

Bill of Lading

a.A bill of lading, however named, must appear to:

i. indicate the name of the carrier and be signed by:

- the carrier or a named agent for or on behalf of the carrier, or

- the master or a named agent for or on behalf of the master.

Any signature by the carrier, master or agent must be identified as that of the carrier, master or agent.

Any signature by an agent must indicate whether the agent has signed for or on behalf of the carrier or for or on behalf of the master.

ii. indicate that the goods have been shipped on board a named vessel at the port of loading stated in the credit by:

- pre-printed wording, or

- an on board notation indicating the date on which the goods have been shipped on board.

The date of issuance of the bill of lading will be deemed to be the date of shipment unless the bill of lading contains an on board notation indicating the date of shipment, in which case the date stated in the on board notation will be deemed to be the date of shipment.

If the bill of lading contains the indication "intended vessel" or similar qualification in relation to the name of the vessel, an on board notation indicating the date of shipment and the name of the actual vessel is required.

iii. indicate shipment from the port of loading to the port of discharge stated in the credit.

If the bill of lading does not indicate the port of loading stated in the credit as the port of loading, or if it contains the indication "intended" or similar qualification in relation to the port of loading, an on board notation indicating the port of loading as stated in the credit, the date of shipment and the name of the vessel is required. This provision applies even when loading on board or shipment on a named vessel is indicated by pre-printed wording on the bill of lading.

iv. be the sole original bill of lading or, if issued in more than one original, be the full set as indicated on the bill of lading.

v. contain terms and conditions of carriage or make reference to another source containing the terms and conditions of carriage (short form or blank back bill of lading). Contents of terms and conditions of carriage will not be examined.

vi. contain no indication that it is subject to a charter party.

b. For the purpose of this article, transhipment means unloading from one vessel and reloading to another vessel during the carriage from the port of loading to the port of discharge stated in the credit.

c.

i. A bill of lading may indicate that the goods will or may be transhipped provided that the entire carriage is covered by one and the same bill of lading.

ii. A bill of lading indicating that transhipment will or may take place is acceptable, even if the credit prohibits transhipment, if the goods have been shipped in a container, trailer or LASH barge as evidenced by the bill of lading.

d. Clauses in a bill of lading stating that the carrier reserves the right to tranship will be disregarded.

UCP 600 - Article 21

Non-Negotiable Sea Waybill

a. A non-negotiable sea waybill, however named, must appear to:

i. indicate the name of the carrier and be signed by:

- the carrier or a named agent for or on behalf of the carrier, or

- the master or a named agent for or on behalf of the master.

Any signature by the carrier, master or agent must be identified as that of the carrier, master or agent.

Any signature by an agent must indicate whether the agent has signed for or on behalf of the carrier or for or on behalf of the master.

ii. indicate that the goods have been shipped on board a named vessel at the port of loading stated in the credit by:

- pre-printed wording, or

- an on board notation indicating the date on which the goods have been shipped on board.

The date of issuance of the non-negotiable sea waybill will be deemed to be the date of shipment unless the non-negotiable sea waybill contains an on board notation indicating the date of shipment, in which case the date stated in the on board notation will be deemed to be the date of shipment.

If the non-negotiable sea waybill contains the indication "intended vessel" or similar qualification in relation to the name of the vessel, an on board notation indicating the date of shipment and the name of the actual vessel is required.

iii. indicate shipment from the port of loading to the port of discharge stated in the credit.

If the non-negotiable sea waybill does not indicate the port of loading stated in the credit as the port of loading, or if it contains the indication "intended" or similar qualification in relation to the port of loading, an on board notation indicating the port of loading as stated in the credit, the date of shipment and the name of the vessel is required. This provision applies even when loading on board or shipment on a named vessel is indicated by pre-printed wording on the non-negotiable sea waybill.

iv. be the sole original non-negotiable sea waybill or, if issued in more than one original, be the full set as indicated on the non-negotiable sea waybill.

v. contain terms and conditions of carriage or make reference to another source containing the terms and conditions of carriage (short form or blank back non-negotiable sea waybill). Contents of terms and conditions of carriage will not be examined.

vi. contain no indication that it is subject to a charter party.

b. For the purpose of this article, transhipment means unloading from one vessel and reloading to another vessel during the carriage from the port of loading to the port of discharge stated in the credit.

c.

i. A non-negotiable sea waybill may indicate that the goods will or may be transhipped provided that the entire carriage is covered by one and the same non-negotiable sea waybill.

ii. A non-negotiable sea waybill indicating that transhipment will or may take place is acceptable, even if the credit prohibits transhipment, if the goods have been shipped in a container, trailer or LASH barge as evidenced by the non-negotiable sea waybill.

d. Clauses in a non-negotiable sea waybill stating that the carrier reserves the right to tranship will be disregarded.

UCP 600 - Article 22

Charter Party Bill of Lading

a. A bill of lading, however named, containing an indication that it is subject to a charter party (charter party bill of lading), must appear to:

i. be signed by:

- the master or a named agent for or on behalf of the master, or

- the owner or a named agent for or on behalf of the owner, or

- the charterer or a named agent for or on behalf of the charterer.

Any signature by the master, owner, charterer or agent must be identified as that of the master, owner, charterer or agent.

Any signature by an agent must indicate whether the agent has signed for or on behalf of the master, owner or charterer.

An agent signing for or on behalf of the owner or charterer must indicate the name of the owner or charterer.

ii. indicate that the goods have been shipped on board a named vessel at the port of loading stated in the credit by:

- pre-printed wording, or

- an on board notation indicating the date on which the goods have been shipped on board.

The date of issuance of the charter party bill of lading will be deemed to be the date of shipment unless the charter party bill of lading contains an on board notation indicating the date of shipment, in which case the date stated in the on board notation will be deemed to be the date of shipment.

iii. indicate shipment from the port of loading to the port of discharge stated in the credit. The port of discharge may also be shown as a range of ports or a geographical area, as stated in the credit.

iv. be the sole original charter party bill of lading or, if issued in more than one original, be the full set as indicated on the charter party bill of lading.

b. A bank will not examine charter party contracts, even if they are required to be presented by the terms of the credit.

UCP 600 - Article 23

Air Transport Document

a. An air transport document, however named, must appear to:

i. indicate the name of the carrier and be signed by:

- the carrier, or

- a named agent for or on behalf of the carrier.

Any signature by the carrier or agent must be identified as that of the carrier or agent.

Any signature by an agent must indicate that the agent has signed for or on behalf of the carrier.

ii.indicate that the goods have been accepted for carriage.

iii. indicate the date of issuance. This date will be deemed to be the date of shipment unless the air transport document contains a specific notation of the actual date of shipment, in which case the date stated in the notation will be deemed to be the date of shipment.

Any other information appearing on the air transport document relative to the flight number and date will not be considered in determining the date of shipment.

iv. indicate the airport of departure and the airport of destination stated in the credit.

v. be the original for consignor or shipper, even if the credit stipulates a full set of originals.

vi. contain terms and conditions of carriage or make reference to another source containing the terms and conditions of carriage. Contents of terms and conditions of carriage will not be examined.

b. For the purpose of this article, transhipment means unloading from one aircraft and reloading to another aircraft during the carriage from the airport of departure to the airport of destination stated in the credit.

c.

i. An air transport document may indicate that the goods will or may be transhipped, provided that the entire carriage is covered by one and the same air transport document.

ii. An air transport document indicating that transhipment will or may take place is acceptable, even if the credit prohibits transhipment.

UCP 600 - Article 24

Road, Rail or Inland Waterway Transport Documents

a. A road, rail or inland waterway transport document, however named, must appear to:

i. indicate the name of the carrier and:

- be signed by the carrier or a named agent for or on behalf of the carrier, or

- indicate receipt of the goods by signature, stamp or notation by the carrier or a named agent for or on behalf of the carrier.

Any signature, stamp or notation of receipt of the goods by the carrier or agent must be identified as that of the carrier or agent.

Any signature, stamp or notation of receipt of the goods by the agent must indicate that the agent has signed or acted for or on behalf of the carrier.

If a rail transport document does not identify the carrier, any signature or stamp of the railway company will be accepted as evidence of the document being signed by the carrier.

ii. indicate the date of shipment or the date the goods have been received for shipment, dispatch or carriage at the place stated in the credit. Unless the transport document contains a dated reception stamp, an indication of the date of receipt or a date of shipment, the date of issuance of the transport document will be deemed to be the date of shipment.

iii. indicate the place of shipment and the place of destination stated in the credit.

b.

i. A road transport document must appear to be the original for consignor or shipper or bear no marking indicating for whom the document has been prepared.

ii. A rail transport document marked "duplicate" will be accepted as an original.

iii. A rail or inland waterway transport document will be accepted as an original whether marked as an original or not.

c. In the absence of an indication on the transport document as to the number of originals issued, the number presented will be deemed to constitute a full set.

d. For the purpose of this article, transhipment means unloading from one means of conveyance and reloading to another means of conveyance, within the same mode of transport, during the carriage from the place of shipment, dispatch or carriage to the place of destination stated in the credit.

e.

i. A road, rail or inland waterway transport document may indicate that the goods will or may be transhipped provided that the entire carriage is covered by one and the same transport document.

ii. A road, rail or inland waterway transport document indicating that transhipment will or may take place is acceptable, even if the credit prohibits transhipment.

UCP 600 - Article 25

Courier Receipt, Post Receipt or Certificate of Posting

a. A courier receipt, however named, evidencing receipt of goods for transport, must appear to:

i. indicate the name of the courier service and be stamped or signed by the named courier service at the place from which the credit states the goods are to be shipped; and

ii. indicate a date of pick-up or of receipt or wording to this effect. This date will be deemed to be the date of shipment.

b. A requirement that courier charges are to be paid or prepaid may be satisfied by a transport document issued by a courier service evidencing that courier charges are for the account of a party other than the consignee.

c. A post receipt or certificate of posting, however named, evidencing receipt of goods for transport, must appear to be stamped or signed and dated at the place from which the credit states the goods are to be shipped. This date will be deemed to be the date of shipment.

UCP 600 - Article 26

On Deck", "Shipper's Load and Count", "Said by Shipper to Contain" and Charges Additional to Freight

a. A transport document must not indicate that the goods are or will be loaded on deck. A clause on a transport document stating that the goods may be loaded on deck is acceptable.

b. A transport document bearing a clause such as "shipper's load and count" and "said by shipper to contain" is acceptable.

c. A transport document may bear a reference, by stamp or otherwise, to charges additional to the freight.

UCP 600 - Article 27

Clean Transport Document

A bank will only accept a clean transport document. A clean transport document is one bearing no clause or notation expressly declaring a defective condition of the goods or their packaging. The word "clean" need not appear on a transport document, even if a credit has a requirement for that transport document to be "clean on board".

UCP 600 - Article 28

Insurance Document and Coverage

a. An insurance document, such as an insurance policy, an insurance certificate or a declaration under an open cover, must appear to be issued and signed by an insurance company, an underwriter or their agents or their proxies.

Any signature by an agent or proxy must indicate whether the agent or proxy has signed for or on behalf of the insurance company or underwriter.

b. When the insurance document indicates that it has been issued in more than one original, all originals must be presented.

c. Cover notes will not be accepted.

d. An insurance policy is acceptable in lieu of an insurance certificate or a declaration under an open cover.

e. The date of the insurance document must be no later than the date of shipment, unless it appears from the insurance document that the cover is effective from a date not later than the date of shipment.

f.

i.The insurance document must indicate the amount of insurance coverage and be in the same currency as the credit.

ii. A requirement in the credit for insurance coverage to be for a percentage of the value of the goods, of the invoice value or similar is deemed to be the minimum amount of coverage required.

If there is no indication in the credit of the insurance coverage required, the amount of insurance coverage must be at least 110% of the CIF or CIP value of the goods.

When the CIF or CIP value cannot be determined from the documents, the amount of insurance coverage must be calculated on the basis of the amount for which honour or negotiation is requested or the gross value of the goods as shown on the invoice, whichever is greater.

iii. The insurance document must indicate that risks are covered at least between the place of taking in charge or shipment and the place of discharge or final destination as stated in the credit.

g. A credit should state the type of insurance required and, if any, the additional risks to be covered. An insurance document will be accepted without regard to any risks that are not covered if the credit uses imprecise terms such as "usual risks" or "customary risks".

h. When a credit requires insurance against "all risks" and an insurance document is presented containing any "all risks" notation or clause, whether or not bearing the heading "all risks", the insurance document will be accepted without regard to any risks stated to be excluded.

i. An insurance document may contain reference to any exclusion clause.

j. An insurance document may indicate that the cover is subject to a franchise or excess (deductible).

UCP 600 - Article 29

a. If the expiry date of a credit or the last day for presentation falls on a day when the bank to which presentation is to be made is closed for reasons other than those referred to in article 36, the expiry date or the last day for presentation, as the case may be, will be extended to the first following banking day.

b. If presentation is made on the first following banking day, a nominated bank must provide the issuing bank or confirming bank with a statement on its covering schedule that the presentation was made within the time limits extended in accordance with sub-article 29 (a).

c. The latest date for shipment will not be extended as a result of sub-article 29 (a).

UCP 600 - Article 30

Tolerance in Credit Amount, Quantity and Unit Prices

a. The words "about" or "approximately" used in connection with the amount of the credit or the quantity or the unit price stated in the credit are to be construed as allowing a tolerance not to exceed 10% more or 10% less than the amount, the quantity or the unit price to which they refer.

b. A tolerance not to exceed 5% more or 5% less than the quantity of the goods is allowed, provided the credit does not state the quantity in terms of a stipulated number of packing units or individual items and the total amount of the drawings does not exceed the amount of the credit.

c. Even when partial shipments are not allowed, a tolerance not to exceed 5% less than the amount of the credit is allowed, provided that the quantity of the goods, if stated in the credit, is shipped in full and a unit price, if stated in the credit, is not reduced or that sub-article 30 (b) is not applicable. This tolerance does not apply when the credit stipulates a specific tolerance or uses the expressions referred to in sub-article 30 (a).

UCP 600 - Article 31

Partial Drawings or Shipments

a. Partial drawings or shipments are allowed.

b. A presentation consisting of more than one set of transport documents evidencing shipment commencing on the same means of conveyance and for the same journey, provided they indicate the same destination, will not be regarded as covering a partial shipment, even if they indicate different dates of shipment or different ports of loading, places of taking in charge or dispatch. If the presentation consists of more than one set of transport documents, the latest date of shipment as evidenced on any of the sets of transport documents will be regarded as the date of shipment.

A presentation consisting of one or more sets of transport documents evidencing shipment on more than one means of conveyance within the same mode of transport will be regarded as covering a partial shipment, even if the means of conveyance leave on the same day for the same destination.

c. A presentation consisting of more than one courier receipt, post receipt or certificate of posting will not be regarded as a partial shipment if the courier receipts, post receipts or certificates of posting appear to have been stamped or signed by the same courier or postal service at the same place and date and for the same destination.

UCP 600 - Article 32

Instalment Drawings or Shipments

If a drawing or shipment by instalments within given periods is stipulated in the credit and any instalment is not drawn or shipped within the period allowed for that instalment, the credit ceases to be available for that and any subsequent instalment.

UCP 600 - Article 33

Hours of Presentation

A bank has no obligation to accept a presentation outside of its banking hours.

UCP 600 - Article 34

Disclaimer on Effectiveness of Documents

A bank assumes no liability or responsibility for the form, sufficiency, accuracy, genuineness, falsification or legal effect of any document, or for the general or particular conditions stipulated in a document or superimposed thereon; nor does it assume any liability or responsibility for the description, quantity, weight, quality, condition, packing, delivery, value or existence of the goods, services or other performance represented by any document, or for the good faith or acts or omissions, solvency, performance or standing of the consignor, the carrier, the forwarder, the consignee or the insurer of the goods or any other person.

UCP 600 - Article 35

Disclaimer on Transmission and Translation

A bank assumes no liability or responsibility for the consequences arising out of delay, loss in transit, mutilation or other errors arising in the transmission of any messages or delivery of letters or documents, when such messages, letters or documents are transmitted or sent according to the requirements stated in the credit, or when the bank may have taken the initiative in the choice of the delivery service in the absence of such instructions in the credit.

If a nominated bank determines that a presentation is complying and forwards the documents to the issuing bank or confirming bank, whether or not the nominated bank has honoured or negotiated, an issuing bank or confirming bank must honour or negotiate, or reimburse that nominated bank, even when the documents have been lost in transit between the nominated bank and the issuing bank or confirming bank, or between the confirming bank and the issuing bank.

A bank assumes no liability or responsibility for errors in translation or interpretation of technical terms and may transmit credit terms without translating them.

UCP 600 - Article 36

Force Majeure

A bank assumes no liability or responsibility for the consequences arising out of the interruption of its business by Acts of God, riots, civil commotions, insurrections, wars, acts of terrorism, or by any strikes or lockouts or any other causes beyond its control.

A bank will not, upon resumption of its business, honour or negotiate under a credit that expired during such interruption of its business.

UCP 600 - Article 37

Disclaimer for Acts of an Instructed Party

a. A bank utilizing the services of another bank for the purpose of giving effect to the instructions of the applicant does so for the account and at the risk of the applicant.

b. An issuing bank or advising bank assumes no liability or responsibility should the instructions it transmits to another bank not be carried out, even if it has taken the initiative in the choice of that other bank.

c. A bank instructing another bank to perform services is liable for any commissions, fees, costs or expenses ("charges") incurred by that bank in connection with its instructions.

If a credit states that charges are for the account of the beneficiary and charges cannot be collected or deducted from proceeds, the issuing bank remains liable for payment of charges.

A credit or amendment should not stipulate that the advising to a beneficiary is conditional upon the receipt by the advising bank or second advising bank of its charges.

d. The applicant shall be bound by and liable to indemnify a bank against all obligations and responsibilities imposed by foreign laws and usages.

UCP 600 - Article 38

Transferable Credits

a. A bank is under no obligation to transfer a credit except to the extent and in the manner expressly consented to by that bank.

b. For the purpose of this article:

Transferable credit means a credit that specifically states it is "transferable". A transferable credit may be made available in whole or in part to another beneficiary ("second beneficiary") at the request of the beneficiary ("first beneficiary").

Transferring bank means a nominated bank that transfers the credit or, in a credit available with any bank, a bank that is specifically authorized by the issuing bank to transfer and that transfers the credit. An issuing bank may be a transferring bank.

Transferred credit means a credit that has been made available by the transferring bank to a second beneficiary.

c. Unless otherwise agreed at the time of transfer, all charges (such as commissions, fees, costs or expenses) incurred in respect of a transfer must be paid by the first beneficiary.

d. A credit may be transferred in part to more than one second beneficiary provided partial drawings or shipments are allowed.

A transferred credit cannot be transferred at the request of a second beneficiary to any subsequent beneficiary. The first beneficiary is not considered to be a subsequent beneficiary.

e. Any request for transfer must indicate if and under what conditions amendments may be advised to the second beneficiary. The transferred credit must clearly indicate those conditions.

f. If a credit is transferred to more than one second beneficiary, rejection of an amendment by one or more second beneficiary does not invalidate the acceptance by any other second beneficiary, with respect to which the transferred credit will be amended accordingly. For any second beneficiary that rejected the amendment, the transferred credit will remain unamended.

g. The transferred credit must accurately reflect the terms and conditions of the credit, including confirmation, if any, with the exception of:

- the amount of the credit,

- any unit price stated therein,

- the expiry date,

- the period for presentation, or

- the latest shipment date or given period for shipment,

any or all of which may be reduced or curtailed.

The percentage for which insurance cover must be effected may be increased to provide the amount of cover stipulated in the credit or these articles.

The name of the first beneficiary may be substituted for that of the applicant in the credit.

If the name of the applicant is specifically required by the credit to appear in any document other than the invoice, such requirement must be reflected in the transferred credit.

h. The first beneficiary has the right to substitute its own invoice and draft, if any, for those of a second beneficiary for an amount not in excess of that stipulated in the credit, and upon such substitution the first beneficiary can draw under the credit for the difference, if any, between its invoice and the invoice of a second beneficiary.

i. If the first beneficiary is to present its own invoice and draft, if any, but fails to do so on first demand, or if the invoices presented by the first beneficiary create discrepancies that did not exist in the presentation made by the second beneficiary and the first beneficiary fails to correct them on first demand, the transferring bank has the right to present the documents as received from the second beneficiary to the issuing bank, without further responsibility to the first beneficiary.

j. The first beneficiary may, in its request for transfer, indicate that honour or negotiation is to be effected to a second beneficiary at the place to which the credit has been transferred, up to and including the expiry date of the credit. This is without prejudice to the right of the first beneficiary in accordance with sub-article 38 (h).

k. Presentation of documents by or on behalf of a second beneficiary must be made to the transferring bank.

UCP 600 - Article 39

Assignment of Proceeds

The fact that a credit is not stated to be transferable shall not affect the right of the beneficiary to assign any proceeds to which it may be or may become entitled under the credit, in accordance with the provisions of applicable law. This article relates only to the assignment of proceeds and not to the assignment of the right to perform under the credit.

Appendix 1
UNIFORM CUSTOMS AND PRACTICE FOR DOCUMENTARY CREDITS (UCP 600) SUPPLEMENT FOR ELECTRONIC PRESENTATIONS (“eUCP”)

eUCP Version 2.0

PRELIMINARY CONSIDERATIONS

The mode of presentation to the nominated bank, confirming bank, if any, or the issuing bank, by or on behalf of the beneficiary, of electronic records alone or in combination with paper documents, is outside the scope of the eUCP.

The mode of presentation to the applicant, by the issuing bank, of electronic records alone or in combination with paper documents, is outside the scope of the eUCP.

Where not defined or modified in the eUCP, definitions given in UCP 600 will continue to apply.

Before agreeing to issue, advise, confirm, amend or transfer an eUCP credit, banks should satisfy themselves that they can examine the required electronic records in a presentation made thereunder.

ARTICLE e1: Scope of the Uniform Customs and Practice for Documentary Credits (UCP 600) Supplement for Electronic Presentations ("eUCP")

a. The eUCP supplements the Uniform Customs and Practice for Documentary Credits (2007 Revision, ICC Publication No. 600) ("UCP") in order to accommodate presentation of electronic records alone or in combination with paper documents.

b. The eUCP shall apply where the credit indicates that it is subject to the eUCP ("eUCP credit").

c. This version is Version 2.0. An eUCP credit must indicate the applicable version of the eUCP. If not indicated, it is subject to the latest version in effect on the date the eUCP credit is issued or, if made subject to the eUCP by an amendment accepted by the beneficiary, the date of that amendment.

d. An eUCP credit must indicate the physical location of the issuing bank. In addition, it must also indicate the physical location of any nominated bank and, if different to the nominated bank, the physical location of the confirming bank, if any, when such location is known to the issuing bank at the time of issuance. If the physical location of any nominated bank and/or confirming bank is not indicated in the credit, such bank must indicate its physical location to the beneficiary no later than the time of advising or confirming the credit or, in the case of a credit available with any bank, and where another bank willing to act on the nomination to honour or negotiate is not the advising or confirming bank, at the time of agreeing to act on its nomination.

ARTICLE e2: Relationship of the eUCP to the UCP

a. An eUCP credit is also subject to the UCP without express incorporation of the UCP.

b. Where the eUCP applies, its provisions shall prevail to the extent that they would produce a result different from the application of the UCP.

c. If an eUCP credit allows the beneficiary to choose between presentation of paper documents or electronic records and it chooses to present only paper documents, the UCP alone shall apply to that presentation. If only paper documents are permitted under an eUCP credit, the UCP alone shall apply.

ARTICLE e3: Definitions

a. Where the following terms are used in the UCP, for the purpose of applying the UCP to an electronic record presented under an eUCP credit, the term:

   i. **Appear on their face** and the like shall apply to examination of the data content of an electronic record.

   ii. **Document** shall include an electronic record.

   iii. **Place for presentation** of an electronic record means an electronic address of a data processing system.

   iv. **Presenter** means the beneficiary, or any party acting on behalf of the beneficiary who makes a presentation to a nominated bank, confirming bank, if any, or to the issuing bank directly.

   v. **Sign** and the like shall include an electronic signature.

   vi. **Superimposed**, **notation** or **stamped** means data content whose supplementary character is apparent in an electronic record.

b. The following terms used in the eUCP shall have the following meaning:

i. **Data corruption** means any distortion or loss of data that renders the electronic record, as it was presented, unreadable in whole or in part.

ii. **Data processing system** means a computerised or an electronic or any other automated means used to process and manipulate data, initiate an action or respond to data messages or performances in whole or in part.

iii. **Electronic record** means data created, generated, sent, communicated, received or stored by electronic means, including, where appropriate, all information logically associated with or otherwise linked together so as to become part of the record, whether generated contemporaneously or not, that is:

a. capable of being authenticated as to the apparent identity of a sender and the apparent source of the data contained in it, and as to whether it has remained complete and unaltered, and

b. capable of being examined for compliance with the terms and conditions of the eUCP credit.

iv. **Electronic signature** means a data process attached to or logically associated with an electronic record and executed or adopted by a person in order to identify that person and to indicate that person's authentication of the electronic record.

v. **Format** means the data organisation in which the electronic record is expressed or to which it refers.

vi. **Paper document** means a document in a paper form.

vii. **Received** means when an electronic record enters a data processing system, at the place for presentation indicated in the eUCP credit, in a format capable of being accepted by that system. Any acknowledgement of receipt generated by that system does not imply that the electronic record has been viewed, examined, accepted or refused under an eUCP credit.

viii. **Re-present** or **re-presented** means to substitute or replace an electronic record already presented.

ARTICLE e4: Electronic Records and Paper Documents v. Goods, Services or Performance

Banks do not deal with the goods, services or performance to which an electronic record or paper document may relate.

ARTICLE e5: Format

An eUCP credit must indicate the format of each electronic record. If the format of an electronic record is not indicated, it may be presented in any format.

ARTICLE e6: Presentation

a. *i.* An eUCP credit must indicate a place for presentation of electronic records.

ii. An eUCP credit requiring or allowing presentation of both electronic records and paper documents must, in addition to the place for presentation of the electronic records, also indicate a place for presentation of the paper documents.

b. Electronic records may be presented separately and need not be presented at the same time.

c. *i.* When one or more electronic records are presented alone or in

ii. combination with paper documents, the presenter is responsible for providing a notice of completeness to the nominated bank, confirming bank, if any, or to the issuing bank, where a presentation is made directly. The receipt of the notice of completeness will act as notification that the presentation is complete and that the period for examination of the presentation is to commence.

iii. The notice of completeness may be given as an electronic record or paper document and must identify the eUCP credit to which it relates.

iv. Presentation is deemed not to have been made if the notice of completeness is not received.

v. When a nominated bank, whether acting on its nomination or not, forwards or makes available electronic records to a confirming bank or issuing bank, a notice of completeness need not be sent.

d. *i.* Each presentation of an electronic record under an eUCP credit must identify the eUCP credit under which it is presented. This may be by specific reference thereto in the electronic record itself, or in metadata attached or superimposed thereto, or by identification in the covering letter or schedule that accompanies the presentation.

ii. Any presentation of an electronic record not so identified may be treated as not received.

e. *i.* If the bank to which presentation is to be made is open but its system is unable to receive a transmitted electronic record on the stipulated expiry date and/or the last day for presentation, as the case may be, the bank will be deemed to be closed and the expiry date and/or last day for presentation shall be extended to the next banking day on which such bank is able to receive an electronic record.

ii. In this event, the nominated bank must provide the confirming bank or issuing bank, if any, with a statement on its covering schedule that the presentation of electronic records was made within the time limits extended in accordance with sub-article e6 (e) (i).

iii. If the only electronic record remaining to be presented is the notice of completeness, it may be given by telecommunication or by paper document and will be deemed timely, provided that it is sent before the bank is able to receive an electronic record.

f. An electronic record that cannot be authenticated is deemed not to have been presented.

ARTICLE e7: Examination

a. *i.* The period for the examination of documents commences on thebanking day following the day on which the notice of completeness is received by the nominated bank, confirming bank, if any, or by the issuing bank, where a presentation is made directly.

ii. If the time for presentation of documents or the notice of completeness is extended, as provided in sub-article e6 (e) (i), the time for the examination of documents commences on the next banking day following the day on which the bank to which presentation is to be made is able to receive the notice of completeness, at the place for presentation.

b. *i.* If an electronic record contains a hyperlink to an external system or a presentation indicates that the electronic record may be examined by reference to an external system, the electronic record at the hyperlink or the external system shall be deemed to constitute an integral part of the electronic record to be examined.

ii. The failure of the external system to provide access to the required electronic record at the time of examination shall constitute a discrepancy, except as provided in sub-article e7 (d) (ii).

c. The inability of a nominated bank acting on its nomination, a confirming bank, if any, or the issuing bank, to examine an electronic record in a format required by an eUCP credit or, if no format is required, to examine it in the format presented is not a basis for refusal.

d. *i.* The forwarding of electronic records by a nominated bank, whether or not it is acting on its nomination to honour or negotiate, signifies that it has satisfied itself as to the apparent authenticity of the electronic records.

e. *i.* In the event that a nominated bank determines that a presentation is complying and forwards or makes available those electronic records to the confirming bank or issuing bank, whether or not the nominated bank has honoured or negotiated, an issuing bank or confirming bank must honour or negotiate, or reimburse that nominated bank, even when a specified hyperlink or external system does not allow the issuing bank or confirming bank to examine one or more electronic records that have been made available between the nominated bank and the issuing bank or confirming bank, or between the confirming bank and the issuing bank.

ARTICLE e8: Notice of Refusal

If a nominated bank acting on its nomination, a confirming bank, if any, or the issuing bank, provides a notice of refusal of a presentation which includes electronic records and does not receive instructions from the party to which notice of refusal is given for the disposition of the electronic records within 30 calendar days from the date the notice of refusal is given, the bank shall return any paper documents not previously returned to that party, but may dispose of the electronic records in any manner deemed appropriate without any responsibility.

ARTICLE e9: Originals and Copies

Any requirement for presentation of one or more originals or copies of an electronic record is satisfied by the presentation of one electronic record.

ARTICLE e10: Date of Issuance

An electronic record must provide evidence of its date of issuance.

ARTICLE e11: Transport

If an electronic record evidencing transport does not indicate a date of shipment or dispatch or taking in charge or a date the goods were accepted for carriage, the date of issuance of the electronic record will be deemed to be the date of shipment or dispatch or taking in charge or the date the goods were accepted for carriage. However, if the electronic record bears a notation that evidences the date of shipment or dispatch or taking in charge or the date the goods were accepted for carriage, the date of the notation will be deemed to be the date of shipment or dispatch or taking in charge or the date the goods were accepted for carriage. Such a notation showing additional data content need not be separately signed or otherwise authenticated.

ARTICLE e12: Data Corruption of an Electronic Record

a. If an electronic record that has been received by a nominated bank acting on its nomination or not, confirming bank, if any, or the issuing bank, appears to have been affected by a data corruption, the bank may inform the presenter and may request it to be re-presented.

b. If a bank makes such a request:

i. the time for examination is suspended and resumes when the electronic record is re-presented; and

ii. if the nominated bank is not a confirming bank, it must provide any confirming bank and the issuing bank with notice of the request for the electronic record to be re-presented and inform it of the suspension; but

iii. if the same electronic record is not re-presented within 30 calendar days, or on or before the expiry date and/or last day for presentation, whichever occurs first, the bank may treat the electronic record as not presented.

ARTICLE e13: Additional Disclaimer of Liability for Presentation of Electronic Records under eUCP

a. By satisfying itself as to the apparent authenticity of an electronic record, a bank assumes no liability for the identity of the sender, source of the information, or its complete and unaltered character other than that which is apparent in the electronic record received by the use of a data processing system for the receipt, authentication, and identification of electronic records.

b. A bank assumes no liability or responsibility for the consequences arising out of the unavailability of a data processing system other than its own.

ARTICLE e14: Force Majeure

A bank assumes no liability or responsibility for the consequences arising out of the interruption of its business, including but not limited to its inability to access a data processing system, or a failure of equipment, software or communications network, caused by Acts of God, riots, civil commotions, insurrections, wars, acts of terrorism, cyberattacks, or by any strikes or lockouts or any other causes, including failure of equipment, software or communications networks, beyond its control.

참고문헌

김선옥(2005), "해운업계의 송하인의 보상장발행 관행에 관한 고찰", 해운물류연구.

______(2013), "신용장에 의한 대금결제구조에서 서류의 사기 또는 위조에 관한 고찰", 무역연구.

______(2014), "신용장거래에서 서류심사기준과 그 쟁점", 무역연구.

______(2015), "Compliance Rules in Documentary Credit Transactions", 무역연구.

______(2016), "A Review on the Effect of Non-documentary Conditions under Documentary Credit Transaction, 국제상학.

전순환(2000), "UCP600상의 양도조항의 해석에 관한 연구", 무역연구.

高橋 靖治(2002), 「貿易の取引と實務」, 東京リーガルマインド.

八尾 晃, 阿部 順二, 後藤 守孝, 橋本 徹(2009), 「貿易と信用狀」, 中央經濟社.

片山 立志, 中川 章, 宍戸 雅明(2009), 「貿易實務ハンドブック」, 日本貿易實務檢定協會, 第３版, 中央書院.

綴喜 善郎, 前川 吉廣, 阿部 順二, 一宮 弘之(2009), 「輸出入と信用狀取引」, 經濟法令研究會.

藤田榮一(1994), 「輸出入取引と書類の実務」, 実務教育出版.

Alavi H.(2015), "Autonomy Principle and Fraud Exception in Documentary Letters of Credit, A Comparative Study Between United States and England", *ICLR*, Vol.15, No.2.

Barnes G. J. & E., Byrne James (2001), "Letters of Credit: 2000 Cases", *Business Law*, vol.56.

Boris, Kozolchyk (1990), "Strict Compliance and the Reasonable Document Checker", *Book, Law Review*, vol.56.

Buckley R. P.(1994), "The 1993 Revision of the Uniform Customs and Practice for Documentary Credits", *George Washington J. International Law & Economy*, vol.28.

Buckley R. P. and Gao X(2003), "The Development of Fraud Rule in Letter of Credit Law: The Journey so Far and the Road Ahead", Vol.23, *University of Pennsylvania Journal of International Economic Law.*

Bulger R. (1983~1984), "Letters of Credit: A Question of Honor", *16 N.Y.U.J. Intl. L.& Pol.*

Byrne, J. E.(2007), "Negotiation in Letter of Credit Practice and Law: The Evolution of the Doctrine", *Texas International Law Journal.*

__________(2000), "Litigation Digest", Document Credit World, vol.4.

Charles B. Harris Ⅱ (1973~1974), "Commercial Letters of Credit: Development and Expanded Use in Modern Commercial Transactions", 4 *Cumb. Stanford Law Review.*

Chin L. and Wong Y., (2004), "Autonomy A Nullity Exception at Last?", *Lloyd's Maritime and Commercial Law Quarterly.*

Chong W. Seung (1990), "The Abusive Calling of Performance Bonds", *Journal of Business Law.*

Chung I. S. (1996), "Developing a Documentary Credit Dispute Resolution System; An ICC Perspective", *Fordham International Law Journal* vol.19.

Collyer, G. and R. Katz (Eds.) (2008), *Collected Docdex Decisions 2004–2008 (2008 ed.)*, Paris: ICC Publishing S.A.

Collyer, G. (2014), "Overview of the Draft Opinions and DOCDEX Cases Discussed at the October 2013 ICC Banking Commission". In Byrne J. E., C. S. Byrnes, M. J. Brown and P. Traisak (Eds.) (2014), 2014 Annual Review of International Banking Law and Practice, Paris: Institute of International Banking Law & Practice.

Conley Todd (2001), "Comment, Hanil Bank v. PT. Bank Negara Indonesia: The Problem with Form over Substance in Documentary Compliance Rules", *Cath. U. Law Review*, vol.50.

Cronican, W. P. (2014), "Buyer Beware: Electronic Letters of Credit and the Need for Default Rules". In J. E. Byrne, C. S. Byrnes, M. J. Brown and P. Traisak (Eds.), *2014 Annual Review of International Banking Law and Practice*, Paris: Institute of International Banking Law & Practice, 63.

D'Arcy Leo, Carole Murray and Barbara Cleave (2000), *Schmitthoff's Export Trade*, The Law and Practice of International Trade, Sweet & Maxwell, 10th ed.

Dolan J. F. (1985), "Strict Compliance with Letters of Credit: Striking a Fair Balance", Banking Law Journal, vol.102.

Donnelly Kieran (2012), "Nothing for nothing: a nullity exception in letter of credit?", *Journal of Business Law*.

Ellinger, P, Noe. D, (2010), *The Law and Practice of Documentary Letters of Credit*.

Enonchong N. (2006), "The Autonomy Principle of Letters of Credit: An Illegality Exception?", *Lloyd's Maritime and Commercial Law Quarterly*.

Folsom R. H. et al. (2004), *International Business Transactions*, 7th ed.

Goode R. M. (1995), *Commercial Law*, 2nd ed.

____________ (1980), "Reflection on Letters of Credit", Journal of Business Law.

____________ (1996), "Abstract Payment Undertakings in International Transactions: Symposium New Developments in the Law of Credit Enhancement-Domestic and International", *Brooklyn Journal of International Law*.

Graham, G. P. (2001), "International Commercial Letters of Credit and Choice of Law: So Whose Law Should Apply Anyway?", *Wayne Law Review*.

Guest A., (2002), *Benjamin's Sale of Gods*, 6th ed.

Gustavus J. D. (1997), "Letter of Credit Compliance Under Revised UCC Article and UCP 500", *Banking Law of Journal*, vol.114.

Gutteridge H. G. and Maurice Megraf (1984), *The Law of Banker's Commercial Credits*.

Hapgood Mark (2002), *Paget's Law of Banking*, 12th ed.

Harfield Henry (1974), *Bank Credit and Acceptance*, 5th ed.

Hedley W. and Hedley Richard (2001), *Bills of Exchange and Banker's Documentary Credits*, Lloyds of London Press, 4th ed.

Hooley R. (2002), "Fraud and Letter of Credit: Is There a Nullity Exception", *CJL*.

___________ (1996), "Abstract Payment Undertakings in International Transactions: Symposium New Developments in the Law of CreditEnhancement-Domestic and International", *Brooklyn Journal of International Law*.

Jimenez, G. C. (2012), *ICC Guide to Export/Import (ICC Publication No. 686E)*, Paris: ICC Services Publications.

Jordan, T. K. (1993), "Commercial Law Survey", *Denver University Law Review*, 70, 693.

Kelly-Louw, M, (2009), "The Documentary Nature of Demand Guarantees and the Doctrine of Strict Compliance (part 1)", *SA Merchantile Law Journal=SA Tydskrif vir Handelsreg*, 21(3).

Kyle R. (2004), "Hanil Bank v. PT. Bank Negara Indonesia(Persero); Continuing the Quandary of Documentary Compliance under International Letters of Credit", *Huston Law Review*.

Lu, Lu. (2011), *The Exceptions in Documentary Credits in English Law.*

Malek A. & Quest D. (2009), *Documentary Credit– The Law and Practice of Documentary Credits Including Standby Credits and Demand Guarantees.*

McKendrick, E. (Ed.) (2010), *Goode on Commercial Law* (4th ed.), PenguinBooks.

Meynell, D. (2013), "The New ISBP: Keeping up with the Times", DCInsight, 19(3).

Michelle KELLY–LOUW (2015), "Limiting Exceptions to the Autonomy Principle of Demand Guarantees and Letters of Credit", *2015 Annual Review of International Banking Law & Practice.*

Murray C., D. Holloway, D. Timson–Hunt, B. Kennelly, G. Dixon and Schmitthoffs (2007), Schmitthoff's Export Trade: The Law and Practice of International Trade (11th ed.), London: Sweet & Maxwell.

Mugasha A. (2003), *The Law of Letters of Credit and Bank Guarantees*, Federation Press.

Neo Dora (2004), "A Nullity Exception in Letter of Credit Transactions", *Singapore Journal of Legal Studies.*

Odeke, Ademun (2006), "Double Invoicing in International Trade: The Fraud and Nullity Exceptions in Letters of Credit–Are the America Accord and the UCP500 Crooks' Charters?", *Denning Law Journal*, vol.12.

Paul Todd (1998), *Bills of Lading and Banker's Documentary Credits*, L.L.P., 3rd ed.

Peter A. A. (2003), "An Essay in Independence, Independence and the Surety Principle", 3 *University of Illinois Law Review.*

Ray August, Don Mayer and Michael Bixby, *International Business Law*, 6th ed., 2013, Pearson.

Regal D. W., (2002), Basic Principles of Letters of Credit, in What Lawyers Need to Know About UCC Article 5– Letters of Credit. www.iccwbo.org/products–and–services/arbitration–and–adr/docdex

Richard A. W. (1964~1965), "How to Use Letters of Credit in Financing Sales of Goods", *The Business Lawyer*.

Sappideen Razeen (2006), "International Commercial Letters of Credit: balancing the right of buyers and sellers in insolvency", *Journal of Business Law*.

Soh, Chee–Seng (2014), "The New ISBP 745: Why Singapore Voted 'No'", In J. E. Byrne, C. S. Byrnes, M. J. Brown and P. Traisak (Eds.), *2014 Annual Review of International Banking Law and Practice*, Paris: Institute of International Banking Law & Practice.

Stephen P. M. (1980~1981), "Letters of Creit: Exploring the Boundaries of Injunctions against Honour", 4 *Fordham International Law Journal*.

Vethan Charles M. R., (1994), "The Sacred Cow of Equity and Strict Compliance in Letter of Credit Law; Trends and Projections", International Legal Prospect.

Walter (Buddy) Baker and John F.Dolan, *Users'Handbook for Documentary Credits under UCP 600*, 2008, ICC Publication.

White J. J. & Summers Robert S.(1996), U*NIFORM COMMERCIAL CODE 1995 OFFICIAL TEXT*, 14th ed.

Xiang G. and Ross Buckley (2003), "A Comparative Analysis of the Standard of Fraud Required under the Fraud Rule in Letters of Credit Law", 13 *Duke Journal of Comparative and International Law*.

Xiang G. (2001), "The Identity of The Fraudulent Party Under The Fraud Rule In The Law of Letters of Credit", 24 *University of New South Wales Law Journal*.

Zhang, Y. (2012), "Documentary Letter of Credit Fraud Risk Management", *Journal of Financial Crime*.

International Chamber of Commerce (ICC) (2006), *ICC Uniform Customs and Practice for Documentary Credit*, Paris: ICC Publishing S.A., 39.

__________ (2007), *Commentary on UCP 600*, Paris: ICC Servies Publications Department, 62, 64–65.

__________ (2014), *2014 Rethinking Trade & Finance*, 33, 39. Available from http://www.iccwbo.org/about–icc/polcy–commissions/banking

찾아보기

김선옥

[학력 및 경력]

- 부산대학교 무역학과 졸업(무역학학사)
- 부산대학교 무역학과 석사 졸업(경제학석사)
- 부산대학교 무역학과 박사 졸업(경제학박사)

- 2019, 2022 창원대학교 우수교수 선정
- Delaware State University Visiting Scholar
- 日本大阪市立大學 客員助教授
- 모로코알아카인대학 자문교수
- 경상남도 인사위원 역임

(현)
- 창원대학교 국제무역학과 교수
- 한국무역학회 부회장
- 한국국제상학회 부회장
- 경상남도 항만정책위원
- 경상남도의회 인사위원
- 경상남도의회 예산정책자문위원
- 부산 · 진해경제자유구역청 인사위원
- 경상남도 지방대학 및 지역균형인재 육성지원협의회 위원

저자와의
협의하에
인지생략

국제무역과 대금결제

2022년 2월 9일 1판 1쇄 인쇄
2022년 2월 15일 1판 1쇄 발행

저 자 김 선 옥
발행인 고 성 익
조 판 플 러 스

05027
발행처 서울특별시 광진구 아차산로 335 삼영빌딩
도서출판 三 英 社
등 록 1972년 4월 27일 제2013-21호
전 화 737-1052 · 734-8979 FAX 739-2386

© 2022. 김선옥

정가 22,000원

ISBN 978-89-445-0536-2-93320

복사는 지식재산권을 훔치는 범죄입니다.
저작권법 제136조(권리의 침해죄) ① 저작재산권 … 침해한 자는 5년 이하의 징역 또는 5천만원 이하의 벌금에 처하거나 이를 병과할 수 있습니다.